CARSTEN „STORCH" SCHMELZER

HEILUNG

WAS WIR GLAUBEN UND ERWARTEN DÜRFEN

SCM R.Brockhaus

SCM

Stiftung Christliche Medien

© 2013 SCM R.Brockhaus im SCM-Verlag GmbH & Co. KG · Bodenborn 43 · 58452 Witten
Internet: www.scm-brockhaus.de; E-Mail: info@scm-brockhaus.de

Die Bibeltexte sind, soweit nicht anders angegeben, folgender Ausgabe entnommen:
Elberfelder Bibel 2006, © 2006 by SCM R.Brockhaus im SCM-Verlag GmbH & Co. KG ·
Bodenborn 43 · 58452 Witten

Weiter wurden folgende Übersetzungen verwendet:

Neues Leben. Die Bibel, © 2002 und 2006 SCM R.Brockhaus im SCM-Verlag
GmbH & Co. KG, Witten (NLB).

Einheitsübersetzung der Heiligen Schrift © 1980 Katholische Bibelanstalt, Stuttgart (EÜ).

Bibeltext der Neuen Genfer Übersetzung. Copyright © 2009 Genfer Bibelgesellschaft,
CH-1204 Genf. Wiedergegeben mit der freundlichen Genehmigung. Alle Rechte vorbehalten (NGÜ).

Bibeltext der Schlachter Bibelübersetzung. Copyright © 2000 Genfer Bibelgesellschaft.
Wiedergegeben mit der freundlichen Genehmigung. Alle Rechte vorbehalten (SCH).
Unrevidierte Elberfelder Bibel (Unrev. ELB)

Umschlaggestaltung: Yellow Tree – Agentur für Design und Kommunikation
www.yellowtree.de
Satz: Burkhard Lieverkus, Wuppertal | www.lieverkus.de
Druck und Bindung: CPI – Ebner & Spiegel, Ulm
Gedruckt in Deutschland
ISBN 978-3-417-26552-1
Bestell-Nr. 226.552

Inhalt

Einleitung 7

Teil 1: Die Theorie 13

1 Will Gott heilen? 15
Wie Jesus mit Krankheit umging 17
Rettung – ein ganzheitlicher Begriff 29
Steht uns Heilung zu? 31
Was Gott kann und will 36

2 Krankheit und Heilung in der Bibel 41
Wunder im Alten Testament 41
Krankheit im Alten Testament 42
Heilungen im Neuen Testament 49

3 Heilung bei den Kirchenvätern 70
Der Montanismus 72
Irenäus von Lyon 73
Origenes 73
Die Kappadokier 74
Augustinus 76
Von der Krankensalbung zur Letzten Ölung 79

4 Skepsis gegenüber Heilung von der Reformation
bis zur Neuzeit 81
Die Reformatoren 81
Der Dispensationalismus 82
Rudolf Bultmann (1884–1976) und die moderne Theologie 84

5 Bekannte Heilungsprediger in der Neuzeit 87
Johann Christoph Blumhardt (1805–1880) 87
John Alexander Dowie (1847–1907) 89
Smith Wigglesworth (1859–1947) 91
Hermann Zaiss (1889–1958) 93
Kenneth Hagin (1917–2003) 98

6 Medizin und Glaube 101
Glaube vs. Medizin 105
Medizin vs. Glaube 108
Göttliche Heilung und medizinische Forschung 113
Ist es überhaupt möglich, ein Wunder festzustellen? 116

7 **Ganzheitlich gesund** 125
   Ursachen von Krankheit 126
   Systemische Heilung 141

Teil 2: Die Praxis 145

8 **Grundsätzliche Fragen** 147
   Kann Jesus wirklich unser Vorbild sein? 149
   Können alle Christen für Kranke beten? 154
   Es ist ein langer Weg 157

9 **Für Kranke beten** 161
   Ein Kurs schreibt Geschichte 161
   Kranken begegnen 163
   Der juristische Rahmen 165

10 **Heilung – die Wichtigkeit einer ausgewogenen Theologie** 169
   Glaube 170
   Gottes Reich 179
   Barmherzigkeit 192

11 **Mit Krankheit leben** 196
   Krankheit als Segen Gottes? 196
   Krankheit und Vertrauen 199

Nachwort 203
Dank 206
Literatur 207
Anmerkungen 220

Einleitung

Wer ein Sachbuch schreibt, muss drei Fragen beantworten: „Warum ist das Thema wichtig, über das ich schreibe? Was ist das Besondere an meinem Buch? Was erwartet denjenigen, der das Buch liest?"

Die erste Frage ist leicht zu beantworten. Heilung ist ein Thema, das jeden interessiert. In Ländern, in denen man damit rechnen kann, eines natürlichen Todes zu sterben, wird dieser meist von einer Krankheit verursacht. Trotz einer guten medizinischen Versorgung ist der Tod nicht abgeschafft. Jede Generation hofft, dass der medizinische Fortschritt in ihrer Zeit die großen Krankheiten besiegen wird.

Am 21. Dezember 1898 entdeckten Marie und Pierre Curie ein neues chemisches Element: das Radium. Die Entdeckung versprach, die Welt für immer zu verändern, und löste eine regelrechte Radiumeuphorie aus. 1910 schrieb Everard Hustler:

> *Es besteht aber gar kein Zweifel darüber, dass wir zu der Annahme berechtigt sind, die Zukunft werde dem Radium ein Zeitalter völliger Krankheitslosigkeit danken. Noch seltsamer als alle diese Wunderkuren muss uns die sichere Aussicht erscheinen, dass auch das Alter künftighin seinen Einfluss auf unseren Organismus verlieren und dass es kein Altern mehr geben wird. Die kommenden Geschlechter werden ewig junge Menschen hervorbringen, Menschen voll physischer Kraft und voll Schönheit, Menschen, die vom Kranksein nichts wissen und alle Berichte über Krankheiten und Seuchen als seltsame Märchen einer fernen, fernen, vergessenen Welt betrachten werden.[1]*

Sicher hat sich in den hundert Jahren, die seit dem Aufsatz vergangen sind, einiges geändert. „Der Würger der Menschheit", wie Hustler die Tuberkulose nannte, ist tatsächlich besiegt oder mindestens heilbar – allerdings nicht durch Radium. Dafür gibt es Krankheiten, von denen die Utopisten des letzten Jahrhunderts nicht einmal geträumt haben – wie zum Beispiel AIDS, das in Afrika extrem verbreitet ist.

Die große Hoffnung unserer Zeit heißt „Stammzellenforschung". „Das Backrezept für Unsterblichkeit"[2] titelte *Die Zeit*, als 2012 John Gurdon und Shinya Yamanaka den Nobelpreis für Medizin bekamen. Sie hatten eine Möglichkeit gefunden, die Lebensuhr von Zellen auf null zurückzusetzten. Die Hoffnung besteht also bis in unsere Zeit hinein.

Der Tod ist ein Feind, den die Menschheit seit frühester Zeit zu besiegen versucht. Laut Paulus ist er der letzte Feind, der besiegt wird (1. Korinther 15,26) – es ist wohl nicht damit zu rechnen, dass wir diesen Sieg noch erleben werden. Überdies ist es unwahrscheinlich, dass er dabei an medizinischen Fortschritt dachte. Solange es Krankheiten und Tod gibt, werden sich Menschen dafür interessieren, sie zu besiegen. Moderne Staaten geben unvorstellbar viel Geld für Forschung und medizinische Versorgung aus. Kaum ein anderes Thema beansprucht die öffentliche Aufmerksamkeit mehr als Gesundheit. Bei allen Fortschritten sind wir allerdings weder glücklicher noch gesünder geworden. Wir können Symptome bekämpfen, sodass es uns leichter fällt, mit manchen Krankheiten zu leben. Dafür leiden wir zunehmend unter Zivilisationskrankheiten, die sich immer weiter ausbreiten. Viele dieser Krankheiten haben seelische Ursachen, Stress und Depressionen sind auf dem Vormarsch. In diesem Klima gedeiht nicht nur die Schulmedizin; auch alternative Ansätze bis hin zu schamloser Scharlatanerie erfreuen sich immer größerer Beliebtheit.

Die Verknüpfung von Glaube und Wissenschaft wird in diesem Zusammenhang immer eingehender untersucht. Die Zahl wissenschaftlicher Studien und Metastudien[3] geht bereits in die Tausende. Esoterische Gruppen aller Art werben mit Heilsversprechen und Wunderheiler öffnen ihre Praxen. „Was auch immer die Deutschen von Gott und den Heiligen halten mögen, in einer Umfrage 2006 erklärten 56 Prozent, an Wunder zu glauben – unabhängig von Konfession, Alter, Bildungsgrad. Die Zahl der hierzulande praktizierenden Wunderheiler wird auf 7000 geschätzt, die ihrer […] Patienten auf bis zu elf Millionen."[4] Esoterische Zeitschriften widmen dem Thema ganze Ausgaben, in denen es um Auren, Alchemie, Magnetismus oder Pendeln geht. An einem einzigen Wochenende kann man in einem Kurs lernen, Krebs zu heilen.[5] Diesen Entwicklungen muss das Christentum etwas Fundiertes entgegensetzen.

Daher ist es Zeit, dass wir uns auf unsere Wurzeln besinnen und den Reichtum der christlichen Tradition gerade im Bereich der Heilung entdecken. Auch wir haben eine Alternative oder Ergänzung zur Medizin anzubieten.

Die Zeiten haben sich gewandelt. Noch 1941 schrieb Rudolf Bultmann: „Man kann nicht elektrisches Licht und Radioapparat benutzen, in Krankheitsfällen moderne medizinische und klinische Mittel in Anspruch nehmen und gleichzeitig an die Geister- und Wunderwelt des Neuen Testamentes glauben."[6] Heute geht der Trend in Deutschland zumindest teilweise in die Gegenrichtung: Christen nehmen die Bibel wieder ernster und entdecken in ihren Heilungsgeschichten neu einen Auftrag Gottes. Heilung ist wieder ein Thema für Kirchen und Gemeinden geworden. Wie kann man einen Erlöser predigen, der sich nur um das Seelenheil kümmert, nicht aber um das Wohlbefinden der Menschen hier auf der Erde? Tatsächlich hat die Bibel viel darüber zu sagen.

Das ist die Antwort auf die erste Frage. Heilung ist wichtig, weil sich jeder Mensch nach Gesundheit sehnt und irgendwann Heilung braucht: für seinen Körper, seine Seele, seine Beziehungen, sein Leben.

Zur zweiten Frage: „Was ist das Besondere an diesem Buch?" Normalerweise orientieren sich christliche Sachbücher an den Erfahrungen ihres Autors und bleiben in einem bestimmten theologischen Umfeld. Die schiere Masse der Bücher (ich habe allein zweieinhalb Regalmeter gedruckter Heilungsbücher, zuzüglich einer ganzen Menge Computerdateien) deckt natürlich irgendwann die meisten Ansichten ab. Leider hat bisher kaum ein Buch versucht, verschiedene Theologien unter einen Hut zu bringen. So argumentieren einige Autoren, dass Heilungen, zusammen mit allem übernatürlichen Wirken Gottes, der Vergangenheit angehören. Sie setzen den Schwerpunkt auf Trost in Krankheit. Andere Bücher sind reine Anleitungen dazu, Gottes Heilung zu empfangen. Wieder andere Bücher beschäftigen sich damit, gesund zu leben, einige sind charismatisch, andere evangelikal.

Meiner Meinung nach ergeben die scharfen Abgrenzungen der einzelnen Systeme immer weniger Sinn. Gläubige versuchen auf unterschiedliche Weisen aufrichtig, Jesus nachzufolgen. Dabei kommen sie zu den unterschiedlichsten Schlüssen, oft in verschiedenen Lebensphasen. Gott ist zu groß, um sich auf ein System beschränken zu lassen. Es gibt überall etwas zu lernen.

Es existieren kaum christliche Bücher, die sich mit den generellen Einwänden gegen Heilungsgebet beschäftigen. Das bedeutet, dass wir einen großen Teil der Diskussion einfach ausblenden. Dabei ist die Geschichte voller großer Namen, die übernatürliche Heilung generell infrage stellten. Die Liste reicht von Celsus, der im zweiten Jahrhundert Jesus Taschenspielertricks vorwarf, bis zu Richard Dawkins, der in unseren Tagen Religion generell als Geisteskrankheit ansieht. Oft kann man auch aus dem lernen, was die Kritiker sagen. In jedem Fall ist es sinnvoll, sich mit ihren Argumenten auseinanderzusetzen und sie zu prüfen.

Dieses Buch versucht, das Thema Heilung auf verschiedenen Ebenen anzugehen. Es argumentiert biblisch, setzt sich mit Kritik auseinander und schätzt Theologien, die helfen, im Leid nicht zu verzagen.

Was erwartet jemanden, der dieses Buch liest? Es ist sicher eine Möglichkeit, über den eigenen Tellerrand zu schauen. Bücher können Fenster zu anderen Welten sein, die uns helfen, die Wirklichkeit aus anderen Blickwinkeln zu sehen. In diesem Sinne hoffe ich, dass für jeden Leser und jede Leserin einige neue Erkenntnisse dabei sind.

Allerdings ist nicht zu erwarten, dass jede Frage beantwortet wird. Bei manchen Themen hängt die Messlatte höher als bei anderen. Da Gesundheit ein essenzielles Bedürfnis ist, hängt sie hier ungewöhnlich hoch. Viele Leser werden Lebensfragen mitbringen, bei einigen mag es sogar um Leben oder Tod gehen. Deshalb will ich gleich zu Beginn bekennen, dass ich weit davon entfernt bin, alles über Heilung zu wissen. Ich beschäftige mich seit vielen Jahren damit und habe alles in diesem Buch gründlich recherchiert. Dennoch bleiben auch bei mir selbst Fragen offen.

Alle Erkenntnis ist Stückwerk, sodass niemand alles weiß oder auch nur wissen *könnte*. Nicht einmal Jesus wusste alles: *„Von jenem Tag aber und jener Stunde weiß niemand, auch nicht die Engel in den Himmeln, auch nicht der Sohn, sondern der Vater allein"* (Matthäus 24,36).

Ich würde jedem ernstlich misstrauen, der meint, alles über ein Thema zu wissen. Vermutlich fehlen mir nicht nur einige Antworten, sondern ich habe nicht einmal alle Fragen. Was ich habe, ist ein Diskussionsbeitrag. Im Laufe der letzten Jahre habe ich selbst viele solcher Beiträge gelesen und gehört, die mich auf irgendeine Weise weitergebracht haben. Oft hatten die Autoren ganz unterschiedliche Blickwinkel, aber jeder hat mich in einem bestimmten Bereich geformt, herausgefordert oder ermutigt.

In diesem Sinne wünsche ich allen Lesern und Leserinnen Gottes Segen beim Lesen dieses Buches.

Remscheid, Mai 2013

Teil 1

Die Theorie

1 Will Gott heilen?

Nicht viele Menschen in Deutschland werden ein Buch über göttliche Heilung lesen. Und nicht jeder, der überhaupt noch an den christlichen Gott glaubt, denkt an ihn als Heiler oder rechnet mit seiner Hilfe in schwierigen Lebensphasen. Aber auch unter gläubigen Christen wird die Frage, ob Gott heilen will, kontrovers diskutiert.

Manche sagen, dass es Heilungen nur in einer bestimmten Zeit gegeben hat (bis zur Apostelgeschichte) und dass heute keine mehr stattfinden. Andere glauben, dass Gott Menschen Krankheiten zu ihrem Besten schickt. Nur ein Teil glaubt, dass Gott auch heute noch heilt. Aber auch hier gibt es wieder unterschiedliche Ansichten: Als jemand, der ein Buch über göttliche Heilung schreibt, befinde ich mich in dieser Gruppe; ich glaube, dass Gott auch heute noch heilt.

Diese Erkenntnis wurde mir nicht in die Wiege gelegt. Ich bin mit etwa achtzehn Jahren im Umfeld einer sehr konservativen Gemeinde zum Glauben gekommen. In dieser Zeit wurden mir erste Ansichten über das Übernatürliche vermittelt. Ich hörte, dass Krankheit eine Erziehungsmethode Gottes sei, die unseren Charakter stählt. Man zitierte gerne C. S. Lewis: „Schmerz ist Gottes Megaphon, eine taube Welt aufzuwecken."[7] Das Gute im Christentum wurde immer weiter in die Zukunft verschoben, in den Himmel. Glaube war eine Kopfsache, etwas, das rational begründbar, aber nicht emotional ist. Eher eine Philosophie, in der es maßgeblich darum geht, die wichtigsten Grundsätze abzunicken und so in den Himmel zu kommen. Das kam zwar meiner Persönlichkeit entgegen, konnte mich aber nie ganz befriedigen. Natürlich glaubte man, dass Gott heilen könnte (schließlich ist er allmächtig), aber er wollte wohl nur selten. Meistens plante er etwas anderes mit Kranken.

Von diesem Ausgangspunkt her musste einiges geschehen, bis ich in diesem entscheidenden Punkt eine grundlegend andere Überzeugung gewann. Der Auslöser war wie so oft die Erfahrung, die Theorie kam erst danach.

Letztlich waren die Gemeinde und das christliche Umfeld für mich der Tod. Es gab viele Regeln und wenig Liebe. So lange man noch ein unbekehrter Sünder war, zeigte Gott sich von seiner besten

Seite. Er wurde aber ganz schnell zum knickerigen Erbsenzähler, wenn man sein Kind war. So gab es Regel über Regel. Ich durfte kein Bier mehr trinken, keine langen Haare haben, kiffen sowieso nicht, auch keinen Punk mehr hören, keine schwarzen Klamotten tragen usw. In diesem Umfeld habe ich nicht lange durchgehalten, mit Jesus zu leben. Drei wilde und schlimme Jahre später bekehrte ich mich wieder. Diesmal landete ich bei *Jugend mit einer Mission* und hatte eine starke Erfahrung mit dem Heiligen Geist. Als ich wieder aufstand, war ich langfristig frei von Drogen und lernte eine völlig neue Dimension Gottes kennen.

Jetzt kannte ich einen liebenden Gott, der mich erst mal so annahm, wie ich war. Er überschüttete mich mit seiner Liebe, egal, was ich tat. Das begeisterte mich. Ich lernte Geistesgaben kennen, betete in Sprachen, verstand die Bibel und durfte Menschen zum Glauben führen. Ich war der glücklichste junge Christ, den man sich vorstellen kann (zumindest meistens – es gab noch vieles, was Gott verändern musste).

Als ich wieder zu Hause war, erlebte ich zusammen mit einigen Freunden die ersten Heilungen. Dabei steckte hinter unserem Ansatz, für Kranke zu beten, eigentlich keine Theologie. Es stand in der Bibel, also glaubten wir daran und taten es – und es funktionierte gar nicht schlecht. Irgendwann in dieser Zeit drehte sich etwas in meinem Denken. Ich wusste auf irgendeiner Ebene meines Bewusstseins, dass Gott nur gut ist. Ich wusste einfach, dass er seinen Kindern nichts Schlechtes will. Ich hätte das nicht formulieren oder theologisch begründen können, es war einfach eine Begeisterung für die Güte des Vaters, die alles andere in den Schatten stellte.

Seitdem kann ich mir nicht mehr vorstellen, zu einem Kranken oder Leidenden zu kommen und Gott zu fragen: „Willst du ihm helfen?" Die bloße Vorstellung, dass mein Vater im Himmel einem Menschen nicht das Beste geben will, fühlt sich für mich wie Gotteslästerung an. Ich weiß, dass ich weiß, dass ich weiß, dass Gott Liebe ist und jeden Menschen segnen will – nicht nur ein paar Glückspilze!

Erst lange Zeit später, im November 2004, begann ich, mich systematisch mit Heilung zu beschäftigen. Ich war in einem Gottesdienst, der mir nur sehr mäßig gefiel, und hatte auf einmal einen klaren Eindruck. Es war fast, als hätte ich eine Stimme gehört: „Hinter dem Eingang rechts ist ein Buchladen, links ein Regal, unten ein Schuber mit sechs Heilungspredigten. Die kaufst du." Ich fand alles so wie angekündigt und kaufte die Kassetten.

Die Predigten haben mich nicht weitergebracht, aber sie haben einen Hunger in mir geweckt, der mich bis heute antreibt. Auf einmal war mir eines klar: Es geht nicht darum, hin und wieder eine Heilung zu erleben oder jemanden zum Glauben zu führen; es geht darum, in diesen Dingen zu leben und den Himmel auf die Erde zu ziehen.

Ich fing also an, das Thema Heilung zu studieren, und stellte fest, dass sie zum Leben der Christen dazugehört. Jesus heilte Menschen, die Apostel heilten Menschen und auch später in der Kirchengeschichte breiteten Gläubige Gottes Reich durch übernatürliche Zeichen aus. Die weiteren Teile dieses Kapitels beschäftigen sich im Detail mit biblischen Argumenten für Heilung, einigen Kernstellen aus dem Neuen Testament und der Frage nach dem Charakter Gottes.

Das einfachstes Argument klang bereits an. Es ist 1. Johannes 4,8: *„Gott ist Liebe".* Aus dieser einfachen Erkenntnis erschließt sich die ganze Bibel. Weil Gott Liebe ist, will er das Beste für jeden Menschen. In Bezug auf Heilung kann ich mir keinen liebenden Vater im Himmel vorstellen, der nicht will, dass es jedem seiner Kinder gut geht. Diese einfache Erkenntnis zieht sich auch durch die Heilungen Jesu hindurch. Da er die Quelle christlicher Theologie ist, sollten wir uns genauer ansehen, wie er mit Krankheit und Heilung umging.

Wie Jesus mit Krankheit umging

Jesus Christus ist in allem unser Vorbild. In Hebräer 1,3 heißt es, dass Jesus das Abbild von Gottes Wesen ist. Sehr klar übersetzt die Neue Genfer: *„Er ist das vollkommene Abbild von Gottes Herrlichkeit, der unverfälschte Ausdruck seines Wesens."*

Es bestand kein wesensmäßiger Unterschied zwischen ihm und Gott, als er hier auf der Erde war.[8] Deshalb konnte Jesus im Gespräch mit seinem Jünger Philippus sagen: *„Wer mich gesehen hat, der hat den Vater gesehen"* (Johannes 14,9). Alles, was wir Jesus in den Evangelien tun sehen, ist der Wille des Vaters. Jesus hat in keinem Fall etwas getan, was nicht Gottes Willen entsprochen hätte. Also sollten wir uns den Dienst Jesu anschauen, wie er in den vier

Evangelien überliefert ist. Bill Johnson drückt dieses Prinzip schön aus: „Jesus Christus ist vollkommene Theologie."[9] Besonders vier Punkte sind in diesem Zusammenhang interessant, weil sie seine Einstellung gegenüber Heilung skizzieren und wie er mit Krankheit umging.

1) Jesus hatte eine positive Einstellung zu Heilung

Zu Jesu Zeiten war manches einfacher als heute. Die Welt wird immer komplexer, diese Komplexität zeigt sich auch dort, wo sie am wenigsten hingehört, im Leben mit Gott. Seine Gebote werden relativiert, seine Zusagen auf die ferne Zukunft verschoben und mit seiner Kraft wird immer seltener gerechnet. Wo die Bibel noch die Regel betont, interessieren sich viele mehr für die Ausnahme. Jesus jedoch scheint die Welt als simples Schwarz-Weiß gesehen zu haben. Es gab Gott und den Teufel; der eine war gut, der andere böse. Dem einen musste man gehorchen, dem anderen widerstehen. Das Wesen des Feindes und seinen eigenen Auftrag brachte er auf eine ganz einfache Formel: „*Der Dieb kommt nur, um zu stehlen und zu schlachten und zu verderben. Ich bin gekommen, damit sie Leben haben und es in Überfluss haben*" (Johannes 10,10).

Es gibt nichts Gutes, das der Feind getan hat. Er kann gar nichts Gutes tun, das widerspräche seinem Wesen. Wenn es nur zwei Kategorien gäbe, Dinge einzuordnen, gut oder schlecht, dann würde der gesunde Menschenverstand Heilung immer als etwas Gutes bezeichnen und Krankheit als etwas Böses. Anders ist es unvorstellbar. Krankheit ist ein Dieb, der einem Gesundheit, Geld, Zeit und schließlich das Leben raubt – das ist das Gegenteil von dem, was Jesus in unserem Leben tun will.

Heute gibt es Theologien, die den Schluss nahelegen, dass Gott und der Teufel irgendwann während der letzten 2000 Jahre die Jobs getauscht haben. Man hört immer wieder, dass Gott Menschen krank macht, um etwas Gutes in ihrem Leben zu wirken, und der Teufel Menschen heilt![10] Beides könnte kaum weiter von der Wahrheit entfernt sein. Nach wie vor kommt alles, was gut und vollkommen ist, von Gott (Jakobus 1,17) – dazu zählen keine Krankheiten und auch kein vorzeitiger Tod. Es ist niemals Gottes Wille, wenn Menschen leiden. Jesus setzte der Krankheit Heilung entgegen. Aus seinen Taten wird unmittelbar deutlich, dass er Heilung für etwas Gutes hielt. Er stellte nie das Leiden positiv dar, sondern immer die Heilung.

Wenn Gläubige heute jedoch eine positive Einstellung zur Krankheit haben, liegt die bedeutendste Wurzel dieses Denkens vermutlich in der missverstandenen Allmacht (siehe auch Seite 36ff.). Dieses Denken kann allerdings fatale Folgen haben – im wörtlichen Sinne. Wer denkt, dass er im Willen Gottes lebt, wenn er krank ist, wird nichts gegen Krankheit tun und Heilungsgebet ablehnen. Jesus hatte eine andere Haltung, er sah Krankheit als einen Feind an, den es mit allen Mitteln zu bekämpfen gilt. Resignation und Schicksalsergebenheit sind keine christlichen Tugenden.

2) Jesus machte niemanden krank

„Herr, unser Gott, wir befehlen dir unseren lieben Kranken. Sorge du für ihn, der du Liebe bist, auch wenn du ihm Schweres schickst. Lindere die Schmerzen, nimm die Krankheit bald von ihm. Lass dieses Leid dazu dienen, dass wir einander mehr lieben und füreinander dankbarer werden. Amen."[11]

Was wir beten, sagt oft mehr über unsere Theologie aus als das, was wir sagen. Es geschieht immer wieder, dass ich mir beim Beten zuhöre und überrascht bin über das, was da aus meinem Mund kommt. In diesem Gebet aus dem Evangelischen Kirchengesangbuch ist die theologische Aussage, dass die Krankheit von Gott kommt.[12] Er hat „Schweres geschickt" und kann es entweder „lindern" oder fortnehmen. Solche Aussagen orientieren sich mehr am Alten Testament als am Vorbild Jesu. In Momenten der Trauer oder des Leides wird immer wieder mit Hiob 1,21 gebetet: *„Der HERR hat gegeben, und der HERR hat genommen, der Name des HERRN sei gepriesen!"*[13]

Natürlich ist es wichtig, Trost in Krankheit zu bieten und eine Möglichkeit zu finden, den Glauben zu bewahren, wenn Krankheiten nicht geheilt werden.[14] Gott die Schuld zu geben, weist aber in die falsche Richtung, denn so wird sein Charakter in Misskredit gebracht. Solange niemand eine Bibelstelle vorweisen kann, in der Jesus einen gesunden Menschen krank gemacht hat, ist davon auszugehen, dass Gott es auch nicht tut. Für Jesus war der Schlüssel zum Verständnis von Krankheiten das Böse als Quelle. Petrus fasst seine

19

Heilungstheologie in einem einfachen Vers zusammen. Er spricht mit Kornelius über „*Jesus von Nazareth, wie Gott ihn mit Heiligem Geist und mit Kraft gesalbt hat, der umherging und wohltat und alle heilte, die von dem Teufel überwältigt waren; denn Gott war mit ihm*" (Apostelgeschichte 10,38).

Das bedeutet nicht, dass jeder Kranke, den Jesus heilte, „besessen" war, sondern dass nicht Gott der Urheber von Krankheit ist, sondern der Teufel.

Neutestamentliche Gegenbeispiele

Offensichtlich ist das aber nur die halbe Wahrheit, denn es gibt auch im Neuen Testament einige Stellen, die von Krankheit sprechen, die Gott schickt. Ganz so einfach ist die Sache also nicht. Wer ehrlich Theologie betreibt, muss immer wieder zugeben, dass die Bibel komplexer ist als jede Theorie. Karl Barth meinte, die zutreffendste Aussage über Gott wäre: „Gott ist Gott." Alles Weitere beschreibe ihn menschlich und kategorisiere ihn. Er ist aber immer größer als unsere Kategorien und neigt dazu, aus unseren Schubladen einfach wieder hinauszusteigen.

König Herodes

Nach einer Rede ließ Herodes sich als Gott verehren, statt dem wahren Gott die Ehre zu geben. „*Sogleich aber schlug ihn ein Engel des Herrn, dafür, dass er nicht Gott die Ehre gab; und von Würmern zerfressen, verschied er*" (Apostelgeschichte 12,23).

Eusebius von Cäsarea beschreibt in seiner *Kirchengeschichte* sein Ende noch detaillierter:[15]

> *Die Krankheit des Herodes wurde immer heftiger; denn Gott bestrafte ihn für seine Verbrechen. Langsam zehrendes Fieber machte seine große Hitze denen, welche ihn berührten, nicht so bemerkbar, wie es im Inneren fraß. Schrecklich war seine Gier, etwas zu genießen, und nicht konnte er ihr widerstehen. Seine Eingeweide eiterten, und besonders schmerzten ihn die Gedärme. Eine flüssige, schleimige Masse war um seine Füße, und eine ähnliche Krankheit zeigte sich um seinen Unterleib. Seine*

Geschlechtsteile faulten und erzeugten Würmer. Zu atmen war ihm nur in aufrechter Stellung möglich, und es wurde ihm beschwerlich durch den widerlichen Geruch und die wiederholten Beklemmungen. Alle Glieder wurden krampfhaft gespannt und verliehen ihm unwiderstehliche Kraft. Gottbegnadete Männer, welche die Gabe hatten, derartige Erscheinungen zu deuten, erklärten, Gott nähme an dem König für seine vielen Gottlosigkeiten Rache.[16]

Versteht man die Stelle wie Eusebius so, dass Gott an Herodes Rache nahm, bleibt es noch immer dabei, dass Gott *seine Kinder* nicht krankmacht. Es wäre aber sehr wohl möglich, dass er seinen Feinden etwas auferlegt. Auch die nächste Stelle zeigt, dass Krankheit für Gott eine Möglichkeit sein kann, seine Macht unter Beweis zu stellen.

Der Zauberer Elymas

Doch der Zauberer Elymas (so lautet der griechische Name von Barjesus) stellte sich gegen sie und versuchte den Statthalter vom Glauben an Jesus Christus abzuhalten. Saulus, der damals bereits unter dem Namen Paulus bekannt war, sah dem Zauberer fest in die Augen, und erfüllt vom Heiligen Geist sagte er: „Du Sohn des Teufels! Du steckst voller List und Bosheit und bist der Feind aller Gerechtigkeit. Wirst du denn nie aufhören, die geraden Wege des Herrn zu verdrehen? Jetzt wird der Herr dich strafen und dich für eine Weile mit Blindheit schlagen." Im gleichen Augenblick kam eine tiefe Finsternis über den Zauberer, und er begann umherzustolpern und jemanden zu suchen, der ihn an die Hand nahm und führte (Apostelgeschichte 13,8-11; NLB).

Paulus benutzte seine göttliche Autorität dazu, diesen Zauberer vorübergehend blind zu machen. Wenn Gott der Herr über den Körper des Menschen ist, dann ist es logisch, dass so etwas geht. Es ist die einzige Stelle, in der ein Apostel einen Menschen krank machte. Hier zeigt sich, dass mit Gottes Kraft auch eine Verantwortung einhergeht. Wer eine solche Kraft hat, braucht einen Charakter, der ihm hilft, sie weise zum Guten einzusetzen.[17]

Die Verführerin Isebel

Aber ich habe eines gegen dich einzuwenden: Du lässt zu, dass diese Frau – Isebel, die sich eine Prophetin nennt – meine Diener vom richtigen Weg abbringt. Sie verführt sie dazu, Götzen anzubeten, von dem Fleisch der Götzenopfer zu essen und Unzucht zu treiben. Ich habe ihr Zeit zur Buße gegeben, aber sie will ihr unzüchtiges Verhalten nicht aufgeben. Deshalb werde ich sie aufs Krankenbett werfen, und alle, die mit ihr Unzucht getrieben haben, werden leiden, wenn sie sich nicht von den bösen Taten dieser Frau abwenden (Offenbarung 2,20-22; NLB).

Wir haben keinen Grund anzunehmen, dass diese Stelle (nur) prophetisch ist. Die Sendschreiben der Offenbarung wurden an Gemeinden geschrieben, die es zur damaligen Zeit gab; sie beschreiben Situationen, in denen sich diese Gemeinden befanden. Irrlehre war in die Gemeinde in Thyatira eingedrungen. Wir können nur darüber spekulieren, um welche Irrlehre es sich handelte. Der Text macht keine klaren Aussagen darüber.[18]

Die Lehre scheint von einer Frau ausgegangen zu sein und könnte sexuelle Elemente gehabt haben. Das ist aber nicht sicher, weil das Bild von Unzucht auch geistlich benutzt wird. Es ist unwahrscheinlich, dass die Frau wirklich Isebel hieß, wahrscheinlicher ist es, dass Johannes hier auf die Isebel des Alten Testamentes anspielt (1. Könige 18-21 und 2. Könige 9). Als falsche Prophetin verführte sie an der Seite König Ahabs das Volk zum Abfall und zur Anbetung fremder Götter. Sie steht für eine gefährliche Ausgrenzung des Heiligen Geistes, denn sie ließ die Propheten töten.

Wie in der vorangegangenen Stelle ist es ein erklärter Feind des Evangeliums, der auf sein Krankenlager geworfen wird. Hier geht es um den Schutz der Gemeinde. Gott ist im Neuen Testament nicht weniger um seine Gemeinde besorgt, als er es im Alten Testament um sein Volk war.

Hananias und Saphira

Auch ein Mann mit Namen Hananias verkaufte mit seiner Frau Saphira etwas von seinem Besitz. Er brachte mit Wissen seiner Frau den Aposteln einen Teil des Geldes, behauptete aber, es sei der gesamte Erlös.

Da sagte Petrus: „Hananias, warum hat Satan Besitz von deinem Herzen ergriffen? Du hast den Heiligen Geist belogen und einen Teil des Geldes für dich behalten. Es war dein Besitz, den du nach Belieben verkaufen oder behalten konntest. Und auch nachdem du ihn verkauft hattest, durftest du mit dem Geld machen, was du wolltest. Warum hast du das getan? Du hast nicht uns belogen, sondern Gott."

Als Hananias diese Worte hörte, fiel er um und war tot. Jeder, der von der Geschichte erfuhr, war entsetzt.

Schließlich kamen einige junge Männer, wickelten Hananias in ein Tuch, trugen ihn hinaus und begruben ihn. Etwa drei Stunden später kam seine Frau. Sie wusste noch nicht, was geschehen war.

Petrus fragte sie: „War das der Preis, den dein Mann und du bei dem Verkauf erzielt habt?"

„Ja", erwiderte sie, „das war der Preis."

Da sagte Petrus: „Wie konntet ihr beide nur auf einen solchen Gedanken kommen, den Geist des Herrn auf die Probe zu stellen? Gleich vor der Tür stehen die jungen Männer, die gerade deinen Mann begraben haben; sie werden auch dich hinaustragen."

Augenblicklich stürzte auch sie zu Boden und starb. Als die jungen Männer hereinkamen und sahen, dass sie tot war, trugen sie sie hinaus und begruben sie neben ihrem Mann. Furcht überkam die gesamte Gemeinde und auch alle anderen, die davon erfuhren (Apostelgeschichte 5,1-11; NLB).

Die Geschichte von Hananias und Saphira wirft einige Fragen auf. Zunächst einmal sind sie nicht gestorben, weil sie ihren Acker verkauft hatten, ohne das Geld der Gemeinde zu geben.[19] Es gab kein Gesetz, dass man keinen Privatbesitz haben durfte. Auch wenn es die allgemeine Praxis der Christen war, Besitz zu verkaufen, geschah das freiwillig.

Petrus macht darauf aufmerksam, dass die beiden mit ihrem Acker und ihrem Geld hätten machen können, was sie wollten. Theologien, die gegen Privatbesitz sprechen, legen diese Stelle manchmal so aus, als gehöre aller Besitz der Gemeinde. Das ist aber in keiner Weise durch den Zusammenhang gestützt.

Am schwersten wiegt die Frage, wieso eine kleine Unregelmäßigkeit gleich zum Tode führte. Heute findet man in der Gemeinde Christen, die lügen, betrügen und die Ehe brechen. Schärfer formuliert lautet die Frage: Warum hat Gott das Paar wegen einer so „geringen" Sünde wie einer Lüge getötet? Werner de Boor sieht den Schlüssel in Vers 4: „*Du hast nicht uns belogen, sondern Gott!"* Er sieht ein direktes Gerichtshandeln und fragt rhetorisch: „Wollen wir – mit manchem Ausleger! – angesichts dieses Tatbestandes das Gericht Gottes noch zu ‚hart' nennen?"[20] Allerdings muss man die Frage stellen, ob es tatsächlich Gott war, der Hananias und Saphira getötet hat.

Lukas beschreibt zwar die Geschichte, nennt aber nicht die Ursache. Es muss kein Gottesurteil[21] gewesen sein, sondern kann durchaus eine natürliche Ursache gehabt haben. William Barclay schreibt:

Wir brauchen keineswegs ein Wunder daraus zu machen. Dieses Ereignis macht jedoch ganz deutlich, welche Stimmung in der ersten Gemeinde herrschte. (...) Aus dieser Geschichte ersehen wir zweierlei über die erste Gemeinde: Es geht deutlich aus ihr hervor, in welchem Zustand der Erwartung und höchsten Aufregung sich die Menschen damals befanden. Außerdem zeigt sie uns, welche ungewöhnliche Achtung und Ehrerbietung den Aposteln entgegengebracht wurde. In einer dermaßen aufgeheizten Atmosphäre hatten dann die Worte und der Tadel des Petrus die oben geschilderte Wirkung.[22]

Es ist schwer, sich zwischen beiden Positionen zu entscheiden, zumal Lukas vermutlich selbst ein Gottesurteil annahm. Da sie aber konsistenter mit Gottes Charakter erscheint, würde ich die natürliche Erklärung in diesem Falle vorziehen.

Es gibt also einige Stellen im Neuen Testament, die Gott als Urheber von Krankheit zumindest nahelegen. Dabei geht es allerdings deutlich um ein Gerichtshandeln, nicht um eine Erziehungsmaßnahme gegenüber Gläubigen.

3) Jesus schickte niemanden als unheilbar fort

Auch Jesus heilte nicht jeden. Obwohl er offensichtlich die Kraft zu heilen hatte und diese auch an seine Nachfolger weitergab (Lukas 10,1-20), gab es in Israel noch Kranke. An der schönen Pforte des Tempels lag ein Gelähmter (Apostelgeschichte 3,2). Jesus muss für eine Weile jeden Tag an ihm vorbeigegangen sein, als er zum Beten ging (Matthäus 26,55). Warum heilte Jesus diesen nicht? Er wird wohl kaum weniger krank gewesen sein als andere Gelähmte.

Sehen wir uns in diesem Zusammenhang eine Geschichte in Johannes 5,1-15 an. Jesus war in Betesda, einer Teichanlage mit fünf Säulenhallen, in denen viele Kranke lagen. Es wird sich dabei nicht um ein Krankenhaus gehandelt haben, in dem Kranke behandelt wurden, sondern eher um einen Aufenthaltsort für Behinderte.[23] Betesda hatte eine Besonderheit: Gelegentlich geriet das Wasser des zentralen Teiches in Bewegung. Wenn das geschah, wurde der erste, der hineinsprang, geheilt. Spätere Textvarianten des Neuen Testamentes erklären das seltsame Phänomen: *„Denn ein Engel des Herrn stieg zu bestimmter Zeit in den Teich herab und bewegte das Wasser; wer nun nach der Bewegung des Wassers zuerst hineinstieg, wurde gesund, mit welcher Krankheit er auch behaftet war"* (Johannes 5,4).

In dieser Anlage traf Jesus einen Mann, der bereits achtunddreißig Jahre krank war. Seine Geschichte war tragisch. Weil er niemanden hatte, der ihm half, sprang immer ein anderer vor ihm hinein, wenn das Wasser des Teiches bewegt wurde.

Bei dieser Begebenheit ging die Initiative von Jesus aus – er kam auf den Mann zu und heilte ihn. Meistens war es allerdings umgekehrt: Die Kranken hatten von seinem Ruf als Heiler gehört und kamen zu ihm. In diesen Fällen schickte Jesus keinen als unheilbar wieder nach Hause. Keine Krankheit war so schlimm und keine Geschichte so traurig, dass der Sohn Gottes nicht zu helfen vermochte!

Trotzdem heilte Jesus von all den Kranken, die an diesem Tag in den Säulenhallen lagen, nur diesen einen. Ich frage mich immer, was mit den anderen war. Offensichtlich wartete jeder von ihnen auf ein Wunder, aber als die Gelegenheit zum Greifen nahe war, kamen sie nicht zu Jesus, um geheilt zu werden. Ich vermute, dass jeder die Chance hatte, an diesem Tag Heilung zu empfangen. Warum standen sie nicht Schlange bei ihm?

Der blinde Bartimäus war da anders (Markus 10,46-52). Als er hörte, dass Jesus an ihm vorbeiging, fing er so laut an zu schreien, dass er die Menge, in der er sich befand, störte. Er ließ die Gelegenheit nicht verstreichen, sondern wurde aktiv, um Jesus auf sich aufmerksam zu machen.

In den Evangelien heilte Jesus tatsächlich jeden Kranken, der zu ihm kam. Dieses Prinzip ist auch heute noch wichtig. Erlösungsbedürftigkeit zieht zwar einen Erlöser an, aber es gibt keinen Automatismus. Entscheidend ist, die eigene Bedürftigkeit zu erkennen und Gott zu suchen. Es ist falsch zu denken, dass Gott schon weiß und heilen wird, wenn er es für richtig hält.

Unter den Geschichten, die von Jesus überliefert sind, gibt es nur eine, in der er sich zunächst weigert, eine Heilung zu vollbringen. Auch diese hat jedoch ein Happy End – es lohnt sich aber, sie genauer anzusehen.

> *Sofort kam eine Frau zu ihm, deren kleine Tochter von einem bösen Geist besessen war. Sie hatte von Jesus gehört, und nun kam sie, warf sich ihm zu Füßen und bat ihn inständig, ihr Kind von dem Dämon zu befreien. Da sie eine Griechin war, die aus Syrophönizien stammte, sagte Jesus zu ihr: „Ich muss zuerst meiner eigenen Familie, den Juden, helfen. Es ist nicht recht, den Kindern das Essen wegzunehmen und es den Hunden vorzuwerfen."*
>
> *Sie erwiderte: „Das ist wahr, Herr, aber selbst den Hunden unter dem Tisch gibt man die Krümel von den Tellern der Kinder."*
>
> *„Damit hast du recht!", sagte er. „Nun geh nach Hause. Der böse Geist ist aus deiner Tochter ausgefahren."*
>
> *Und als die Frau nach Hause kam, lag ihre kleine Tochter ruhig im Bett, und der Dämon war fort* (Markus 7,25-30; NLB).

Jesus half der Frau nicht sofort, obwohl sie ihn darum bat. Letztlich stimmten die Beharrlichkeit und Demut der Mutter ihn aber um.

Warum weigerte sich Jesus überhaupt, das Kind zu heilen? Matthäus 15,24 wirft ein Licht darauf. Dort sagt Jesus: *„Ich bin nur zu den verlorenen Schafen des Hauses Israel gesandt."* Offenbar verstand er seinen Auftrag exklusiv an Juden, weswegen es den Evangelienschreibern wichtig war klarzustellen, dass die Frau eine Griechin war.[24] Dass er die Tochter dennoch heilt weist darauf hin, das sich der Auftrag Jesu auf die ganze Welt erstreckt. Das wird aber erst in der Apostelgeschichte ganz klar: Das Heil kommt von den Juden, es bleibt aber nicht bei ihnen. Es ist für die ganze Welt, und jeder kann es bekommen. Der irdische Dienst Jesu war noch auf Israel beschränkt, aber in der Zeit des Heiligen Geistes geht es um das neue Israel, die Gemeinde.

Es ist mehr als ein interessanter Nebenaspekt, dass Heilung hier als „das Brot der Kinder" bezeichnet wird. Gott versorgt seine Kinder damit. Somit bezieht sich der Satz *„Unser tägliches Brot gib uns heute"* im Vaterunser nicht nur auf die tägliche Speise. Heilung ist Teil von Gottes Versorgung.

4) Jesus ging es ums Prinzip, nicht um die Methodik

Heilung läuft in der Bibel nicht nach Schema F ab. Im Gegenteil sind es gerade die einmaligen Methoden, die das Übernatürliche dominieren. Nur Elia wurde von Raben versorgt (1. Könige 17,1-8). Nur Naaman wurde durch Untertauchen im Jordan geheilt (2. Könige 5). Nur die Gefäße der Witwe wurden mit Öl gefüllt (2. Könige 4,1-7). Es scheint in unserer Natur zu liegen, aus solchen Zeugnissen ein allgemeines Prinzip ableiten zu wollen. Manchmal kann das gefährlich sein, wie das Beispiel eines Mannes zeigt, der versuchte, die Mündung des Komo in Gabun zu Fuß zu überqueren. Er wollte dasselbe tun wie Jesus, ertrank aber dabei.[25]

Natürlich ist es richtig, sich nach dem Vorbild Jesu zu richten, aber er hinterließ uns keine Methode, sondern seinen Geist (Johannes 16,7). Die Arten, wie Jesus Kranke heilte, unterscheiden sich teilweise gravierend voneinander. Bei den meisten wissen wir nicht einmal, was er getan hat. Matthäus fügt immer wieder „Jesus heilte alle" ein (Matthäus 4,24; 8,16; 9,35; 12,15). Dabei lässt er uns aber völlig darüber im Dunkeln, wie Jesus es getan hat. Johannes merkt an, dass Jesus mehr Wunder tat, als aufgeschrieben wurden; sogar mehr als man hätte aufschreiben können (Johannes 21,25). Doch bereits die Heilungen, von denen wir in den Evangelien lesen, sind sehr unterschiedlich.[26] Manchmal trieb Jesus einen bösen Geist aus, wie bei einem Jungen, der wahrscheinlich an Epilepsie[27] litt (Matthäus 17,14-18). Einem Taubstummen steckte er die Finger in die Ohren (Markus 7,31-37), einem Blinden schmierte er Erdbrei auf die Augen (Johannes 9). Manche Aussätzige berührte er und sprach ihnen Heilung zu (Matthäus 8,1-4). Andere schickte er einfach zu den Priestern, um eine Heilung bestätigen zu lassen, die noch gar nicht eingetreten war (Lukas 17,11-14). Den toten Lazarus rief er aus dem Grab (Johannes 11), die tote Tochter des Jairus berührt er (Lukas 8,54). Bei manchen Kranken, wie etwa der blutflüssigen Frau, tat er gar nichts – es ging einfach eine Kraft von ihm aus (Lukas 8,43-48).

Ähnlich war es bei seinen Nachfolgern in der Apostelgeschichte. Teilweise heilte der Schatten des Petrus (Apostelgeschichte 5,15) oder die Leibwäsche des Paulus (Apostelgeschichte 19,11-12). Manchmal mussten Kranke aber auch angesprochen und auf ihre Füße gestellt werden (Apostelgeschichte 3). Der einzige Schlüssel zur „Methodik der Heilung" ist die Abhängigkeit von Gott.

Da antwortete Jesus und sprach zu ihnen: Wahrlich, wahrlich, ich sage euch: Der Sohn kann nichts von sich selbst tun, außer was er den Vater tun sieht; denn was der tut, das tut ebenso auch der Sohn. Denn der Vater hat den Sohn lieb und zeigt ihm alles, was er selbst tut; und er wird ihm größere Werke als diese zeigen, damit ihr euch wundert (Johannes 5,19-20).

Im engeren Zusammenhang geht es hier noch um die Heilung des Gelähmten am Teich Bethesda. Die Pharisäer stellten Jesus zur Rede, weil das Wunder an einem Sabbat geschah. Darauf erwiderte er, dass er nur das tun könne, was er den Vater tun sieht. Er spricht also weniger über die Methode der Heilung, als darüber, dass er überhaupt geheilt hat. Etwas salopp ausgedrückt weist Jesus die Schuld, die von den Pharisäern wahrgenommen wurde, von sich und schiebt sie auf Gott, der ihn inspiriert hat. Die Erzählung bietet aber einen gewissen Auslegungsspielraum. Hat der Vater Jesus nur gezeigt, dass er den Kranken heilen soll oder auch wie? Die Bibel sagt es nicht, aber ich stelle mir vor, dass Jesus vor seinem inneren Auge den ganzen Ablauf des Geschehens sah. Dann wäre beides, die Tatsache an sich und der genaue Ablauf, inspiriert.

Das macht mich persönlich skeptisch gegenüber Büchern, die Krankheiten auflisten und genau vorgeben, wie man beten soll. Wahrscheinlich sind solche Anweisungen aus der eigenen Erfahrung entstanden, aber sie sind nicht so inspiriert, dass es bei jedem anderen auch funktionieren muss. Dennoch scheint es einen Markt für solche Gebetsführer zu geben. Der früheste, den ich kenne, stammt aus den 80er Jahren; es ist das *Handbuch für Heilung* der amerikanischen Heilungsevangelisten Charles und Frances Hunter.[28] Mittlerweile haben auch die *Healing Rooms* den Leitfaden *Gezieltes Gebet bei bestimmten Krankheiten* herausgebracht, der aber im Vorwort ein gesundes theologisches Selbstverständnis zeigt: „Dieses Handbuch sollte nicht wie eine Formel benutzt werden. Es ist eher ein Leitfaden oder Vorschlag, wie Sie einer Person mit einer spezifischen Krankheit dienen können. Als Erstes wollen wir vom Heiligen Geist hören und Seiner Führung folgen.“[29]

Wenn man kranken Menschen dienen will, geht es nicht um Methoden, sondern um Beziehung. Nicht jeder Epileptiker hat einen bösen Geist und nicht jedem Tauben muss man die Finger in die Ohren stecken. Hier ist viel Fingerspitzengefühl und Hören auf Gott gefragt.

Alle vier Punkte zeigen, dass Jesus nicht nur um das Seelenheil von Menschen bemüht war, sondern auch um ihr körperliches Wohl. Ihn als Heiland zu sehen, umfasst demnach mehr als den spirituellen Anteil des Menschen. Um tiefer zu verstehen, was das Heil bedeutet, dass Gott uns in seinem Sohn anbietet, ist es wichtig, sich damit auseinanderzusetzen, was das Neue Testament unter Rettung genau versteht.

Rettung – ein ganzheitlicher Begriff

Für die meisten Christen in Deutschland ist der Begriff „Evangelium" etwas geworden, womit sie nur noch wenig anfangen können. Oft besteht die Gute Nachricht allein daraus, dass wir einmal in den Himmel kommen. Das ist aber zu kurz gedacht! Paulus sehnte sich danach, den Christen in Rom das Evangelium zu verkündigen (Römer 1,15). Daraus lässt sich schließen, dass das Evangelium auch etwas für Christen zu bieten hat, die bereits vor der Hölle gerettet sind. Ich bin sicher, dass der Apostel auch heute noch den meisten Gemeinden das Evangelium verkündigen würde, weil es so unbekannt ist. Wer die Gute Nachricht auf Vergebung der Sünden beschränkt, beraubt sich wichtiger Aspekte, die Gott ihm schenken möchte. Das Evangelium ist die Botschaft von Gottes Reich und einer umfassenden Erlösung.

Im Griechischen ist Jesus der *sotēr*, der Retter. Das Verb *sōzō* bedeutet „retten" im umfassendsten Sinne des Wortes. John Wilkinson schreibt:

> *Es ist deutlich, dass seine umfassende Bedeutung* [des Verbes sōzō] *in den Evangelien darauf hinweist, dass sich die christliche Vorstellung von Heilung und Rettung überschneidet. Je nach Situation ist das Maß der Überschneidung unterschiedlich, aber diese beiden Aspekte sind nie völlig getrennt. Die Heilung des Leibes ist nie nur eine körperliche Heilung, und die Rettung der Seele betrifft nie nur den Geist, sondern beide gehören zur vollkommenen Befreiung des ganzen Menschen. Jesu Heilungswunder in den Evangelien zeigen dies deutlich und geben einen Vorgeschmack auf die vollkommene Befreiung.*"[30]

Sōzō hat die Grundbedeutung Rettung in jedem möglichen Sinne. Konkret heißt es (1) Errettung von Sünde und Tod, (2) Errettung von Krankheit, (3) Befreiung, (4) Rettung und Hilfe, (5) Erhaltung des inneren Wesens, (6) Wohltun.[31]

Nach meiner Zählung verteilen sich diese Bedeutungen im Neuen Testament wie folgt: (1) Als Rettung von Sünde und Tod taucht *sōzō* zweiundsechzigmal auf. (2) und (3) – Heilung in jedem Sinn, inklusive Befreiung von Dämonen – sechsundzwanzigmal. (4) Rettung aus Gefahr (inklusive Rettung des Lebens) siebenundzwanzigmal.

Erlösung ist demnach ein Komplettpaket. Es ist unstatthaft, das Opfer Jesu für Errettung anzunehmen, aber nicht für Heilung. Dazu kommen Sündenvergebung und Heilung außerdem viel zu oft gemeinsam vor. Derselbe Jesus, der rettet, ist auch der Jesus, der heilt. Wir müssen hier vom ganzen Menschen her denken. Erlösung betrifft den Menschen ganzheitlich, Körper, Geist und Seele, und es ist zu wenig, nur die Rettung des Geistes in der Wiedergeburt anzunehmen. Gottes Liebe gilt dem ganzen Menschen, so wie er ihn geschaffen hat.

Im griechischen Text des Neuen Testamentes gibt es drei wichtige Worte für heilen bzw. Heilung: *iaomai*, *therapeuō* und *sōzō*. Da *sōzō* „retten" im weitesten Sinne des Wortes heißt, kann man das Evangelium in zwei Versen zusammenfassen:

„Denn so hat Gott die Welt geliebt, dass er seinen eingeborenen Sohn gab, damit jeder, der an ihn glaubt, nicht verloren geht, sondern ewiges Leben hat. Denn Gott hat seinen Sohn nicht in die Welt gesandt, dass er die Welt richte, sondern dass die Welt durch ihn errettet werde [sōzō]" *(Johannes 3,16-17).*

Eigentlich reichen diese beiden Verse, um Gottes Absicht und seine Ansicht über Heilung zu zeigen. Ebenso wenig, wie er will, dass ein Mensch verloren geht, will er, dass ein Mensch krank ist oder leidet. Gottes Wille ist vollkommen gut. Jesus hat während seines Erdenlebens die guten Absichten Gottes mit unzähligen Heilungen gezeigt. Es ist nicht zu übersehen, dass Heilung einen hohen Stellenwert in seinem Dienst hatte. Wenn er derselbe ist, heute und in alle Ewigkeit (Hebräer 13,8), muss man erwarten, dass er auch heute noch heilt.

Steht uns Heilung zu?

Eine der wichtigsten Stellen im Zusammenhang mit Heilung ist 1.Petrus 2,24. Zugleich ist es eine sehr umstrittene Stelle: Für einige ist sie der Schriftbeweis schlechthin, dass Heilung uns gehört. Für andere ist es eine Ermutigung, Jesus trotz Leiden nachzufolgen.

Viele Christen glauben, dass Heilung durch den Tod Jesu „bezahlt" ist und uns somit zusteht. Wir müssen sie nur im Glauben ergreifen. Weil der Glaube in dieser Theologie so bedeutend ist, werden Bewegungen, die in diese Richtung gehen, als „Glaubensbewegung" bezeichnet. Andere Namen sind „Wort des Glaubens" oder die geläufige englische Bezeichnung „Faith Movement".

Besonders berühmt wurde diese Lehrmeinung durch den amerikanischen Bibellehrer Kenneth Hagin (siehe auch Seite 98ff.). Er selbst war stark von der Pfingstbewegung geprägt. Heilung funktionierte ihrem Verständnis nach so, dass man spürte, wie eine Kraft fließt. In Gottesdiensten erwartete man, dass etwas Außergewöhnliches geschah. Hagin sah das etwas anders, denn er betonte besonders den Glauben. Auch ohne sichtbare Zeichen oder Gefühle musste es möglich sein,

Gottes Heilung zu erleben, indem man den Verheißungen aus Gottes Wort vertraute. Deshalb war es wichtig, dass der Glaube auf einem soliden Fundament steht. Die wichtigste Frage für Hagin war, ob Heilung in der Erlösung enthalten ist.

> *Viele Christen, die Heilung brauchen, warten auf eine Manifestation des Heiligen Geistes, um geheilt zu werden. Aber sie brauchen nicht zu warten, denn Gottes Wort wird immer für sie funktionieren!*
>
> *Wenn ein Arzt dir z.B. sagen würde, dass du bald sterben wirst, würdest du dann auf eine Manifestation des Geistes warten, bevor du die Heilung annimmst, die Jesus uns schon gegeben hat? Natürlich nicht!*
>
> *Gott sei Dank, in der Bibel steht: Er [Jesus] selbst nahm unsere Schwachheiten und trug unsere Krankheiten und durch dessen Striemen ihr geheilt worden seid (Mt 8,16-17 und 1. Petrus 2,24). Wenn du durch seine Striemen geheilt worden bist, dann ist es so, dass du jetzt geheilt bist.[32]*

Die zentrale Stelle in der Argumentation ist 1. Petrus 2,24: „*Er hat unsere Sünden mit seinem Leib auf das Holz des Kreuzes getragen, damit wir tot seien für die Sünden und für die Gerechtigkeit leben. Durch seine Wunden seid ihr geheilt*" (EÜ).

Auf den ersten Blick klingt das schlüssig. Es mag der Alltagslogik widersprechen, aber auch die Rettung ist schon eine vollbrachte Tatsache, die ein Mensch nur noch annehmen muss. Ebenso kann es sich auch mit Heilung oder allen anderen Segnungen Gottes verhalten. Geschichtlich ist diese Auslegung allerdings sehr neu.[33] Die früheste Ansicht, dass sich Petrus hier auf körperliche Heilung beziehen könnte, habe ich in einem Buch von 1890 gefunden. Darin schreibt der Autor, A.B. Simpson:

> *In seinem Leib hat Er unsere ganze Neigung zur Sünde getragen und unsere Leiber sind frei. In seiner einen Wunde – denn das Wort steht in der Einzahl – waren alle Schmerzen einer leidenden Welt inbegriffen. Es ist unnötig, dass wir erleiden, was Christus ausreichend getragen hat. Durch die Erlösung wird unsere Heilung ein großes Anrecht, das wir als unser*

Erbe einklagen können, weil es durch das Blut Christi am
Kreuz erworben wurde.[34]

Kritiker merken an, dass der Vers aus dem Zusammenhang gerissen wird, wenn man ihn so versteht. Der ganze Petrusbrief handelt von Leiden. Vers 2,24 beschließt einen Abschnitt, der die Sklaven zur Unterordnung ermahnt.[35] Sie werden dazu aufgefordert, dem Vorbild Christi zu folgen. Die Begründung geht allerdings deutlich über den Zusammenhang der Sklaven hinaus, indem sie diesen Lebensstil allgemein von Christen erwartet.

Ich persönlich denke, dass der Vers etwas mit Heilung zu tun hat. Petrus greift in seiner Beschreibung des leidenden Christus auf Formulierungen zurück, die älter sind als sein Brief. Vielleicht handelt es sich dabei um ein Lied oder ein Bekenntnis.[36] Dieses Bekenntnis kann über den engeren Zusammenhang hinaus auf Heilung hinweisen. Somit wäre es in Ordnung, den Vers auch isoliert zu betrachten. Das liegt auch deswegen nahe, weil hier das Alte Testament zitiert wird:

> *Er war verachtet und von den Menschen verlassen, ein Mann der Schmerzen und mit Leiden vertraut, wie einer, vor dem man das Gesicht verbirgt. Er war verachtet, und wir haben ihn nicht geachtet. Jedoch unsere Leiden – er hat sie getragen, und unsere Schmerzen – er hat sie auf sich geladen. Wir aber, wir hielten ihn für bestraft, von Gott geschlagen und niedergebeugt. Doch er war durchbohrt um unserer Vergehen willen, zerschlagen um unserer Sünden willen. Die Strafe lag auf ihm zu unserm Frieden, und durch seine Striemen ist uns Heilung geworden* (Jesaja 53,3-5).[37]

Jesaja bringt Heilung und Sündenvergebung zusammen. Er sah in einer prophetischen Vision, was wirklich am Kreuz geschah.

Wer den Film *Die Passion Christi* gesehen hat, hat eindrücklich miterlebt, was Jesus im Sichtbaren zu leiden hatte, um für unsere Rettung zu bezahlen. Wir sind um keinen geringen Preis erkauft (1. Petrus 1,18). Dennoch kann der Film nicht den wirklichen Horror des Kreuzes zeigen. Das eigentlich Schreckliche spielte sich nicht im Sichtbaren ab, sondern im Unsichtbaren. Wer mit geistlichen Augen die Kreuzigung miterlebt hätte, hätte gesehen, wie Jesus von einem Moment zum anderen zur Sünde selbst gemacht wurde (2. Korinther 5,21). Er hätte gesehen, wie Gott selbst sich von seinem Sohn abwenden musste. Auf einmal war nichts Menschliches, Gutes – geschweige denn Göttliches – mehr in ihm (Matthäus 27,46). Er hätte gesehen, wie Gott alle Krankheit der Welt auf Jesus lud. Da hing kein Mensch mehr, sondern etwas, vor dem man das Gesicht verhüllen muss.

Jesaja nennt Sündenvergebung und Heilung in einem Atemzug – und sorgt damit für eine Spaltung zwischen den Auslegern. Einige sind der Ansicht, dass er über körperliche Heilung sprach, sodass Petrus durch das Zitat andeuten würde, körperliche Heilung „gehöre" uns. Andere argumentieren, dass es um Sündenvergebung geht; Heilung wäre dann in einem übertragenen Sinne zu verstehen. Meiner Ansicht nach ist es falsch, hier eine Trennung zu sehen oder beides gegeneinander auszuspielen. Die Prophetie bezieht sich auf einen Erlöser, der sein Volk von beidem retten wird – Sünde und Krankheit. Erlösung ist keine Frage von Entweder-oder, sondern von Sowohl-als-auch.[38]

Noch etwas anderes spricht dafür, dass Jesaja nicht nur an Vergebung dachte, sondern eher eine völlige Wiederherstellung im Blick hatte. Matthäus fügte die Prophetie an einer bestimmten Stelle in sein Evangelium ein.

> *Als es aber Abend geworden war, brachten sie viele Besessene zu ihm; und er trieb die Geister aus mit seinem Wort, und er heilte alle Leidenden, damit erfüllt würde, was durch den Propheten Jesaja geredet ist, der spricht: „Er selbst nahm unsere Schwachheiten und trug unsere Krankheiten"* (Matthäus 8,16-17).

Matthäus sieht also in der Rückschau die Jesajaprophetie in den Heilungen Jesu erfüllt. Sicherlich ist das ein deutlicher Hinweis darauf, dass sich diese Verse tatsächlich auf körperliche Heilung beziehen. Allerdings redet Matthäus nicht davon, dass Jesus für Heilung gestorben ist. Obwohl das Zitat bei Jesaja im Zusammenhang mit Leiden steht, zitiert Matthäus nur den Abschnitt, in dem von Heilung die Rede ist.[39] Matthäus weist oft auf Prophetien hin, die sich in Jesus erfüllt haben. Es geht ihm darum zu zeigen, dass Jesus der verheißene Messias ist.

Wie so oft in der Geschichte der Theologie fängt etwas Gutes extrem an. Die Versuche, zu widerlegen, dass 1. Petrus 2,24 sich auf körperliche Heilung bezieht, sind in der Überbetonung mancher Heilungsprediger begründet. Heilung als etwas anzusehen, das uns zusteht – und was wir daher einfordern können –, birgt die Gefahr, mit diesem Anspruch arrogant an Gott heranzutreten. Es ist sicher, dass Gott heilen *will*, er *muss* aber nicht. Letztlich ist alles Gnade, sodass es absurd wäre, aus seinem Willen einen Anspruch abzuleiten. Manchmal klingt das Vokabular von Glaubenspredigern sehr juristisch, obwohl es vermutlich nicht so gemeint ist. Der Dominikaner Francis McNutt bringt unser Verhältnis zu Gott gut auf den Punkt, wenn er schreibt:

> *Sicher darf man auf die Erfüllung der Verheißungen bestehen, doch erinnert es an einen Zwerg, der auf seine Bibel steigt und Gott mit der Faust droht: „Du hast dich um mich zu kümmern – erfüll gefälligst deine Verheißungen!" Jemand, der Gott als seinen liebenden Vater kennt, der im Heiligen Geist rufen kann: „Abba, Vater!", braucht kaum laut zu schreien. Daheim braucht niemand auf die Verwirklichung der Verheißungen durch den Vater zu bestehen. Er kann sich auf ihre Verwirklichung verlassen, weil der Vater ihn liebt und ihm gewährt, was er braucht und worum er bittet. Vielleicht ist es ein größerer Beweis für den Glauben, auf die Verheißung zu vertrauen, als darauf zu bestehen.*
>
> *Dies sind freilich bloße Worte, aber sie besagen viel über die Vorstellung eines Menschen von Gott. Ich kann mir nicht vorstellen, mit meinem Vater je in jenem Tonfall gesprochen zu haben, den manche Leute Gott gegenüber anschlagen. Ich kann mich nicht erinnern, meinen Vater je angeschrien zu haben, er solle gefälligst etwas zu essen an das untere Tischende schicken. Ich bat ihn in aller Ruhe um ein Stück Huhn. Gelassenheit ist ein Zeichen von Vertrauen und Sicherheit. Manche Gebete, die tiefen Glauben und Vertrauen in die Verheißungen Gottes fordern, klingen ziemlich ängstlich und unsicher. Sie sind wie Menschen, die laut sprechen, um ihre Angst zu übertönen, von den anderen nicht verstanden zu werden.*[40]

[handschriftliche Notiz am unteren Rand]

35

Was Gott kann und will

Ich kann mir vorstellen, dass bis zu diesem Punkt die meisten Christen mindestens grob zustimmen. Die schwierige Frage ist sicher nicht, ob Jesus geheilt hat – das ist nur in der kritischen Theologie umstritten. Es dürfte auch kaum eine Kontroverse darüber bestehen, ob Gott heilen kann. Wenn man ihm zutraut, die Welt erschaffen zu haben, wird er bestimmt auch einen Menschen gesund machen können. Kritischer ist die Frage, ob er es will und ob wir in dieser Frage ganz von seiner Souveränität abhängen – nach dem Motto „Wenn Gott will, dass ich gesund werde, weiß er, wo er mich findet" – oder ob wir etwas dazu beitragen können.

Ein Grund dafür, dass viele Christen nicht ausdauernd um Heilung beten, liegt in einem falschen Verständnis von Gottes Souveränität. Die Bibel bemüht sich viel stärker darum, Gottes Willen zu zeigen als seine Kraft. Das Vermögen wird vorausgesetzt oder in Form von Zeugnissen überliefert, aber Gottes Liebe zu den Menschen wird immer wieder thematisiert. Der amerikanische Evangelist Fred Francis Bosworth hat sich besonders mit der Frage auseinandergesetzt, ob Gott heilen will. 1924 schrieb er in seinem Klassiker *Christus unser Heiler*:

> *Mir scheint, dass es Gott lieber wäre, wenn wir anzweifelten, dass er uns helfen kann, als dass er uns helfen will. Mir wäre es lieber, wenn jemand in Not zu mir sagen würde: „Bruder Bosworth, ich weiß, dass du mir helfen würdest, wenn du könntest" (und damit meine Möglichkeiten anzweifeln würde), als wenn er sagen würde: „Ich weiß, dass du mir helfen könntest, aber ich kann mir kaum vorstellen, dass du willst."[41]*

Er hat recht. Die Kernfrage ist nicht, ob Gott kann, sondern ob er will. Wir glauben oft nicht, dass er seine Kraft einsetzen will. Dieser Glaube ist aber die Grundvoraussetzung dafür, für Kranke zu beten und Gottes Kraft zu erleben. Noch einmal Bosworth:

> *Die moderne Theologie spricht mehr über Gottes Kraft als über seine Barmherzigkeit; sie spricht mehr darüber, dass er Kraft hat, als darüber, dass er diese Kraft für uns einsetzen will. Die Bibel macht es genau umgekehrt und spricht mehr*

über Gottes Willen, seine Kraft für uns einzusetzen, als über
die Kraft selbst. Sie sagt an keiner Stelle „Gott ist Kraft", aber
sie sagt: „Gott ist Liebe". [42]

Es ist schrecklich, wenn gesagt wird, dass Gott zwar alles kann, aber
nur selten will. Was ist das für ein himmlischer Vater, der seinen Kindern zwar helfen kann, es aber in der Regel nicht tun will? Wer jemand
anderem das Leben retten kann, es aber nicht tut, der macht sich nach
deutschem Recht schuldig: „Wer bei Unglücksfällen oder gemeiner
Gefahr oder Not nicht Hilfe leistet, obwohl dies erforderlich und ihm
den Umständen nach zuzumuten, insbesondere ohne erhebliche eigene
Gefahr und ohne Verletzung anderer wichtiger Pflichten möglich ist,
wird mit Freiheitsstrafe bis zu einem Jahr oder mit Geldstrafe bestraft." [43]

Juristisch würden wohl die meisten zugeben, dass es so auch gut
und richtig ist. Dennoch stellen viele Geistliche Gott als jemanden dar,
der Hilfeleistung unterlässt. Wenn wir die gute Botschaft so predigen,
dass Gottes Charakter dabei angegriffen wird, greifen wir den Kern
des Evangeliums an: Gottes Liebe.

Wer nur den allmächtigen Gott kennt, aber nicht den liebenden
Gott, wirft letztlich die Frage nach dem Leid in der Welt auf. „Wenn
es einen allmächtigen Gott gibt, warum gibt es dann das Leid auf
der Welt?" Allmacht heißt in der Bibel nicht, dass Gott alles macht,
was er will. Noch weniger heißt es, dass alles, was geschieht, Gottes
Wille ist. Er tut sehr wenig, ohne dabei Menschen mit einzubeziehen.
Christen, die nur an die Allmacht glauben, aber die Verantwortung des
Menschen übersehen, argumentieren oft: „Wenn Gott wollte, dass ich
gesund wäre, würde er mich einfach heilen. Da er es nicht tut, ist es
wohl nicht sein Wille." So führt das Missverständnis des allmächtigen
Gottes immer wieder dazu, dass er zuletzt als Buhmann dasteht. Wenn
alle Stricke reißen und man die Verantwortung an alle anderen abge-
schoben hat, bleibt quasi nur noch Gott übrig, der nichts gemacht hat.
Diese Denkweise ist so alt wie die Menschheit. Adam sagte in seinen
letzten Minuten im Paradies: *„Die Frau, die du mir zur Seite gegeben*
hast, sie gab mir von dem Baum, und ich aß" (1. Mose 3,12).

Die Frage nach dem Leid ist eine Menschheitsfrage. Jeder, der in
dieser Welt lebt, muss sich ihr stellen. Da die Existenz des Leides
immer wieder als Waffe gegen den Glauben an einen Gott verwendet
wird, sollten wir kurz darüber nachdenken.

Die berühmteste Fassung der Frage nach Gottes Allmacht und Verantwortung stammt wahrscheinlich von Epikur[44], der etwa drei Jahrhunderte vor Christus lebte.

Entweder will Gott die Übel beseitigen und kann es nicht:
Dann ist Gott schwach, was auf ihn nicht zutrifft,
oder er kann es und will es nicht:
Dann ist Gott missgünstig, was ihm fremd ist,
oder er will es nicht und kann es nicht:
Dann ist er schwach und missgünstig zugleich, also nicht Gott,
oder er will es und kann es, was allein für Gott ziemt:
Woher kommen dann die Übel und warum nimmt er sie nicht hinweg?

Um auf Epikur zu antworten, wenden wir uns zunächst einem zweiten Gedanken zu. Dieser stammt von Gottfried Wilhelm Leibniz (1646-1716), der dem Problem seinen berühmten Namen „Theodizee" gab. Das Wort wurde vom Französischen eingedeutscht und leitet sich von den griechischen Worten „theos" (Gott) und „dike" (Gerechtigkeit) ab. Es geht um die Rechtfertigung Gottes angesichts des Übels in der Welt.

Leibniz antwortete, dass wir in der besten aller möglichen Welten leben. Vielleicht wollte er sagen, dass wir in der besten Welt leben, dachte dann aber an das Leben außerhalb seines Studierstübchens und besserte nach. Aus irgendeinem Grund muss wohl eine vollkommene Welt nicht existenzfähig sein, sodass Gott für uns die beste Welt schuf, die möglich war.

Der Gedanke dahinter ist natürlich sehr komplex, denn Leibniz gilt als einer der intelligentesten Menschen, die je gelebt haben. In allen Details darauf einzugehen, führt hier aber zu weit. Leibniz hatte fast recht, denn die vollkommene Welt gab es, sie war jedoch nicht lange existenzfähig. Gott hatte eine perfekte Lebensumwelt für den Menschen geschaffen. Wir lesen davon in den ersten Kapiteln der Bibel. Es war eine Welt ohne Schmerzen und Krankheit. Eine Welt, in der die Menschen nackt waren, weil sie sich nicht voreinander schämten und es warm genug war. Dann lehnte sich der Mensch gegen Gott auf. Er wurde des Paradieses verwiesen und lebt seitdem in einer gefallenen Schöpfung, in der alles der Vergänglichkeit preisgegeben ist. Fast alles, was für uns die Welt ausmacht, ist erst hineingekommen, nachdem der Mensch sich gegen Gott aufgelehnt hat.

Das große Erdbeben von Lissabon brachte 1755 die Theodizeefrage in Europa ganz oben auf die Tagesordnung. Wie konnte der allmächtige und allgütige Gott eine solche Katastrophe zulassen, die Christen wie Nichtchristen gleichermaßen betraf? Bis heute sehen Philosophen darin ein erhebliches Problem für den Gottesglauben allgemein, Norbert Hörster schreibt dazu:

> *Wie kann ein Gott, der sowohl allmächtig und allwissend als auch allgütig ist, ja, der alle denkbaren positiven Eigenschaften in höchstem Maße verkörpert, das Übel in der Welt, also etwas Negatives erschaffen haben oder zumindest zulassen?*
>
> *Das Problem stellt sich in unterschiedlicher Schärfe – je nachdem, auf welcher Basis man seinen Gottesglauben begründet sieht. Wer den Anspruch erhebt, die Existenz eines göttlichen Wesens mit den genannten Eigenschaften aus den empirischen Gegebenheiten dieser Welt zu folgern [...] hat es besonders schwer.*[45]

Die Frage muss auf einer anderen Ebene beantwortet werden. Nicht nur ist Gott nicht der Verursacher von Krankheit, er schaut auch nicht weg. Stattdessen hat er die Verantwortung an uns gegeben, indem er uns den Auftrag gegeben hat, dem Leid der Welt etwas entgegenzusetzen. Unser Kernauftrag steht im Vaterunser. Es ist nicht nur das wichtigste Gebet der Christenheit, sondern enthält auch Gottes Basisauftrag an die Gläubigen. Matthäus 6,10 spricht eine deutliche Sprache: *„Dein Reich komme; dein Wille geschehe, wie im Himmel, so auch auf Erden."*

In diesem Satz sind alle Aufträge Jesu an seine Gemeinde, inklusive des Missionsbefehls, enthalten. Die Gemeinde soll Gottes Herrschaft auf der Erde vorantreiben. Anders wird sein Wille hier nicht geschehen und die Realität des Himmels sich nicht weiter ausbreiten. Der Heilige Geist sorgt dafür, dass diese himmlische Wirklichkeit zuerst in unserem Leben und dann um uns herum aufgerichtet wird. Wie dieser Auftrag in Bezug auf Krankheit aussieht, hat uns Jesus selbst vorgelebt.

Bis hierher ging es vor allem um die Frage, ob Gott kann und will. Aus dem Dienst Jesu ließen sich einige wichtige Prinzipien ableiten, aber es kann geschehen, dass eine falsche Vorstellung von Gottes Allmacht uns selber davon abhält, Kranken mit Gebet zu dienen. Wir stehen jedoch in einer Kontinuität der Geschichte, in der sich das Christentum immer wieder Krankheit und ihren Folgen entgegengestellt hat. Diese Geschichte beginnt auf den ersten Seiten der Bibel und zieht sich bis in unsere Zeit hindurch.

2 Krankheit und Heilung in der Bibel

Man kann sich die Bibel ohne Wundergeschichten gar nicht vorstellen. Von vorne bis hinten ist sie durchzogen von Gottes Wirken, das die Grenzen des naturwissenschaftlich geprägten Verständnisses überschreitet. Das beginnt mit den Worten: „Am Anfang schuf Gott Himmel und Erde", und endet mit der Beschreibung des neuen Himmels und der neuen Erde. Die Geschichte des alttestamentlichen Israels ist ebenso voller Wunder wie der Dienst Jesu oder die neutestamentliche Gemeinde. Auch aus der christlichen Tradition ist das Übernatürliche – speziell Heilung – nicht wegzudenken. Es mag sein, dass Nichtchristen sich über Wunder wundern: Wir sollten das nicht tun, sie gehören zum Christentum wie Kreuz, Kirche und Gebet. Wir müssen sie nur immer wieder neu entdecken.

Wegen der chronologischen Reihenfolge beginne ich unseren Streifzug durch die Wunderwelt der Antike mit einem kurzen Teil über das Alte Testament. Danach geht es in das Neue Testament und zuletzt die Kirchengeschichte. Über jeden Bereich könnte man auch ein eigenes Buch schreiben, sodass ich nur einige Beispiele geben kann. Das Ziel ist zu zeigen, dass Heilung ein wichtiger Teil unseres Erbes ist, den wir nicht einfach aufgeben sollten.

Wunder im Alten Testament

Das Alte Testament zeigt von der ersten Seite an einen übernatürlichen Gott. Ganz am Anfang schafft Gott Himmel und Erde (1. Mose 1,1) und – aus Erde – den Menschen als Mann und Frau (1. Mose 1,27). Er erwählt Abraham (1. Mose 12,1-9) und schenkt ihm noch im hohen Alter einen Sohn (1. Mose 21,1-7), um mit ihm und seinen Nachkommen Geschichte zu schreiben. Er hilft Israel in Kriegen gegen die unterschiedlichsten Feinde. Dabei sind manche Methoden sehr kreativ. Er sorgt dafür, dass ein Meteoritenhagel auf die Gegner seines Volkes niedergeht (Josua 10,11) und dass die Sonne stehen bleibt (Josua 10,12-13). Er teilt das Rote Meer (2. Mose 14), ernährt einen Propheten durch Raben (1. Könige 17,2-6) und lässt Brot vom Himmel fallen (2. Mose 16). Selbst einem Leser, der das

Alte Testament nur oberflächlich liest, begegnet auf Schritt und Tritt ein übernatürlicher Gott.

Der Platz würde nicht ausreichen, um alle Wundergeschichten, die im Alten Testament überliefert werden, im Detail zu beschreiben. Darunter sind viele Heilungen. Naaman, der Syrer, der von Aussatz geheilt wird (2. Könige 5), Hiskia, dessen Zeit schon abgelaufen war, der aber weitere fünfzehn Jahre bekommt (2. Könige 20,1-11), oder der Sohn der Witwe, den Elia von den Toten auferweckt (1. Könige 17,17-24). Die meisten dieser Geschichten sind in erster Linie Beispiele für Gottes Kraft. Andere bereiten theologisch den Weg für das Neue Testament.

Krankheit im Alten Testament

Die entscheidende Stelle für eine Theologie der Heilung ist im Alten Testament 2. Mose 15,26:

> *Er sagte: Wenn du auf die Stimme des Herrn, deines Gottes, hörst und tust, was in seinen Augen gut ist, wenn du seinen Geboten gehorchst und auf alle seine Gesetze achtest, werde ich dir keine der Krankheiten schicken, die ich den Ägyptern geschickt habe. Denn ich bin der Herr, dein Arzt* (2. Mose 15,26; EÜ).

Gleich zu Beginn ihrer gemeinsamen Geschichte stellt sich Gott seinem Volk als sein Arzt vor. Andere Übersetzungen wie die Elberfelder sagen: *„Ich bin der Herr, der dich heilt."* Göttern Heilkräfte zuzuweisen oder in Krankheitsfällen zu beten, war nicht unüblich, das taten andere Völker auch. So war es eine wichtige Tatsache für den entstehenden Monotheismus, dass auch Jahwe ein heilender Gott ist. Das Wort geht allerdings über das Heilen körperlicher Krankheiten hinaus. Die Wurzel des hebräischen *rapha* bedeutet „wiederherstellen", „ganz machen". „Heilen" ist daher mehr eine Unterüberschrift in der Bedeutungsspanne.[46]

Gott wendet sich also seinem Volk mit allem zu, was nötig ist, um es von einem schlechten in einen guten Zustand zu versetzen. Nur an körperliche Heilung zu denken, ist zu wenig, es geht um ein weitgehendes Wohl, das an *sōzō* erinnert.

Schon in der rabbinischen Literatur wurde die offensichtliche Spannung in diesem Vers diskutiert. Wenn Gott keine der Krankheiten schickt, die er anderen Völkern auferlegt, warum muss er dann noch heilen? Die mögliche Antwort ist, dass er sein Volk selbst dann noch heilt, wenn es den Bund gebrochen hat (und infolgedessen unter Krankheiten leidet). Tut es Buße, erweist sich Gott als Heiler, der sein Volk wiederherstellt. Im Regelfall wird also Gott sein Volk vor Krankheit bewahren, im Schadenfall will er es gesund machen.

Die Stelle hat auch heute noch Bedeutung in der Heilungsliteratur. Die Bezeichnung von Gott als Arzt taucht immer wieder auf. Auch das grundlegende theologische Konzept ist wichtig. Gottes Schutz wird oft wie ein Regenschirm verstanden. *„Wer unter dem Schirm des Höchsten sitzt und unter dem Schatten des Allmächtigen bleibt, der spricht zu dem HERRN: Meine Zuversicht und meine Burg, mein Gott, auf den ich hoffe* (Psalm 91,1-2; LUT).

So verstanden wird Schaden ausbleiben, solange man im Willen Gottes lebt, man diesen Schutzschirm nicht verlässt. Außerhalb der schützenden Regeln ist mit Krankheit zu rechnen[47], aber selbst dann wird Gott noch heilen, wenn man ihn sucht. Diese Theologie kann zu Gesetzlichkeit führen, ist aber einer der grundsätzlichen Gedanken hinter dem Bund, den Gott mit Mose geschlossen hat.

Typisch für das Alte Testament ist jedoch auch, Krankheit als Strafe eines Gottes anzusehen, der generell der Urheber alles Unerklärlichen ist. Das sieht man beispielsweise in der Geschichte von Miriam, der Schwester Moses.

Miriam

Die Beziehung zwischen Heilung und Religion ist in der Antike kompliziert. Eine genaue Kenntnis der Medizin, wie sie heute selbstverständlich scheint, gab es nicht.[48] Deshalb wurden viele Krankheitsursachen auf eine jenseitige Beeinflussung geschoben. In einer monotheistischen Religion wie dem Judentum lagen Krankheit und Heilung damit automatisch in Gottes Hand. Es war üblich, davon auszugehen, dass Krankheiten auch von ihm verursacht wurden.

In 4. Mose 12 erreicht ein Konflikt im Lager der Israeliten den innersten Leitungskreis. Aaron, sein älterer Bruder und Hohepriester, lehnt sich zusammen mit Miriam, ihrer gemeinsamen Schwester, gegen

Mose auf. Sie werfen ihm die Beziehung zu einer kuschitischen Frau, also einer Nichtisraelitin, vor. Im Kern geht es aber darum, dass sie Moses Autorität infrage stellen. Auch sie haben prophetische Gaben, sodass sie sich mit Mose auf einer Ebene sehen. Am Ende klärt Gott selbst den Konflikt. Er bestätigt zwar, dass beide richtige Prophetien hatten, stellt sich aber zu Moses höherer Autorität:

> *Wenn ein Prophet des HERRN unter euch ist, dem will ich mich in einem Gesicht zu erkennen geben, im Traum will ich mit ihm reden. So steht es nicht mit meinem Knecht Mose. Er ist treu in meinem ganzen Haus; mit ihm rede ich von Mund zu Mund, im Sehen und nicht in Rätselworten, und die Gestalt des HERRN schaut er. Warum habt ihr euch nicht gefürchtet, gegen meinen Knecht, gegen Mose, zu reden?* (4. Mose 12,6-8).

Gottes Zorn hat zum Ergebnis, dass Miriams Haut am ganzen Körper vor Aussatz weiß wie Schnee wird. Nur durch Moses Gebet wird sie – nach einer demütigenden einwöchigen Quarantäne[49] – geheilt. In diesem Fall ist es deutlich, dass Gott erst die Krankheit brachte, um sie dann zu heilen. Beides, Krankheit und Heilung, kam von Gott.

Beispiele für dieses Prinzip lassen sich im Alten Testament reichlich finden (z.B. 3. Mose 14,34 oder 3. Mose 26,16).[50] Aus heutiger Sicht sind diese Stellen schwer in eine Heilungstheologie einzuordnen. Viele Ausleger gehen von der Annahme aus, dass Gott nur gut ist und daher nie die Quelle von etwas Schlechtem sein kann – so wie es auch Jakobus 1,17 sagt. Jeder hat die Tendenz, die Wirklichkeit seiner Theorie anzupassen und Fakten entsprechend hinzubiegen. Vielfach werden daher die negativen Aspekte des Alten Testaments wegdiskutiert. So lehrt Kenneth Hagin, dass Gott keine Krankheit schickt, sondern nur zulässt. Er begründet seine Meinung mit einem kurzen Text, den Robert Young als Einleitung zu seiner Konkordanz schrieb. Darin heißt es, dass an manchen Stellen die aktiven hebräischen oder griechischen Verben so übersetzt werden müssen, dass Gott nicht der Verursacher ist, sondern etwas zulässt.[51] Als Beispiel führt Young Matthäus 6,13 an: „und führe uns nicht in Versuchung". Seiner Meinung nach muss man die Stelle so verstehen, dass Gott nicht zulassen soll, dass wir in Versuchung geführt werden.[52] Hagin wiederum folgert daraus, dass das für alle Stellen im Alten Testament gilt, in denen Gott etwas Schlechtes zugeschrieben wird. 2. Mose 15,26 überträgt er mit: *„ ... ich werde keiner der Krankheiten gestatten, auf dich gelegt zu werden, denen ich gestattet habe, über die Ägypter gebracht zu werden, denn ich bin der Herr, der dich heilt. "[53]*

Offensichtlich ist hier die Theologie der Vater der Übersetzung. Bei Young wird deutlich, dass man manchmal durchaus so übersetzen kann, es aber nicht immer richtig ist. Übersetzt man alle Stellen so, hat man die theologische Vorentscheidung getroffen, dass auch nach alttestamentlichem Verständnis nichts Schlechtes von Gott kommen darf. Gut geprüfte Einzelfallentscheidungen sind dann nicht mehr zu erwarten.

In der Glaubensbewegung ist diese Theologie vorherrschend. Das liegt nicht nur an Hagin. Auch ein anderer, früherer berühmter Glaubensprediger berief sich auf Young. Sein Name ist John Alexander Dowie und er war derjenige, der um die Wende zum 20. Jahrhundert den Heilungsglauben in Amerika populär machte (siehe auch Seite 89ff.). Der Frage, ob Gott das Böse verursacht oder nur zulässt, widmete er eine ganze Ausgabe einer Zeitschrift. Dort beruft er sich auf Young, sagt aber, dass er selbst auf den Gedanken gekommen sei, dass das Alte Testament nur im zulassenden Sinn von Gott und dem Bösen spricht.[54]

Der Gedanke ist an sich gut, aber leider zirkulär. Zu dem Problem, dass die Theologie die Übersetzung bestimmt, kommt eine Sichtweise des Bösen, die sich daraus automatisch ergibt. Offenbar beziehen Dowie, Hagin[55] und alle, die in ihrer Nachfolge stehen, diese Auslegungen nur auf Gottes Volk. Wenn Gott in einen Krieg gegen Israel eingreift, tut er das jedoch aktiv. Er lässt nicht etwa zu, dass die Feinde mit Blindheit geschlagen werden, sondern schlägt sie selbst. Was als böse gilt, ist also offenbar sehr relativ.

Auch in manchen anderen Belangen schießt Hagin etwas über das Ziel hinaus. So schreibt er, dass es in Israel keinen Kranken gab, solange sich das Volk an Gottes Gebote hielt.[56] Dabei übersieht er, dass sich Segen in dieser Welt niemals hundertprozentig ausdrückt. Wir haben im Alten Testament viele Beschreibungen von Krankheit und sozialen Missständen. Teil des Gesetzes war auch die gesundheitliche Vorsorge und Seuchenbekämpfung (besonders im Falle von Aussatz). Selbst wenn das Volk sich ganz an die Gebote gehalten hätte, wäre mit der Krankheit Einzelner zu rechnen gewesen.

Hagin ist an diesem Punkt betriebsblind. Er ist so darauf fixiert, Gott als Heiler darzustellen, der nichts mit Krankheit zu tun hat, dass er seine Vorstellung dem Text überstülpt. Sicher meinten die Autoren des Alten Testamentes die Stellen so, wie sie geschrieben wurden. Ihnen ging es darum, die Abhängigkeit des Menschen von Gott zu zeigen. Der theologische Sinn darin, Gott als Ursache von Krankheit zu beschreiben, ist zu zeigen, dass alles in seiner Macht liegt. Weil er krank macht, kann er auch heilen. Wir werden später noch sehen, dass Jesus gerade diese Sicht radikal infrage gestellt hat, indem er andere Gründe für Krankheit aufgezeigt hat.

Entscheidend ist erst einmal, dass Gott sich seinem Volk vor dem Hintergrund von Krankheit als Arzt offenbart hat. Eine Offenbarung, die bis ins Neue Testament, sogar bis heute für jeden relevant ist, der sich mit Heilung beschäftigt.

Auf die Frage nach der Ursache von Krankheit bietet das Buch Hiob eine noch tiefere Antwort. Zugleich ist es eines der bedeutendsten Bücher für Gläubige, die Schicksalsergebenheit lehren. Allein diese beiden Gründe machen es interessant, einen Blick hineinzuwerfen.

Hiob

Beim Nachdenken über Heilung kommt man an Hiob nicht vorbei. Warum eigentlich? Das Buch handelt weder in erster Linie von Krankheit noch von Heilung. Hiobs gesundheitliche Probleme werden nur als eine seiner Prüfungen beschrieben. Er sitzt im Staub und kratzt sich mit einer Scherbe (Hiob 2,8). Seine Geschwüre sind schlimm, sein allgemeiner Gesundheitszustand schlecht, aber das sind nur Teile der Kulisse, vor denen sich die eigentliche Geschichte entfaltet.

Oft wird gesagt, das Buch Hiob wolle die Frage nach dem Leid beantworten. Einiges spricht dafür; gerade der Prolog zeigt, wie Gott dem Satan immer mehr Zugriff auf das Leben des frommen Hiob gewährt: Erst bittet er um die Erlaubnis, Hiob seinen Besitz und seine Kinder nehmen zu dürfen, dann will er ihn mit Krankheiten quälen. Beiden Bitten wird stattgegeben (1,6-12; 2,1-6).

Hinter allem Leiden steckt also der Teufel – eine Antwort, der wir auch im Neuen Testament begegnen. Er kann aber nicht tun und lassen, was er will, denn Gott setzt ihm Grenzen. Wäre es nicht so, sähe die Welt noch ganz anders aus. In diesem Sinne ist Hiob ein modernes,

Gott lässt nachfragen – Satan aber veranlasst.

zumindest neutestamentliches Buch. Während in anderen Büchern des Alten Testamentes Gott als Verursacher des Guten und des Bösen dargestellt wird, lässt Hiob tiefer blicken: *„Da sprach der HERR zum Satan: Siehe, alles, was er hat, ist in deiner Hand. Nur gegen ihn selbst strecke deine Hand nicht aus! Und der Satan ging vom Angesicht des HERRN fort"* (Hiob 1,12).

Die Rolle Satans ist generell im Alten Testament kaum offenbart. Das Wort kommt gerade fünfzehnmal (Zählung nach Luther) vor. Erst Jesus ändert das, indem er oft über den Teufel spricht. Die Weltsicht des Neuen Testamentes ist, dass Satan der Gott dieser Welt ist (1. Korinther 4,4). Das ist eine harte Aussage. Daraus lässt sich schließen, dass alles (auch Hiob) in seiner Hand ist. Aber Gott setzt Grenzen, er achtet darauf, dass die Seinen nicht über ihr Vermögen versucht werden (1. Korinther 10,13). Doch auch das ist nicht die eigentliche Aussage des Buches.

Die Auslegung von Hiob bietet das Neue Testament. Jakobus schreibt: *„Von der Geduld Hiobs habt ihr gehört und habt gesehen, zu welchem Ende es der Herr geführt hat; denn der Herr ist barmherzig und ein Erbarmer"* (5,11; LUT). „,Geduld' im Sinne des Jakobusbriefes lässt sich mit ‚hoffnungsvolles Ausharren' beschreiben."[57]

Das Wichtigste an Hiob ist, dass er in schrecklichen Umständen ausharrte, sodass Gott ihm am Ende Barmherzigkeit erweisen konnte. Sicherlich war Hiob nicht auf eine Weise geduldig, dass er klaglos alles aussaß. Es kommt in der Geschichte klar heraus, dass er am Ende seiner Kraft war. Er haderte mit seinem Schicksal, das er als ungerecht empfand. Wie schlecht es ihm aber auch ging, er verfluchte Gott nicht und starb (Hiob 2,9). Stattdessen hielt er an seinen grundsätzlichen Überzeugungen fest und suchte nach einer Antwort auf die Frage, warum ihn, den Frommen, ein solches Leid befallen hatte. Dabei kannte er selber den Prolog offenbar nicht, sondern führte alles auf Gott zurück.

Der Schreiber des Buches wollte einen theologischen Kerngedanken rüberbringen. Dieser Kern liegt nicht in den Aussagen über Gott, sondern in der Haltung Hiobs. Er zeigt, wie man mit Leiden umgehen kann, sich auch beschweren kann, aber dennoch den Glauben behält. Eine solche Haltung führt letzten Endes zu einer herrlichen Wiederherstellung, sodass Hiob alt und lebenssatt starb (Hiob 42,17).

Das lässt auch manche Kritik am Buch Hiob ins Leere laufen. Sieht man es als einen Tatsachenbericht, kommt Gott schlecht weg. Auch wenn Hiob später wiederhergestellt wird, bleibt doch seine Familie tot. Es ist schwer, unter diesen Umständen noch eine echte Wiederherstellung zu sehen. Das öffnet Gott für harte Kritik. Besonders pointiert schreibt etwa Louis de Bernières in seiner Einleitung zum Buch Hiob:

Wir haben es also nicht nur mit einem frivolen Schwindler als Gott zu tun, sondern zudem mit einem, der die Wiedergutmachungen vermurkst, wenn er sich denn zu ihnen durchringen kann. Es gibt viele Episoden in der Bibel, die Gott in einem ziemlich schlechten Licht zeigen [...], sodass man aus diesen Stellen eigentlich nur schließen kann, dass Gott entweder ein verrückter, blutrünstiger und launenhafter Despot ist oder dass wir in all der Zeit unabsichtlich den Teufel angebetet haben.[58]

Vor diesem Problem stehen gerade Christen, die die Bibel wörtlich auslegen. Versteht man Hiob als einen historischen Tatsachenbericht, behält die Wiederherstellung am Ende einen faden Beigeschmack. Hiob geht es zwar besser als vorher, aber was ist mit seinen Knechten, den Söhnen und dem Vieh? Sie bleiben tot. In diesem Sinne muss man Bernières recht geben: Es ist eine unvollkommene, vermurkste Wiedergutmachung.

Man kann Hiob auch als eine kunstvolle Lehrerzählung verstehen, wie sie im Judentum üblich sind. Dann werden auf literarische Weise theologische Wahrheiten transportiert, ohne dass die Geschichte historisch ist. Von der Art der Erzählung spricht einiges dafür: der Prolog, die übertriebene Darstellung der Schicksalsschläge, die ausführlichen Dialoge und die poetische Antwort Gottes, die typisch für antike Texte ist. Es nimmt schon viel Schreckliches aus der Geschichte, wenn man nicht aus ihr schließen muss, dass Gott das Leben von Menschen in die Waagschale wirft, wenn er mit dem Teufel spricht.

Die Grundaussage ist dann nicht, was Gott Hiob angetan hat, sondern dass auch einem Gerechten schlimme Dinge passieren können. Das Buch Hiob ermutigt dazu, auch in Krisenzeiten daran festzuhalten, was man von Gott verstanden hat. Krankheit öffnet uns für die seltsamsten Erklärungsversuche, von denen die Freunde einige auf Hiob losgelassen haben. Aus göttlicher Sicht sind diese alle falsch, sodass es auch nicht richtig sein kann, Hiob in Krankheitsfällen heranzuziehen und zu sagen: „Der Herr hat gegeben, der Herr hat genommen."

48

Vielfach dient Hiob zur Begründung einer passiven Einstellung. Wenn schon der gerechte Hiob so viel leiden musste, dann kann Heilung nicht Gottes Willen entsprechen. Das ist aber sicher nicht die Aussage des Buches.

Nach diesem kurzen Einstieg verlassen wir das Alte Testament, um uns die Heilungswunder des Neuen anzusehen. Aus Platzgründen ist es nicht möglich, alle Geschichten im Wortlaut wiederzugeben. Es empfiehlt sich daher, eine Bibel zur Hand zu nehmen, um die Berichte nachzuschlagen und im Zusammenhang zu lesen.

Heilungen im Neuen Testament (s. a. hannre hier be Saw.)

Evangelien

Wenn Jesus unser Vorbild ist, dann sind die Beschreibungen seines Lebens in der Bibel unsere wichtigste Quelle. Deshalb empfiehlt es sich, immer wieder die Evangelien zu studieren, um herauszufinden, was Jesus getan hat. Dabei ergeben sich zwei Probleme: Manche Geschichten werden mehrmals, teilweise aus unterschiedlichen Perspektiven erzählt, während andere zu kurz sind, um etwas Relevantes aus ihnen ableiten zu können.

Um die Arbeit mit den Texten zu erleichtern ist es sinnvoll, sie in eine Struktur zu bringen. Im Folgenden habe ich alle Heilungstexte der Evangelien zusammengefasst und versucht, sie in eine zeitliche Reihenfolge zu bringen.[59] Dabei habe ich immer alle Parallelstellen angegeben, um es interessierten Lesern zu erleichtern, die Berichte nebeneinander zu lesen. Geht man systematisch durch die Evangelien, fällt erst auf, welchen hohen Stellenwert Heilung im Dienst Jesu einnahm; auf fast jeder Seite wird von einem Wunder berichtet. Schon die Übersicht liest sich sehr beeindruckend:

1) Die Heilung eines dämonisierten Mannes in der Synagoge (Markus 1,23-28 und Lukas 4,33-37)

Während Jesus in Kapernaum predigt, wird er von einem bösen Geist unterbrochen. Dieser Geist ist der Erste, der Jesus als den „Heiligen Gottes" erkennt. Indem Jesus den Mann befreit, demonstriert die erste Heilung Jesu seine Überlegenheit über das Reich der Finsternis.

2) Die Heilung von Petrus' Schwiegermutter (Matthäus 8,14-15, Markus 1,29-31 und Lukas 4,38-39)

Die zweite Heilung ist eine sehr persönliche. Petrus erzählt Jesus von seiner Schwiegermutter, die starkes Fieber hat. Die Heilung zeigt, wie vielfältig die Methoden waren, die Jesus beim Heilen anwandte. Liest man die Parallelstellen zusammen, berührte Jesus die Frau und bedrohte das Fieber. Offenbar konnte das Fieber hören, denn es verschwand. Jesus begegnete Krankheiten oft mit göttlicher Autorität statt demütigem Gebet.

3) Die Heilung eines Aussätzigen (Matthäus 8,1-4, Markus 1,40-45 und Lukas 5,12-16)

Die Heilung oder Reinigung von Leprakranken kommt immer wieder in den Evangelien vor. Aussatz ist eine der ältesten bekannten Krankheiten und musste in der Antike immer isoliert werden. So litten Leprakranke zusätzlich zu ihrer Krankheit noch unter dem Stigma der sozialen Ausgrenzung (3. Mose 13). Umso bedeutender ist es, dass Jesus den Kranken durch eine Berührung heilt. Im Alten Testament wurde man unrein, wenn man einen Aussätzigen berührte, im Neuen Testament wird der Kranke durch die Berührung rein.

4) Der Knecht des Hauptmanns (Matthäus 8,5-13 und Lukas 7,1-10)

Ein Armeeoffizier bittet Jesus darum, seinen Knecht zu heilen. Als Jesus einwilligt, mit ihm zu gehen, wehrt es der Hauptmann ab – er soll den Knecht aus der Ferne heilen. Jesus ist über das Maß des Glaubens des Offiziers verwundert; der Knecht wird genau in diesem Moment geheilt.

Die Heilung sticht hervor, weil der Hauptmann sicherlich kein Jude war, sondern zur römischen Besatzungsmacht gehörte. Jesus zeigt hier, dass das Evangelium nicht nur für die Juden ist. Außerdem ist es eine der seltenen „Fernheilungen". Johannes 4,46-54 ist sehr ähnlich, weicht aber in einigen wesentlichen Details ab, sodass unsicher ist, ob es sich um dieselbe Geschichte handelt.

5) Der Sohn der Witwe von Nain (Lukas 7,11-17)

In Nain werden Jesus und seine Jünger Zeugen einer Trauerprozession: Der einzige Sohn einer Witwe ist gestorben. Von Mitgefühl bewegt, berührt Jesus den Toten auf der Bahre. Er wird geheilt, sodass Jesus ihn seiner Mutter zurückgeben kann.

Es ist die erste Totenauferweckung in seinem Dienst. Bemerkenswert ist darüber hinaus, dass keine weitere Aktion berichtet wird; niemand bittet Jesus um die Heilung oder zeigt besonderen Glauben. Die Heilung geschieht ausschließlich auf Jesu Initiative hin. In diesem Sinne kann Gottes Souveränität nicht nur bedeuten, dass er jemanden nicht heilt, sondern auch, dass er jemanden heilt, für den niemand gebetet hat.

6) Der dämonisierte Gerasener (Matthäus 8,28-34, Markus 5,1-20 und Lukas 8,26-39)

Als Jesus in die Gegend von Gerasa kommt, geschieht eine dramatische Befreiung. Ein Mensch (nach Matthäus waren es zwei) rennt auf die Reisegesellschaft zu, als sie gerade aus dem Boot steigt. Er wird so schlimm von Dämonen geplagt, dass er in Grabhöhlen lebt. Jeder kennt ihn, weil er in der ganzen Gegend für Unruhe sorgt. Nachdem Jesus ihn befreit hat, ist er wieder ein ganz normaler Mensch.

Besonders an der Befreiung ist, dass die Dämonen Jesus bitten, sie in eine grasende Schweineherde zu schicken. Als er es tut, stürzen die Schweine sich einen Abhang hinab in einen See. Daraufhin bitten die Bewohner der Gegend Jesus darum, ihr Gebiet zu verlassen. Die Geschichte nimmt allerdings noch ein positives Ende, denn als Jesus das nächste Mal in der Gegend ist, hören viele seine Predigten mit offenen Ohren.

7) Der Gelähmte, der durch das Dach kam (Matthäus 9,1-8, Markus 2,1-12 und Lukas 5,17-26)

Besonders Markus erzählt effektvoll die Geschichte eines Gelähmten, der zu Jesus gebracht wird. Weil in dem Haus, in dem Jesus gerade spricht, dichtes Gedränge herrscht, decken seine Freunde das Dach ab, um ihn zu Jesus hinunterzulassen. Bemerkenswert ist, dass Jesus nicht gleich auf die Lähmung eingeht, sondern dem Mann zuerst die Sünden vergibt. Erst als einige Anwesende deshalb unwillig werden, heilt er den Mann, um zu zeigen, dass auch die Vergebung mehr war als leere Worte. Dabei provoziert besonders die Frage, was leichter ist: zu sagen „Deine Sünden sind vergeben" oder „Steh auf und sei geheilt!" Der Zusammenhang legt nahe, dass Heilung einfacher ist, als Sündenvergebung zuzusprechen.

8) Die Tochter des Jairus (Matthäus 9,18-19.23-25, Markus 5,12-24.35-43 und Lukas 8,40-42.49-56)

Die Heilung der Tochter des Synagogenvorstehers Jairus ist besonders spannend erzählt, weil sie durch eine andere Heilung unterbrochen wird. Jairus bittet Jesus für seine Tochter, die zu dem Zeitpunkt entweder bereits verstorben ist oder im Sterben liegt. Auf dem Weg muss Jesus sich durch eine dichte Menschenmenge kämpfen, in der eine Frau von Blutfluss geheilt wird. Als er bei Jairus ankommt, ist das Mädchen definitiv tot. Jesus wirft die Trauergäste und bezahlten Klageweiber hinaus, um das Wunder allein mit einigen ausgewählten Jüngern zu vollbringen. Er ergreift die Hand des Mädchens und befiehlt ihr aufzustehen. Sie erwacht zum Leben.

9) Die blutflüssige Frau (Matthäus 9,20-22, Markus 5,24-34 und Lukas 8,42-48)

Während Jesus auf dem Weg zur Tochter des Jairus ist, wird er von einer Frau berührt, die seit zwölf Jahren Blutungen hat. Obwohl es nur eine kleine Berührung mitten im Gedränge ist, spürt Jesus, dass eine Kraft von ihm ausgeht, als die Frau geheilt wird. Er fragt nach und die verängstigte Frau erzählt ihm die ganze Geschichte.

Die Monatsblutung machte eine Frau rituell unrein, sodass sie nicht in der Menge hätte sein dürfen. Noch weniger hätte sie jemanden berühren dürfen. Das erklärt ihre Angst. Jesus macht ihr allerdings keine Vorwürfe, sondern lobt ihren Glauben, der sie geheilt hat.

Über die Kraft, die von Jesus ausging, wurde viel geschrieben. Offenbar musste Jesus nicht einmal einer Heilung zustimmen; es reichte, dass die Frau im Glauben sein Gewand berührte, um die Kraft fließen zu lassen. In der modernen Heilungsliteratur wird diese Kraft oft als „Heilungssalbung" bezeichnet, die während eines Gottesdienstes oder von einem Heilungsbegabten fließen kann.

10) Zwei Blinde (Matthäus 9,27-31)

Gleich nach der Heilung der blutflüssigen Frau und der Auferweckung des toten Mädchens begegnen zwei Blinde Jesus. Nachdem er sie nach ihrem Glauben befragt hat, heilt er sie. Es klingt ironisch, dass Jesus ihnen dringend einschärft, niemandem davon zu erzählen, denn sicherlich konnte die Heilung nicht geheim gehalten werden. Die Geheilten halten sich auch gar nicht an die Anweisung; stattdessen erzählen sie allen davon.

11) Ein Stummer (Matthäus 9,32-34)

Jesus befreit einen stummen Mann von einem Dämon. Danach kann er normal reden. Interessant ist die Reaktion der Leute, die dabeistehen. Während die meisten begeistert sind, weil so etwas noch nie in Israel geschehen ist, denken die Pharisäer, dass Jesus Dämonen durch deren Obersten austreibt. Selbst bei Jesus waren Wunder also nicht selbsterklärend.

12) Ein Mann mit einer verkrüppelten Hand (Matthäus 12,9-14, Markus 3,1-6 und Lukas 6,6-11)

Jesus heilt in der Synagoge einen Mann mit einer verkrüppelten (verdorrten) Hand. Das Besondere an dieser Heilung ist, dass ihm die Pharisäer damit eine Falle stellen. Die Heilung geschieht am Sabbat, also am arbeitsfreien Tag. Die Falle besteht darin, dass Jesus durch eine Heilung die Sabbatruhe übertritt, weil er als „Arzt praktiziert". So suchen die Pharisäer einen Anklagegrund gegen ihn. Jesus erkennt ihren Plan und hält ihnen eine ordentliche Standpauke, bevor er den Kranken heilt.

13) Ein stummer und blinder Mann (Matthäus 12,22 und Lukas 11,14)

Jesus befreit einen Mann von einem Dämon, dadurch wird auch dessen Stummheit und Blindheit geheilt. Das Besondere an dieser Heilung ist, dass die Pharisäer sie wieder einmal falsch deuten. Sie denken, dass Jesus Dämonen durch ihren Obersten – Beelzebub – austreibt. Diese bewusste Fehldeutung nimmt Jesus zum Anlass, über die Sünde gegen den Heiligen Geist zu sprechen. Jemand, den nicht einmal ein offensichtliches Wunder Gottes überzeugt, wird wohl auch nichts anderes zur Buße bringen.

14) In Nazareth (Matthäus 13,58 und Markus 6,5-6)

In seiner Heimatstadt Nazareth kann Jesus keine großen Wunder tun. Die Menschen kennen ihn zu gut, um glauben zu können, dass er der Messias ist. Dennoch kann Jesus einige Heilungen vollbringen.

Was aus menschlicher Perspektive nach Misserfolg aussieht, wirkt auf die Personen, die dabei waren, durchaus beeindruckend.

Lukas 4,16-30 überliefert, was Jesus predigt, erzählt aber nichts von den Wundern.[60]

15) Der Lahme am Teich Bethesda (Johannes 5,2-47)

In mehreren Säulenhallen liegen Kranke am See Bethesda. Sie warten darauf, dass das Wasser (möglicherweise durch einen Engel, der Text ist an der Stelle unsicher) bewegt wird. Tritt das Ereignis ein, wird der erste Kranke, der im Wasser ist, geheilt – egal von welcher Krankheit. Jesus heilt hier einen Mann, der seit achtunddreißig Jahren gelähmt ist.

16) Die Syrophönizierin (Matthäus 15,21-28 und Markus 7,24-30)

Eine nichtjüdische Frau bittet Jesus für ihre Tochter, die von einem Dämon gequält wird. Nachdem er einige Male abgelehnt hat, gibt Jesus ihrer Bitte nach und heilt die Tochter.

Es ist die einzige Stelle in den Evangelien, in der sich Jesus zunächst weigert, einen Kranken zu heilen. Er gibt sogar einen Grund für die Weigerung an: Die Frau ist keine Israelitin – er aber ist nur zu den verlorenen Schafen Israels gesandt. Erst später erweitert sich das Evangelium (nach einigen Diskussionen in der Apostelgeschichte) auf die ganze Welt.

17) Ein Taubstummer (Matthäus 15,29-31 und Markus 7,31-37)

In einer größeren Menschenmenge heilt Jesus einen Tauben, der nur mit großer Mühe sprechen kann. Dabei wendet er eine ungewöhnliche Methode an: Er legt die Finger in die Ohren des Mannes, während er dessen Zunge mit Speichel berührt. In der Matthäusparallele wird nicht ausdrücklich auf diese Heilung eingegangen.

18) Zweimal beten (Markus 8,22-26)

Markus berichtet die einzige Geschichte, in der eine Heilung nicht auf Anhieb „klappte". Nachdem Jesus für einen Blinden gebetet hat, sieht dieser die Menschen zunächst wie Bäume. Erst nachdem Jesus ihm die Hände zum zweiten Mal auf die Augen gelegt hat, sieht er klar. Die Stelle ist eine Ermutigung dazu, mehrmals zu beten, wenn es beim ersten Mal nicht klappt.

19) Der mondsüchtige Junge (Matthäus 17,14-21, Markus 9,14-29 und Lukas 9,37-43)

Als Jesus mit einigen Jüngern vom Berg der Verklärung herunterkommt, findet er die übrigen Jünger inmitten eines Menschenauflaufs. Ein Mann hat seinen Sohn zu ihnen gebracht, damit sie ihn von einem Dämon befreien. Statt auszufahren, riss der Dämon den Jungen jedoch, sodass alle Beteiligten es mit der Angst zu tun bekamen. Erst Jesus befreit den Jungen.

Es ist die einzige Geschichte, in der die Jünger im Alleingang versuchen, einen Menschen zu befreien. Zwar hat Jesus sie bereits zu zweit ausgesandt, aber davon sind uns keine Details überliefert. Offenbar haben die Jünger versucht, ohne Hilfe des Meisters anzuwenden, was sie gelernt haben, aber es fehlte ihnen an geistlicher Autorität.

20) Die verkrümmte Frau (Lukas 13,10-17)

In einer Synagoge heilt Jesus eine Frau, die bereits seit achtzehn Jahren unter einem stark verkrümmten Rücken litt. Hier wird deutlich, dass Heilung zu Gottes Reich gehört, denn Jesus nennt die Frau ausdrücklich eine Tochter Abrahams.

21) Der Wassersüchtige (Lukas 14,1-6)

Ausgerechnet auf einer Feier bei einem Pharisäer trifft Jesus einen Wassersüchtigen. Es ist wieder einmal ein abgekartetes Spiel, denn Jesus wird die ganze Zeit aufmerksam beobachtet. Doch die Heilung eines leidenden Menschen ist für Jesus wichtiger, als eine Falle zu vermeiden. Er ist bereit, sich für das Wohl eines Menschen Kritik auszusetzen.

22) Zehn Aussätzige (Lukas 17,11-19)

In einem Dorf begegnen Jesus zehn Aussätzige, die ihn um Heilung bitten. Er schickt sie fort, damit sie sich dem Priester zeigen, der ihre Heilung bestätigen muss. Die Heilung geschieht erst auf dem Weg. Hinterher kommt von den Zehnen nur einer zurück, um Jesus zu danken: Dieser ist ausgerechnet ein Samaritaner.[61]

Besonders ist an dieser Heilung, dass der Glaube der Kranken absolut entscheidend war. Sie hatten kein sichtbares Zeichen, sondern mussten allein auf das Wort Jesu vertrauen.

23) Der Blindgeborene (Johannes 9,1-7)

Unterwegs treffen Jesus und die Jünger einen Mann, der blind geboren wurde. Jesus heilt ihn, indem er einen Brei aus Speichel und Lehm macht, den er ihm auf die Augen schmiert. Danach schickt er ihn zum Waschen zum Teich Siloa.

Neben dieser außergewöhnlichen Methode ist ein Gespräch zwischen Jesus und den Jüngern über den Fall interessant. Die Jünger fragen, ob die Ursache seiner Behinderung seine eigene Sünde oder die seiner Eltern ist. Jesus schließt beides aus und heilt ihn einfach. Hier zeigt sich, dass eine monokausale Welterklärung falsch ist.

24) Auferweckung des Lazarus (Johannes 11,1-44)

Eine der längsten Heilungsgeschichten ist die Auferweckung des toten Lazarus. In vielen Details wird berichtet, wie Jesus die Nachricht bekommt, aber dennoch zu spät kommt, sodass er seinen Freund von den Toten zurückholen muss.

25) Zwei Blinde, einer davon Bartimäus (Matthäus 20,29-34 und Markus 10,46-52)

Als Jesus mit seinen Jüngern aus Jericho kommt, sind in der Menschenmenge zwei Blinde (nach Matthäus), die so laut schreien, dass die anderen sie zum Schweigen bringen wollen. (Markus konzentriert seine Geschichte auf einen von ihnen, Bartimäus.) Die Blinden setzen sich durch und Jesus heilt sie.

Die Geschichte zeigt, wie wichtig es oft ist, sich nicht entmutigen zu lassen. Wer immer nur das tut, was andere von ihm wollen, kann damit die Chance seines Lebens verpassen.

26) Malchus' Ohr (Lukas 22,49-51)

Bei Jesu Verhaftung schlägt Petrus Malchus, einem Knecht des Hohenpriesters, mit dem Schwert ein Ohr ab. Jesus setzt es wieder an und tut so das letzte Wunder in seinem Erdendasein.

Neben diesen sechsundzwanzig ausführlichen Berichten gibt es einige Summarien – Verse, in denen gesagt wird, dass Jesus eine Menge oder alle Krankheiten heilt. Teilweise sind auch diese interessant, obwohl sie keine weitergehenden Details liefern.[62]

Die Apostelgeschichte

Nach Jesu Himmelfahrt und dem Kommen des Heiligen Geistes begann das Zeitalter der Gemeinde. Jesu Jünger wurden seine Apostel, die nicht nur seine Botschaft weitertrugen, sondern auch in seiner Kraft Wunder vollbrachten. Die drei Jahre Ausbildung hatten sich gelohnt: Das Christentum verbreitete sich mit hoher Geschwindigkeit im Römischen Reich und der damals bekannten Welt. Markus 16,20 verzahnt die Wundergeschichten der Evangelien mit dem weiteren Verlauf in der Apostelgeschichte: *„Jene aber zogen aus und predigten überall, während der Herr mitwirkte und das Wort durch die darauf folgenden Zeichen bestätigte."*

Im weiteren Verlauf der Kirchengeschichte gerieten übernatürliche Zeichen immer mehr in den Hintergrund. An ihre Stelle trat die charakterliche Veränderung, die Christen erlebten. Im ältesten kirchengeschichtlichen Dokument, der Apostelgeschichte, sind allerdings noch einige beeindruckende Heilungswunder überliefert. Wie bei den Evangelien gehe ich wieder der Reihenfolge nach durch die Erzählungen der Apostelgeschichte.

1) Zeichen und Wunder durch die Hände der Apostel (2,42-47)

Kapitel 1 legt einige Grundlagen, besonders der Missionsbefehl wird wiederholt, um zu zeigen, wie die junge Kirche ihn ausführte. Dann beginnt die Beschreibung der Gemeinde mit der Feststellung, dass viele Wunder und Zeichen durch die Apostel geschahen. Nicht nur das Brotbrechen, die Gemeinschaft und die Apostellehre machten also die junge Gemeinde aus. Sie war auch übernatürlich. Ihr schnelles Wachstum ist nur durch die Ausgießung des Heiligen Geistes an Pfingsten zu erklären. Eine neue Lehre war auch zur damaligen Zeit nicht so selten, dass Menschen ihr in Scharen hinterherliefen. Wichtiger als das, was die Menschen hörten, war das, was sie sahen. Zeichen und Wunder waren an der Tagesordnung.

2) Heilung eines Bettlers (3)

An der schönen Pforte des Tempels sitzt ein gelähmter Bettler, der Petrus und Johannes erwartungsvoll die Hand entgegenstreckt. Petrus' Antwort ist legendär: *„Silber und Gold besitze ich nicht; was ich aber habe, das gebe ich dir: Im Namen Jesu Christi, des Nazoräers: Geh umher!"* (3,6). Der Bettler ist stadtbekannt, entsprechend spricht sich auch die Heilung schnell herum. Ein solches Wunder kann also leicht zum Schlüssel für die Bekehrung einer großen Anzahl von Menschen werden.

3) Gebet um Unerschrockenheit (4,23-31)

Eigentlich ist das keine Stelle, in der es um Heilung geht, aber wir bekommen hier einen Einblick in das Leben und Beten der ersten Christen. Von Anfang an steht die Gemeinde unter Verfolgung. Die Juden tun alles, um die Gläubigen davon abzuhalten, den Namen Jesu zu verkündigen. Petrus und Johannes werden verhaftet und misshandelt, müssen aber wieder auf freien Fuß gesetzt werden. Danach beten sie mit anderen zusammen ein gefährliches Gebet: *„Gib deinen Knechten, dein Wort mit aller Freimütigkeit zu reden; indem du deine Hand ausstreckst zur Heilung, und Zeichen und Wunder geschehen durch den Namen deines heiligen Knechtes Jesus"* (4,29-30). Dabei war es ja gerade die Freimütigkeit, die sie ins Gefängnis gebracht hat. Ausgerechnet davon wollen sie jetzt noch mehr haben!

Die Gemeinde in Jerusalem war bereit, einen hohen Preis zu zahlen, damit sich das Evangelium durch die Predigt mit den begleitenden Zeichen und Wundern ausbreitete. Wie anders ist es heute um unsere Motivation bestellt! Wir beten darum, dass wir in unserer Religionsausübung nicht behelligt werden, nicht darum, dass Gott Seelen rettet.

4) Zeichen und Wunder durch die Apostel (5,12-16)

Auch in der Apostelgeschichte gibt es Berichte, die sich wie die Summarien in den Evangelien lesen. Aus dem ganzen Umkreis von Jerusalem bringen Menschen ihre Kranken oder von Dämonen Geplagten, um sie von den Aposteln heilen zu lassen. Sie haben dieselbe Kraft wie Jesus, sodass alle geheilt werden. Von einigen wird, ohne weitere Details zu nennen, berichtet, dass Wunder durch sie geschehen, z.B. von Philippus (8,7.13).

5) Petrus heilt Äneas (9,32-35)

In einem Ort namens Lydda heilt Petrus einen gelähmten Mann, der bereits seit acht Jahren ans Bett gefesselt ist. Das Wunder hat Auswirkungen auf das ganze Dorf, dessen Bewohner beginnen, an Jesus zu glauben. Wieder einmal zeigt sich, dass Predigt und Wunder zusammengehören; ihrer gemeinsamen Kraft ist nichts entgegenzusetzen.

6) Die Auferweckung Tabithas (9,36-43)

Während Petrus in Lydda ist, stirbt im nahen Joppe eine Christin namens Tabitha oder Dorkas. Es spricht für sich, dass die Gemeinde nach Petrus schickt, als sie bereits gewaschen und für ihr Begräbnis aufgebahrt ist. Offensichtlich ist die Kraft Gottes in Petrus so stark, dass die Gläubigen ihm sogar zutrauen, Tote wieder zum Leben zu erwecken. Genau das geschieht dann auch. Petrus betritt allein das Zimmer, betet und Dorkas öffnet wieder die Augen.

7) Der Gelähmte in Lystra (14,8-18)

Die Erlebnisse in Lystra zeigen, in welchen Aufs und Abs das Leben der Apostel verläuft. Nachdem Paulus einen Gelähmten geheilt hat, der noch nie in seinem Leben einen Schritt gegangen ist, wird er als Zeus angebetet. Kurz darauf zetteln Juden aus anderen Städten einen Aufruhr gegen die Apostel an und sie werden um ein Haar gesteinigt.

Es ging auch den Aposteln nicht anders als Jesus oder uns. Auch ihre Wunder wurden missverstanden, sodass sie nicht immer zum Glauben führten.

8) Befreiung einer Wahrsagerin in Philippi (16,16-40)

In Philippi befreit Paulus eine Magd, die durch einen Dämon die Zukunft voraussagen kann. Nach ihrer Befreiung ist die Einnahmequelle ihres Herrn dahin, sodass Paulus ins Gefängnis geworfen wird.

9) Auferweckung des Eutyches (20,7-12)

Das ironischste Wunder des Neuen Testamentes geschieht während eines Abschiedsgottesdienstes, den Paulus vor seiner Abreise aus Troas hält. Weil er so lange redet, fällt ein junger Mann namens Eutyches schlafend aus dem Fenster. Unten angekommen, ist er tot. Zum Glück für Paulus kann er ihn noch zum Leben erwecken, sodass die Sache zur Ermutigung für die dortige Gemeinde wird.

10) Wunder in Malta (28,1-10)

Nach einem Schiffbruch in Malta wird Paulus von einer Giftschlange gebissen, überlebt allerdings unbeschadet. Als der Vorfall sich herumgesprochen hat, werden alle möglichen Kranken zu ihm gebracht, die er heilt.

Die Berichte in der Apostelgeschichte sind umso beeindruckender, als der Fokus der Erzählung erst auf Petrus, dann auf Paulus liegt. Man kann davon ausgehen, dass auch andere Gläubige Wunder wirkten, wie es zum Beispiel bei Stephanus nebenbei erwähnt wird. Ihre Geschichten werden nicht erzählt. Darüber hinaus werden viele Wunder nur angedeutet, ohne dass Details genannt werden. Insgesamt berichtet die Apostelgeschichte nur von einigen Heilungen, lässt aber vermuten, dass es noch viel mehr gab. Aus der ersten Gemeinde und der ersten Verbreitungswelle des Christentums sind Zeichen und Wunder daher überhaupt nicht wegzudenken.

Krankheit in den Briefen

In den Briefen gibt es noch einige sporadische Erwähnungen des Übernatürlichen (z.B. 2. Korinther 12,12), aber ihr Schwerpunkt ist eindeutig die Lehre. Mit drei Personen muss man sich jedoch genauer beschäftigen. Ihre Beispiele werden immer wieder angeführt und – gerade was Paulus angeht – intensiv diskutiert. Das Argument ist oft, dass es keine Heilung (mehr) gibt, weil auch zur Zeit der Apostel Gläubige krank waren.

Selbst wenn das stimmte, würde es die positiven Aussagen der Bibel nicht außer Kraft setzen. Niemand behauptet, dass man nicht krank sein darf oder gar kann, wenn man mit Gott lebt. Offensichtlich wird nicht jeder Mensch geheilt. Warum sollte die Biografie eines Paulus oder Trophimus der Tatsache widersprechen, dass Gott heilen will?

An solchen Stellen zeigt sich, wie gefährlich es ist, Prinzipien aus einem Einzelzeugnis abzuleiten. Wenn man vom Teil auf das Ganze schließt, können große Irrtümer dabei herauskommen. Nur weil ich auf einem grünen Stuhl sitze, bedeutet das nicht, dass alle Stühle grün sind. Nur weil ein bestimmter Gläubiger nicht geheilt wird, bedeutet das nicht, dass keiner geheilt wird.

Einzelschicksale müssen nicht für das Ganze stehen. Darüber hinaus haben wir es immer mit theologischen Sichtweisen und Interpretationen zu tun, die nicht notwendigerweise richtig sein müssen. Vielleicht war Paulus krank, vielleicht aber auch nicht. Es ist wichtig, sich die entsprechenden Bibelstellen im Zusammenhang genau anzusehen, bevor man Schlüsse zieht.

Paulus

Der vielleicht berühmteste Kranke des Neuen Testaments ist der Apostel Paulus. Dass ausgerechnet ein so großer Gottesmann selbst krank war, nimmt vielen Christen den Mut, an Heilung zu glauben. Dabei ist nicht einmal sicher, dass er wirklich unter einer Krankheit litt; er selbst sagt das zumindest nicht explizit. Die interessanteste Stelle dazu ist 2. Korinther 12,6-9:

> *Denn wenn ich mich rühmen will, werde ich doch nicht töricht sein, denn ich werde die Wahrheit sagen. Ich enthalte mich aber dessen, damit nicht jemand höher von mir denke, als was er an mir sieht oder was er von mir hört, auch wegen des Außerordentlichen der Offenbarungen. Darum, damit ich mich nicht überhebe, wurde mir ein Dorn für das Fleisch gegeben, ein Engel Satans, dass er mich mit Fäusten schlage, damit ich mich nicht überhebe. Um dessentwillen habe ich dreimal den Herrn angerufen, dass er von mir ablassen möge. Und er hat zu mir gesagt: Meine Gnade genügt dir, denn meine Kraft kommt in Schwachheit zur Vollendung. Sehr gerne will ich mich nun vielmehr meiner Schwachheiten rühmen, damit die Kraft Christi bei mir wohne.*

Hätte Paulus nur geahnt, dass sich im Verlaufe der Zeit Hunderte Theologen bemühen würden, herauszufinden, um was es sich bei dem Dorn oder Stachel handelt! Vielleicht hätte er sich dann ein bisschen deutlicher ausgedrückt. So haben wir heute nur einige mehr oder weniger bekannte Theorien, worum es sich dabei gehandelt haben könnte. Ich beschäftige mich hier aber nur mit denen, die von Krankheit ausgehen. Auf andere Erklärungsversuche, wie dass Paulus sich seiner Vergangenheit schämte, unter seiner Ehelosigkeit litt oder homosexuell war, gehe ich nicht ein, weil sie für das Thema Heilung nicht relevant (und auch sonst eher sekundär) sind.

Viele Bibelausleger gehen also davon aus, dass Paulus hier von einer Krankheit redet. Die Meinungen über die Art dieser Krankheit gehen allerdings auseinander. Die älteste Auslegung in dieser Richtung kommt von Tertullian (ca. 160 geboren) und besagt, dass Paulus schlimme Migräneanfälle hatte. Diese Auslegung ist allerdings ansonsten nicht allzu populär.

Heute ist das Lager mindestens zweigeteilt zwischen denen, die an eine Augenkrankheit glauben, und denen, die von Epilepsie ausgehen.

Eine Augenkrankheit?

Bei seiner Bekehrung wurde Paulus von einem so hellen Licht umstrahlt, dass er drei Tage blind war (Apostelgeschichte 9,9). Es wäre immerhin möglich, dass er infolgedessen ein Augenleiden hatte. Jahre später schrieb er an die Gemeinden in Galatien, dass sie, wäre es möglich gewesen, ihre Augen ausgerissen und ihm gegeben hätten (Galater 4,15). Außerdem schrieb er den Brief mit großen Buchstaben (Galater 6,11), wie jemand, der nicht gut sehen kann. Allerdings spricht sehr vieles gegen diese Theorie, sodass ich persönlich nicht an ein Augenleiden glauben kann.

In Apostelgeschichte 9,17-18 heißt es, dass Paulus wieder sehen konnte, nachdem Hananias ihm die Hände aufgelegt hatte. Die Blindheit war nur ein Zeichen dafür, dass er Gott begegnet war, keine Krankheit, die andauerte und ihn sein Leben lang zeichnete.

Man kann Galater 6,11 offenbar unterschiedlich verstehen. Ein paar Übersetzungsvarianten sind:

„Seht, mit was für großen Buchstaben ich euch mit eigener Hand geschrieben habe!" (ELB)

„Sehet, wie weitläufig ich euch geschrieben habe mit eigener Hand!" (SCH)

„Sehet, welch einen langen Brief ich euch geschrieben habe mit eigener Hand!" (unrev. ELB)

Ich halte es für unwahrscheinlich, dass Paulus einen Brief in Schriftgröße 67 abgeschickt hat, zumal er vermutlich einen Schreiber hatte. Wahrscheinlicher als der Hinweis auf ein mysteriöses Augenleiden dürfte sein, dass er sich auf die Länge bezieht. Und die Länge ist für einen Brief tatsächlich beachtlich.

Epilepsie?

Die andere prominente Theorie geht von Epilepsie aus. Auch diese Theorie lässt sich vordergründig durch den Zusammenhang stützen.

Epileptische Anfälle können zeitlich weit auseinanderliegen und wurden in der Antike als sicheres Zeichen dämonischer Aktivität gesehen. Dazu würde passen, dass Paulus von einem Engel Satans spricht. Überdies spuckte man im heidnischen Umfeld vor Epileptikern aus, um sich vor dem Dämon zu schützen; Paulus schreibt: *„Ihr habt die mir am Fleische widerfahrene Anfechtung nicht gering angeschlagen oder gar verabscheut"* (Galater 4,14). Das Verb „verabscheuen" bedeutet ganz genau übersetzt „ausspucken". Dass Paulus dreimal um Befreiung gebetet hat, hieße dann, dass er drei Anfälle hatte und sich danach jedes Mal an Gott wandte.

Allerdings halte ich auch das nicht für wirklich stichhaltig, denn Paulus scheint permanent unter dem Stachel gelitten zu haben. Es klingt nicht nach gelegentlichen, zeitlich weit auseinanderliegenden Anfällen.

Der Zusammenhang zeigt, dass die Krankheit (oder Schwäche), unter der Paulus bei seinem ersten Aufenthalt in Galatien[63] litt, nicht von Dauer war:

> *Ihr wisst aber, dass ich euch* einst *in Schwachheit des Fleisches das Evangelium verkündigt habe, und die Versuchung, die euch mein Fleisch verursachte, habt ihr nicht verachtet noch verabscheut, sondern wie einen Engel Gottes nahmt ihr mich auf, wie Christus Jesus* (Galater 4,13-14; meine Hervorhebung).

Wir wissen nicht genau, worum es sich bei der „Schwachheit des Fleisches" handelte, aber es muss keine Krankheit gewesen sein, wie beispielsweise die Einheitsübersetzung schreibt. Noch weniger ist es zutreffend, dass er sein ganzes Leben unter ihr litt. Der Apostel sagt ausdrücklich, dass er die Schwäche hatte, als er zum ersten Mal in Galatien war. Auch wenn es nicht sicher ist, möchte ich einen Tipp abgeben, woran Paulus zu dieser Zeit gelitten haben könnte.

Apostelgeschichte 13,4–14,28 beschreibt die erste Missionsreise des Paulus. Am Ende von Kapitel 14 predigte er zusammen mit Barnabas in Lystra. Es geschahen, wie überall, Zeichen und Wunder, aber das Volk war gespalten. Dann kamen Juden aus der Gegend, um das Volk weiter aufzuwiegeln (4,19-20). Am Ende wurde Paulus gesteinigt und man ließ ihn liegen, weil man ihn für tot hielt. Entweder war Paulus wirklich tot und Gott hat ihn wieder auferweckt, oder er war in einem so schlechten Zustand, dass er für tot gehalten wurde.

Paulus stand wieder auf und ging am nächsten Morgen mit Barnabas nach Derbe. Die Städte befinden sich in Galatien und liegen zu Fuß etwas mehr als einen Tag auseinander. Man kann sich also gut vorstellen, dass Paulus bei seinem ersten Besuch in der Gegend etwas angeschlagen war. Ich denke auch, dass es nicht ungefährlich war, einen Prediger aufzunehmen, der in einer anderen Stadt schon einmal gesteinigt worden war.

Die Krankheitsauslegung ist also durchaus nicht so stichhaltig, wie manche meinen. Man kann nicht einfach sagen, dass Paulus unter einer lebenslangen Krankheit litt. Noch weniger kann man herauslesen, dass „Gott Paulus einen Stachel ins Fleisch gegeben hat, der ihn demütig halten sollte". Ausleger, die so etwas behaupten, deuten damit an, dass Gott Paulus krank machte, damit er wegen seiner vielen Offenbarungen nicht übermütig würde. Diese Auslegung ist meiner Ansicht nach aus mehreren Gründen falsch.

Zum einen kam der Stachel nicht von Gott, wie einige Ausleger meinen. Sie schließen das aus dem Gebrauch des Passivs: „wurde mir gegeben", den sie im Sinne von „wurde mir von Gott gegeben" verstehen. In diesem Zusammenhang halte ich den gedachten Zusatz allerdings für falsch, denn der Stachel war ein Engel des Satans, der Paulus mit Fäusten schlug. Das klingt nicht nach einem Engel, den Jesus gesandt hätte. Wäre er von Gott gewesen, hätte Paulus bestimmt auch nicht gegen ihn gebetet.

Es ist seltsam, wenn Gläubige meinen, dass Gott etwas Negatives in ihrem Leben schafft, gegen das sie dann auch noch ankämpfen müssen. Manche Christen glauben, dass Gott ihnen eine Krankheit gegeben hat, gehen aber zum Arzt, um sie loszuwerden. Das ist irgendwie widersinnig. Ich kann mir nicht vorstellen, dass Paulus so ungehorsam war, dass er gegen Gottes Willen gekämpft hätte.

Was auch immer das Problem des Paulus war, er hat es als das erkannt, was es wirklich war: ein Engel Satans, gegen den er kämpfen musste. Egal, was unser Problem ist, wir sollten es ihm gleich tun und gegen jeden Einfluss auf unser Leben kämpfen, der nicht Gottes Willen hervorbringt.

Als Nächstes stellt sich die Frage, was der Sinn des Stachels war. Nach Ansicht einiger Ausleger war es, Paulus demütig zu halten. Das lesen sie aus diesem Vers heraus: *„Darum, damit ich mich nicht überhebe, wurde mir ein Dorn für das Fleisch gegeben, ein Engel Satans, dass er mich mit Fäusten schlage, damit ich mich nicht überhebe."*

Dass Paulus große Offenbarungen hatte, steht außer Frage. Ohne Jesus persönlich, „im Fleisch", gekannt zu haben, schrieb er einen großen Teil des Neuen Testamentes. Am Anfang des Kapitels im Korintherbrief schreibt er von jemandem, der in den Himmel entrückt wurde und dort unaussprechliche Dinge sah. Ich bin davon überzeugt, dass er selber dieser Mensch war.

Vor diesem Hintergrund erscheint es manchen logisch, dass Paulus in der Gefahr stand, sich selbst zu erhöhen.[64] Man denkt dann schnell an ein Gegengewicht, das er brauchte, um auf dem Teppich zu bleiben. Das passt aber nicht zu der Aussage, dass es nicht ein Engel Gottes war, der ihn demütig hielt, sondern ein Engel des Satans. Warum sollte sich der Teufel um Paulus' Charakter sorgen?

Gott weist uns an mehreren Stellen im Neuen Testament an, uns selbst zu demütigen. Er will, dass wir selbst erkennen, wer wir sind, wo wir stehen und dass wir uns entsprechend verhalten. Es ist ein großer Unterschied dazwischen, sich selbst zu demütigen und gedemütigt zu werden. Wenn Paulus gedemütigt wurde, dann vermutlich nicht von Gott. Dafür spricht auch der griechische Text.

Im Griechischen gibt es neben dem Passiv noch das Medium; beide Formen werden gleich gebildet, sodass der Zusammenhang entscheidet, wie man übersetzt. Die meisten deutschen Übersetzungen wählen in diesem Zusammenhang das Medium: „damit ich mich nicht überhebe". Es ginge aber auch passiv: „damit ich nicht überhoben werde". Diese Möglichkeit haben einige englische Übersetzungen gewählt, unter anderem die King James, die im englischen Sprachraum außerordentlich einflussreich ist. Man könnte also übersetzen:

„damit ich wegen der einzigartigen Offenbarungen nicht überhoben werde". Mir ist bewusst, dass es keine deutsche Übersetzung gibt, die in diesem Sinn übersetzt, aber theologisch scheint mir diese Variante am naheliegendsten.[65] Außerdem ergibt sie für mich mehr Sinn. Der Feind schaffte ein Gegengewicht zu den großen Offenbarungen, die Paulus hatte, damit er – von anderen – nicht überhoben wurde, ihm also zu viel Glauben geschenkt oder Beachtung zuteil wurde. In Apostelgeschichte 14 wurden Paulus und Barnabas für Götter gehalten wegen der Dinge, die Gott durch sie tat. Das klingt durchaus wie eine Überhöhung der beiden Apostel.

Der Teufel wusste, dass Paulus eine Offenbarung hatte, mit der so viel göttliche Kraft einherging, dass er sich ernsthaft Gedanken um sein Reich machen musste. Also versuchte er, Menschen davon abzuhalten, Paulus in Scharen nachzulaufen und gerettet zu werden. Er wusste, dass die Worte des Apostels so viel Macht und Attraktivität hatten, dass viele Menschen durch ihn Christus annehmen würden. Das Einzige, was er dagegen in die Waagschale werfen konnte, war Verfolgung. Jeder würde es sich zweimal überlegen, das Evangelium anzunehmen, wenn er dann auch mit Verfolgung rechnen musste. Und Paulus' Dienst wurde dadurch immens behindert.

Was also war der Stachel? Ich bin davon überzeugt, dass es Verfolgung war. Schon wenige Tage nach seiner Bekehrung sagte Gott in Apostelgeschichte 9,16 zu Paulus: *„Ich werde ihm zeigen, wie vieles er für meinen Namen leiden muss."* Diese Prophezeiung war während seines ganzen Dienstes hindurch Programm. Es dauerte in keiner Stadt lange, bis sich heftiger Widerstand gegen den Apostel formierte. In 2. Korinther 12,10, noch im Zusammenhang mit der Geschichte vom Stachel/Dorn im Fleisch sagt er selber: *„Deswegen bejahe ich meine Ohnmacht, alle Misshandlungen und Nöte, Verfolgungen und Ängste, die ich für Christus ertrage; denn wenn ich schwach bin, dann bin ich stark"* (EÜ).

Kurz vorher zählt Paulus im elften Kapitel einige seiner Leiden um des Evangeliums willen auf:

> *Von den Juden habe ich fünfmal vierzig Schläge weniger einen bekommen. Dreimal bin ich mit Ruten geschlagen, einmal gesteinigt worden; dreimal habe ich Schiffbruch erlitten; einen Tag und eine Nacht habe ich in Seenot*

zugebracht; oft auf Reisen, in Gefahren von Flüssen, in
Gefahren von Räubern, in Gefahren von meinem Volk, in
Gefahren von den Nationen, in Gefahren in der Stadt, in
Gefahren in der Wüste, in Gefahren auf dem Meer, in Ge-
fahren unter falschen Brüdern; in Mühe und Beschwerde,
in Wachen oft, in Hunger und Durst, in Fasten oft, in Kälte
und Blöße; außer dem Übrigen noch das, was täglich auf
mich eindringt: die Sorge um alle Gemeinden (2. Korinther
11,24-28).

Das alles macht es mehr als wahrscheinlich, dass Paulus hier von
Verfolgung spricht. Ich kenne keine andere Theorie, die so stimmig
ist wie diese. Auf bald jeder Seite seiner Reiseberichte kommt es zu
Verfolgungen. Dagegen gibt es keinen Bericht davon, dass Paulus
eine Predigt nicht halten konnte, weil er krank war. Es erscheint mir
vernünftig, anzunehmen, dass der Feind daran arbeitete, die Attraktivität des Lebens mit Jesus zu mindern. Die normalen Methoden funk-
tionierten nicht. Paulus ließ sich weder durch Frustration noch durch
einen unmoralischen Lebensstil ausschalten. Also warf er Verfolgung
als Gegengewicht in die Waagschale.

Zu dieser Auslegung passt auch, dass Gott den Stachel nicht ent-
fernte. Während wir klare Stellen haben, die uns Heilung zusagen,
haben wir genauso klare Stellen, die von Verfolgung als einem Teil
des christlichen Lebens reden. Es gibt keine Verheißung dafür, dass
Verfolgung aufhört, wohl aber, dass Gott heilt. Das zeigt auch Gottes
Antwort auf Paulus' Gebet: *„Meine Gnade genügt dir; denn sie erweist
ihre Kraft in der Schwachheit"* (EÜ).

Es ging nicht, den Stachel wegzunehmen, denn dann müssten ja
die Verfolger verschwinden. Aber es war für Paulus möglich, in den
schlimmen Umständen, in denen er steckte, Gottes Gnade zu erleben.
Davon legt die Apostelgeschichte ein beredtes Zeugnis ab.

Diese Theorie wird noch weiter erhärtet, wenn wir uns anschauen,
was andere Bibelstellen über den Stachel sagen. Das griechische Wort
taucht im Neuen Testament nur an dieser Stelle auf. In der Septuaginta,
der griechischen Übersetzung des Alten Testamentes, gibt es Fundstellen in 3. Mose 33,55 und Hesekiel 28,24. Sicherlich hat Paulus als
Schriftgelehrter die Stellen gekannt. Beide handeln von militärischen
Gegnern Israels. Eine weitere Fundstelle aus Hosea benutzt das Wort

in gleicher Weise, aber einem anderen Zusammenhang. Somit bin ich sicher, dass Paulus hier von Verfolgung spricht.

Die Theorie, dass Paulus eine lebenslange Krankheit der Augen oder etwa Epilepsie hatte, lässt sich wesentlich schlechter belegen. Damit ist es auch nicht zulässig zu denken, dass Gott zu jedem Kranken sagt: „Lass dir an meiner Gnade genügen." Es mag sein, dass das auch vorkommt, ist aber keine Universalantwort.

Nicht nur Paulus gilt als berühmter Kranker im Neuen Testament. Auch Timotheus und Trophimus werden in dem Zusammenhang immer wieder genannt. Ihre Namen sind allerdings unbekannter, weniger schillernd und ihre Geschichten kürzer.

Timotheus

Ein weiterer berühmter Kranker im Neuen Testament ist Timotheus. Paulus schrieb in seinem Brief an ihn einige Zeilen, die manche Bibelausleger zu der Annahme verleiteten, Timotheus hätte schlimme Verdauungsprobleme gehabt: *„Trinke nicht länger nur Wasser, sondern gebrauche ein wenig Wein um deines Magens und deines häufigen Unwohlseins willen!"* (1.Timotheus 5,23).

Wir müssen aus dieser Stelle nicht zwingend folgern, dass Timotheus gastritische Probleme hatte. Es kann einfach ein praktischer Tipp gewesen sein, den Paulus ihm gab. Als ich vor einigen Jahren in Istanbul war, standen überall am Wasser kleine Fischbuden, die gebratenen, gekochten oder frittierten Fisch anboten. Der Reiseleiter schärfte uns immer wieder ein, auf gar keinen Fall irgendetwas von diesen Buden zu essen. Das Essen sei einfach nichts für europäische Mägen. Wollte er damit andeuten, dass alle Europäer magenkrank sind? Sicher nicht. Er wusste nur, dass das Wasser nicht geklärt oder gesäubert wurde und deshalb voller Keime war, an die wir nicht gewöhnt waren.

Timotheus hatte vermutlich kein Problem mit seinem Magen, sondern mit dem Wasser. Heute würde Paulus ihm vielleicht empfehlen, das Wasser abzukochen oder Sprudel zu trinken. Abgesehen davon wäre dieser Tipp bei Magenproblemen sogar bedenklich. Jemand, der nur Wein trinkt, wird sicher bald an Sodbrennen und Alkoholismus leiden. Vermutlich ist der Punkt, um den es in dem Vers geht: Gesunde Ernährung ist ein Teil des verantwortungsvollen Umgangs mit dem Körper.[66]

Trophimus

Etwas unbekannter als Paulus und Timotheus ist Trophimus, den Paulus während seiner dritten Missionsreise krank in Milet zurücklassen musste (2. Timotheus 4,19). Leider liefert uns der Vers keine genauen Informationen darüber, was Trophimus fehlte. Wir wissen, dass er, aus der Provinz Asien stammend, erst zu der Reisegesellschaft stieß, als Paulus auf dem Weg nach Troas[67] war (Apostelgeschichte 20,4-5). Zu der Zeit lagen etwa dreieinhalb Jahre der fünfjährigen Missionsreise hinter ihnen. Als sie ungefähr ein bis zwei Monate später Milet erreichten, war Trophimus zu „*schwach [zur Weiterreise]*".[68]

Das Griechische sagt nicht ausdrücklich, dass Trophimus krank war. Es spricht von einer Schwäche. Man kann das Wort so verstehen, dass Trophimus krank war, aber auch so, dass er einfach nur ausgelaugt oder sonst wie außer Gefecht gesetzt war.

Was auch immer ihm fehlte, der Zustand hielt nicht besonders lange an, denn am Ende der Missionsreise war er in Jerusalem wieder dabei (Apostelgeschichte 21,29). Wie lange er genau in Milet bleiben musste, um sich zu erholen, kann man leider nicht aus den Texten herauslesen. Sicher ist aber, dass er sich erholte und die Reise später fortsetzen konnte.

Falls er krank war, kann man daraus folgern, dass es offensichtlich keine Heilungsgarantie gibt, selbst wenn man mit einem Heilungsprediger reist – nicht einmal, wenn es sich dabei um den Apostel Paulus selbst handelt. Heilung ist eine komplexe Sache, bei der viele Faktoren eine Rolle spielen. Glaube, Gesundheit und positive Charakterzüge färben nicht einfach ab. Judas konnte zum Dieb werden, obwohl er mit Jesus selber unterwegs war. Ebenso kann es passieren, dass Mitarbeiter von Heilungsdiensten krank werden.

Nach diesem kurzen Streifzug durch die Bibel wenden wir uns einem fast unerschöpflichen Thema zu: der Kirchengeschichte. Auch nach der Zeit der Apostel gab es noch Heilungen. Interessant sind allerdings nicht nur diese Berichte, sondern auch die theologischen Diskussionen der letzten Jahrhunderte. Die Vergangenheit liefert den Schlüssel zum Verständnis der Gegenwart, sodass die Kirchengeschichte uns lehrt, unsere Zeit und unser Denken zu verstehen.

3 Heilung bei den Kirchenvätern

Um die ersten Jahrzehnte der Kirche ranken sich viele Mythen. Oft wird die „Urgemeinde" idealisiert dargestellt als eine Gemeinde, in der alles perfekt war. Die Christen lebten in konsequenter Güterteilung, Gottes Herrlichkeit war überall spürbar, die Geistesgaben flossen ebenso wie die geschwisterliche Liebe und niemand war krank. Leider halten diese Vorstellungen keiner kritischen Überprüfung stand. Gerade was körperliche Heilung anbelangt, sah die Wirklichkeit wohl anders aus, als wir es gerne hätten.

Die meisten Kirchenlehrer erwähnen Wundergeschichten eher nebenbei. Ihr Hauptaugenmerk liegt auf anderen Themen. Als ich begann, systematisch in der Kirchengeschichte zu lesen, war ich überrascht, wie wichtig Moral in den Werken der Väter ist. Viele Schriften aus den ersten Jahrhunderten, besonders vor der konstantinischen Wende[69], verteidigen den neuen Glauben gegen seine Gegner. Sie setzen sich mit Philosophen und Kaisern auseinander und sind oft auf hohem intellektuellem Niveau geschrieben. Für Justin den Märtyrer (ca. 100-165) ist das Christentum sogar die vollkommene Philosophie, denn es allein vermag, den Menschen zu verbessern und zu Gott zu führen.[70] Origenes (ca. 185-245), der eine wichtige Verteidigungsschrift gegen den Römer Celsus schrieb, schlägt in dieselbe Kerbe. Das Christentum ist den Philosophien deshalb überlegen, weil es selbst aus Ungelehrten bessere Menschen macht. Platons Philosophie hingegen erreicht nur gebildete Leute – doch ist auch für diese kaum umsetzbar. Tatsächliche Wunder werden nur gelegentlich erwähnt oder gar besonders betont.

Wie nicht anders zu erwarten, gibt es auch bei den Kirchenvätern Krankheiten und unterschiedliche Meinungen zum Thema Heilung. Besonders Basilius von Cäsarea (329/30–378) gibt in seinen Schriften immer wieder Einblick in seine vielen Krankheiten. Man nimmt an, dass die eigene Erfahrung ihn dazu gebracht hat, in Athen Medizin als Teil der Philosophie zu studieren.[71] In seinen Briefen ist die Rede davon, dass „Kranksein zu seiner Natur gehört" oder er „eine Krankheit nach der anderen bekommt"[72]. Seinem Zeitgenossen Gregor von Nazianz (ca. 326-390) erging es ähnlich. Auch er lernte, wohl anlässlich eigenen Leidens, Medizin. Sein Bruder war sogar Arzt am Kaiserhof. Bei ihm ist zudem ein Hang zur Wehleidigkeit und Hypochondrie festzustellen, in einem Brief schreibt er: „Schlimmer als meine Krankheit ist für mich, dass man mir nicht glaubt, dass ich krank bin."[73] Trotz seiner eigenen schwierigen Erfahrungen erlebt aber gerade Gregor auch echte Heilungen durch Gebet (siehe auch Seite 74ff.).

Seit Ignatius von Antiochien (frühes 2. Jahrhundert) sprechen viele Kirchenväter von Christus oder Jesus als Arzt. Wo sie es tun, geschieht es allerdings fast immer im übertragenen Sinn.[74] Es geht um Heilung von der Krankheit der Sünde. Sie besteht in der Trennung von Gott, darin, dass die Menschheit rettungslos in der Sünde verstrickt ist, die alles zerstört. Demnach ist die Erlösung eine Art Medizin. So liegt es nahe, dass die frühe Kirche viel in medizinischen Metaphern von Jesus redet. Gemeint ist allerdings fast immer die Erlösung von der Sünde.[75] Stellen wie Jesaja 53,5 legen diesen Zusammenhang nahe: *„Doch er war durchbohrt um unserer Vergehen willen, zerschlagen um unserer Sünden willen. Die Strafe lag auf ihm zu unserm Frieden, und durch seine Striemen ist uns Heilung geworden."*

Vielleicht kann uns das Studium der Kirchenväter davor bewahren, eine Schlagseite zu entwickeln. Ein zu starker Fokus auf körperliche Heilung kann zu Materialismus führen. Wesentlich für Gläubige ist der Glaube, nicht die Heilung. Man erkennt uns nicht daran, dass wir reich, gesund und gesegnet sind, sondern daran, dass wir Christus nachfolgen. In diesem Sinne stimmt es, dass Heilung eine Nebensache ist. Allerdings zeigt Jesus selbst, dass sie eine sehr wichtige Nebensache ist, auf die wir als Kirche nicht verzichten können.

Einige der Fundstellen bei den Kirchenvätern zeigen, dass das Thema Heilung bereits damals auf dem absteigenden Ast war. Schon kurz nach der Apostelgeschichte verlegte sich das Interesse so weit auf innerliche Aspekte, dass kaum mehr etwas für die körperliche Heilung übrig blieb. Das ist ein Grund mehr, Geschichte nicht als etwas Langweiliges abzutun. Sie hält eine prophetische Warnung für uns bereit, die wir nicht überhören *dürfen*. Hier gilt einmal mehr der berühmte Ausspruch von George Santayana (1863-1952): „Wer es versäumt, von der Vergangenheit zu lernen, ist dazu verdammt, sie zu wiederholen."[76]

Im Folgenden will ich einige Beispiele dafür bringen, dass zur Zeit der Kirchenväter Heilungen geschahen.

Der Montanismus

Die Kirchengeschichte ist geprägt von einem Wechselspiel der konservativen Bewegungen mit den Erweckungsbewegungen. Wann immer die Kirche erstarrt, gibt es Reformbewegungen, die sie erneuern wollen. Eine der ersten dieser Bewegungen waren die Montanisten. Während die Kirche unaufhaltsam verweltlichte[77], entstand im phrygischen Ardabau um den Propheten Montanus herum eine charismatische Bewegung. Diese wird in der Literatur besonders wegen einiger Heilungen (zumindest teilweise) sehr positiv dargestellt. „Der große frühe Kirchenvater Tertullian (160-220) schloss sich den Montanisten an, einer Abspaltung von der Kirche, in der die Charismata besser bewahrt geblieben sind."[78]

Die Bewegung vertrat ein rigoroses Christentum, das von einem moralisch hochstehenden, asketischen Lebenswandel geprägt war. Dazu begleiteten Visionen eine sehr ekstatische Spiritualität. Zu dieser Zeit war die Lehre der Dreieinigkeit noch nicht fest etabliert und die Bewegung interessierte sich besonders für die Person des Heiligen Geistes.

> *Deutlich ist [...], dass Montanus großen Wert auf die gegenwärtige Wirksamkeit des Heiligen Geistes legte, speziell auf die Rolle des Geistes im Zusammenhang mit Träumen, Visionen und prophetischen Offenbarungen. Es ist sogar möglich, dass Montanus sich selbst mit dem Heiligen Geist identifizierte und sich als Quelle einer ansonsten unzugänglichen göttlichen Offenbarung verstand.[79]*

Neben Montanus selbst waren besonders die beiden Prophetinnen Priska und Maximilla prägend; alle drei waren schillernde Gestalten, die bereits zu Lebzeiten sehr umstritten waren. Bis heute bewerten einige den Montanismus durchaus positiv[80], doch Eusebius berichtet in seiner Kirchengeschichte fast nur Negatives über ihn. Da ist die Rede von falschen Prophetien, Bereicherung und Raserei. Insgesamt bezeichnet er die Bewegung als satanischen Ursprungs und giftige Schlangen.[81]

Solche Beschreibungen machen es fraglich, ob die Montanisten eine Erneuerungsbewegung waren, und legen eher eine Sekte nahe. Historisch ist diese Sache nicht zu entscheiden, denn wie viele frühe

Bewegungen ist uns der Montanismus besonders durch die erhaltenen Werke seiner Kritiker bekannt.

Sicherlich war Tertullian mehr von der rigorosen Moral als von den übernatürlichen Begleiterscheinungen der Bewegung angezogen. Darauf lassen Schriften aus seiner letzten Lebensphase schließen, die sich sowohl mit der Ethik des Montanismus als auch mit seinem Gründer positiv auseinandersetzen.[82]

Auf dem Weg zur Weltkirche wurde die Bewegung als Irrlehre ausgeschieden und verließ im dritten Jahrhundert weitgehend die Weltbühne.

Irenäus von Lyon

Der erste Kirchenvater, der eindeutig über Heilung schreibt, ist Irenäus von Lyon (gestorben ca. 202). In seinem Buch *Gegen die Irrlehren* heißt es über Jesus:

> *In seinem Namen wirken deshalb seine wahren Schüler, die von ihm die Gnade empfangen haben, Wunder an den übrigen Menschen, wie ein jeder von ihm die Gnade empfangen hat. Die einen treiben wahrhaft und bestimmt Geister aus, sodass oftmals die ihnen glauben, die von den bösen Geistern befreit sind, und in die Kirche eintreten. Die andern schauen in die Zukunft, haben Gesichte und weissagen. Wieder andere legen den Kranken die Hände auf und machen sie gesund. Ja, sogar Tote sind auferstanden, wie wir bereits gesagt haben, und lebten unter uns noch etliche Jahre.[83]*

Zu seiner Zeit scheinen Wunder also noch normal gewesen zu sein. Besonders interessant ist die Vorstellung, dass in den Gemeinden Menschen lebten, die von den Toten auferstanden waren. In einer solchen Atmosphäre dürfte es verhältnismäßig leicht sein, an einen Gott zu glauben, der übernatürlich wirkt.

Origenes

Einer der großen Theologen der alten Kirche war Origenes (185-254). Er lehrte in Alexandria und schrieb, neben vielem anderen, eine Widerlegung zu dem populären antichristlichen Buch *Die wahre Lehre* von Celsus.[84] *Contra Celsum* ist ein schwieriges Werk, in dem Origenes seinen Gegner immer wieder mit dessen eigenen Waffen schlägt. Gegen dessen Argumente setzt er akribisch genau Zitate der Bibel und Gedanken der Philosophie. Einige Stellen werfen dabei auch kurze Streiflichter auf das Thema Heilung. So schreibt er, dass für die christliche Lehre auch der Beweis der Kraft angeführt werden kann, der sich aus 1. Korinther 2,4 ergibt: *„Meine Rede und meine Predigt bestand nicht in überredenden Worten der Weisheit, sondern in Erweisung des Geistes und der Kraft"* (1. Korinther 2,4).

Die Erweisung des Geistes sieht Origenes besonders in den Prophetien des Alten Testamentes, die sich auf Christus beziehen. Das ist ein typisches Thema bei den Kirchenvätern, die versuchen, aus dem Alten Testament zu beweisen, dass Jesus der Christus ist (Apostelgeschichte 9,22). Krafterweise sind die „außergewöhnlichen Wunder, deren historische Realität sich sowohl durch vieles andere als auch durch das Faktum erweisen lässt, dass Spuren davon noch bei denen erhalten sind, die nach dem Willen [Gottes] leben"[85].

Manche Autoren sehen in diesen Worten den Beleg dafür, dass Wunder bereits während des dritten Jahrhunderts selten waren. Das muss aber nicht sein, denn andere Anspielungen in Origenes' Werk klingen danach, dass Heilungen und Befreiungen durchaus üblich waren.[86]

Die Kappadokier

Gregor von Nazianz (ca. 329-390) klagte nicht nur über seine eigenen Leiden, sondern berichtet auch von mehreren Heilungen aus seinem engeren familiären Umfeld. Seine Schwester Gorgonia

> *war schwach geworden und lag schwerkrank darnieder. Es war eine außergewöhnliche, seltsame Krankheit. Der ganze Körper wurde plötzlich von Fieber ergriffen. Das Blut kochte und siedete, um dann wieder zu stocken und zu gerinnen. Unglaubliche Blässe bedeckte sie, und Geist und Glieder waren wie gelähmt. Diese Erscheinungen traten nicht in langen Zwischenräumen auf, sondern bisweilen ohne Unterbrechung. Man hielt die Krankheit nicht für etwas Natürliches. Weder die Kunst der Ärzte, welche sich*

sowohl einzeln wie gemeinsam aufs Angelegentlichste der Krankheit annahmen, noch die oft vielvermögenden Tränen der Eltern, noch die öffentlichen Gebete und Bitten, welche das ganze Volk mit einem Eifer verrichtete, als wenn es sich um das eigene Wohl eines einzelnen gehandelt hätte, konnten etwas ausrichten. [...] Nachdem sie die Hoffnung auf jede menschliche Hilfe aufgegeben hatte, nahm sie ihre Zuflucht zum höchsten Arzte. Die ungünstige Nachtzeit abwartend, warf sie sich, als gerade die Krankheit etwas nachließ, vertrauensvoll vor dem Altare nieder, indem sie den, der auf dem Altare verehrt wird, mit lauter Stimme und mit allen seinen Namen anrief und ihn an alle seine früheren Wundertaten erinnerte; [...] Da geschah das Wunder! Sofort, als sie wegging, fühlte sie sich wohl und körperlich, seelisch und geistig erleichtert. Was sie gehofft hatte, erhielt sie zum Lohne für ihre Hoffnung.[87]

Ostern erkrankte dann sein Vater, Gregor, der Ältere.

Ein starkes, hitziges Fieber durchglühte das Innerste, seine Kräfte schwanden, Nahrung konnte er nicht zu sich nehmen, zu schlafen vermochte er nicht. Sein Zustand wurde bedenklich, sein Puls hämmerte. Die ganze Mundhöhle, der Gaumen und der Oberkiefer waren mit so vielen Geschwüren vollständig bedeckt, dass man Wasser nicht leicht und ungehindert eingeben konnte. Nichts vermochte die Kunst der Ärzte, das ständige Gebet der Angehörigen, [oder] alle angewandten Mittel. Er lispelte wenige unverständliche Worte. Nicht einmal die Anwesenden erkannte er [...]

Gregors Heilung klingt ähnlich dramatisch wie bei Gorgonia.

Schauer ergreift mich, wenn ich die folgenden Ereignisse erzähle. Schauer soll auch euch, wenn ihr davon hört, erfassen, nicht jedoch Unglaube, den meine Erzählung nicht verdient. Die Zeit des Gottesdienstes, das feierliche Stehen und der Akt, der für das Mysterium Schweigen verlangt, waren gekommen, da wurde er von dem, der die Toten zum

Leben erweckt, in der heiligen Nacht hergestellt. Zunächst
bewegte er sich nur ein wenig, bald lebhafter.

Der Kranke war bald stark genug, den Gottesdienst zu leiten, und war schließlich vollkommen gesund. Ein Wunder, das Gregor mit biblischen Wundern auf eine Stufe stellt.[88] Im nächsten Kapitel spricht er von seiner Mutter, die von einer Schwäche durch Brot geheilt wurde, über dem er ein Kreuzzeichen gemacht hatte.

Bei den vielen Heilungsberichten liegt es nahe, dass Gregor von Nazianz den Ruf eines Heilers hatte. Gemeinsam mit Basilius von Cäsarea (ca. 330-370) und dessen Bruder Gregor von Nyssa (ca. 330-394) bildete er das Dreigestirn der kappadokischen Väter, die alle Heilungen erlebten.

Gregor von Nyssa hinterließ als Brief an den Mönch Olympius eine Biografie seiner Schwester Makrina. Dort ist auch von Heilungen von einem Geschwür[89] und einer Augenkrankheit die Rede.[90]

Augustinus

Der große Kirchenlehrer Augustinus (354-430) war „in seinen letzten Lebensjahren nicht frei von einer gewissen Wundersucht"[91]. Sein Biograf Possidius berichtet, dass „Augustinus zunächst als Presbyter und später als Bischof um sein Gebet für Besessene angegangen wurde. Dann brachte er flehentlich unter Tränen Gott seinen Wunsch vor und die Dämonen wichen aus den Menschen"[92]. Er selbst erzählte aber nicht einfach so von den Wundern in seinen vielen Werken, sondern immer eingebettet in theologische Überlegungen. Einige seiner Ansichten muten dabei befremdlich an. So verstand er seine eigenen Zahnschmerzen als ein Übel, das von Gott ausging.

> *Du foltertest mich damals mit Zahnschmerz, und als er so*
> *heftig wurde, dass ich nicht mehr sprechen konnte, da kam mir*
> *der Gedanke, all die Meinen, die um mich waren, aufzufor-*
> *dern, Dich, den Gott alljeglichen Heiles, für mich anzuflehen.*
> *Das schrieb ich auf eine Wachstafel und ließ es ihnen vorlesen.*
> *Und kaum hatten wir die Knie zum Gebet gebeugt, verschwand*
> *der Schmerz.*[93]

Durch die ganze Geschichte der christlichen Kultur zieht sich der Gedanke, dass Gott Krankheit in manchen Situationen nutzt, um Menschen etwas damit zu zeigen. In diesem Fall folgerte Augustinus, dass Gott ihn an seine Taufe erinnern wollte, die er noch nicht vollzogen hatte. Manche Kirchenväter lehrten sogar, dass das Wunder einer Heilung speziell für junge Gläubige ist. Reifere Christen hätten gelernt, mit Schmerz und Krankheit zu leben. Diese Auffassungen spenden Trost, stehen aber einem glaubensvollen Gebet für Heilung im Wege – umso mehr, als sie so alt sind und die Kirche seit Jahrhunderten begleiten.

Die längste Erörterung von Heilungswundern findet sich bei Augustinus in seinem Buch *Vom Gottesstaat*. Dieses Werk ist ein monumentales Zeugnis früher christlicher Theologie, das bis heute einen großen Einfluss auf unser theologisches Denken hat. Im letzten Teil beschreibt der große Kirchenlehrer einen Vorwurf, der uns merkwürdig bekannt vorkommt: Von Nichtchristen wird gefragt, warum keine Wunder mehr geschehen wie in der Zeit des Neuen Testamentes. Dahinter steckt ein weitgehenderer Angriff; man will die Glaubwürdigkeit der Anfangswunder ins Wanken bringen. Wenn heute keine Wunder mehr nachweisbar sind, dann ist es unwahrscheinlich, dass die überlieferten Geschichten des Neuen Testamentes wahr sind. Das selbe Argument führte Jahrhunderte später auch der schottische Philosoph David Hume ins Feld, um gegen das Christentum zu argumentieren (siehe auch Seiten 84f.).

Augustinus beantwortet den Vorwurf mit einer langen Liste von Wundern, bei denen er zum Teil zugegen war, die er aber mindestens gut recherchiert hat. Es ist also nicht so, dass keine Wunder mehr geschehen, sie sind nur weniger verbreitet. Die Wunder des Neuen Testamentes sind in aller Welt dadurch bekannt, dass sie regelmäßig in Gottesdiensten vorgelesen werden. Dagegen erfährt von späteren Wundern kaum einmal die Nachbarschaft. Besonders ärgerlich ist für Augustinus der Fall von Innocentia, die übernatürlich von einem Brustkrebs geheilt wurde, den der Arzt für unheilbar hielt. Sie erzählte niemandem von der Heilung, sodass auch ihr nahestehende Frauen erst davon erfuhren, nachdem Augustinus sie für ihr Schweigen zurechtgewiesen hatte.

Aus den vielen Geschichten in *Vom Gottesstaat* sticht die Heilung eines Juristen aus Karthago besonders hervor, bei der Augustinus selbst zugegen war. Der Kirchenvater schildert die Begebenheit sehr emotional. „Er wurde gerade von Ärzten behandelt, weil er am hinteren und unteren Teile seines Leibes zahlreiche ineinander übergehende Fistelgeschwüre hatte."[94] Möglicherweise handelte es sich um eine Art von Hämorrhoiden, wegen derer er sich bereits einmal einer äußerst schmerzhaften Operation unterzogen hatte, die aber nur teilweise erfolgreich gewesen war. Nun hatte der Jurist panische Angst vor einer weiteren Operation, die ihm von allen Seiten empfohlen wurde. Nach einigem Hin und Her willigte er schließlich doch ein. Seine Freunde beteten mit ihm. Die Stimmung war so gefühlsgeladen, dass Augustinus nur fragen konnte: „Herr, welche Bitten der Deinen erhörst du, wenn du diese nicht erhörst?"[95]

Am nächsten Morgen geschah das Wunder.

Während nun die Angeseheneren seinen sinkenden Mut durch Trostworte aufrichten, legt man ihn im Bette für die Operation zurecht, entfernt die Binden und entblößt die Stelle. Der Arzt blickt hin und sucht, das Messer in der Hand, nach dem aufzuschneidenden Geschwür. Er späht mit den Augen, tastet mit den Fingern, bemüht sich auf jede Weise und findet – eine schon ganz fest gewordene Narbe.[96]

Die vielen Wunder, die allein in Hippo geschahen, wo Augustinus lebte, waren es wert, sie zu sammeln und zu registrieren, um sie der Nachwelt zu erhalten. Als der *Gottesstaat* geschrieben wurde, waren es immerhin schon fast siebzig, obwohl erst seit zwei Jahren gezählt wurde.[97]

Geht man die Aussagen der Kirchenväter Seite für Seite durch, lassen sich noch viele Heilungszeugnisse finden. Es würde allerdings den Rahmen des vorliegenden Buches sprengen, alle aufzuzählen. Wichtig war mir, in diesem Kapitel zu zeigen, dass es auch in der frühen Kirchengeschichte Heilungen gab. Tatsächlich gab es keine Zeit, in der göttliche Heilung ganz versiegt ist.

Die Beispiele zeigen aber auch, dass sich andere Auffassungen herausbildeten. Im Wesentlichen ziehen sich drei Ansichten über Heilung, die sich nicht immer ausschließen, durch die ganze Geschichte des Christentums:

1) Einige nehmen den Auftrag Jesu in Matthäus 10,8 wörtlich, beten für Kranke, salben und heilen sie.

2) Andere helfen auf praktische Weise, indem sie Medizin studieren, Krankenhäuser bauen und sich auf diese Weise der Krankheit entgegenstemmen. Bereits um 370 herum gründete Basilius der Große das erste christliche Krankenhaus. Inspiriert von Nächstenliebe, wollte er einen Schutzraum für Arme, Durchreisende und Kranke schaffen.

In moderner Zeit wurden Albert Schweitzer (1875-1965) mit seinem Krankenhaus in Lambaréné oder Mutter Teresa (1910-1997) in Indien bekannt. Die Tradition, dass Christen sich in der Gesundheitspflege engagieren, ist bis heute ungebrochen.

3) Wieder andere betonen mehr den Trost Gottes in Krankheit. Sie setzen der Krankheit nichts aktiv entgegen, sondern nehmen die passive Haltung des Trösters ein. Diese dritte Herangehensweise wird in der Person des Pfarrers in Albert Camus' Roman *Die Pest* verkörpert. Die Hauptfigur, der atheistische Arzt Rieux, tut alles in seiner Macht stehende, um die Pest zu besiegen, die in der Stadt Oran ausgebrochen ist. Währenddessen sieht der Jesuitenpater Paneloux die Krankheit als eine Strafe Gottes und bemüht sich mehr um das Seelenheil der Gläubigen als um ihr Fortleben.[98]

Die modernen Kirchen tendieren zur dritten Einstellung, während sie in ihrem sozialmissionarischen Engagement auf den Bau und Unterhalt von Krankenhäusern setzen. Das liegt zu einem guten Teil an einem Buch, das im Mittelalter sehr populär war: *Der Trost der Philosophie*, das der zum Tode verurteilte Boethius (ca. 475-526) kurz vor seiner Hinrichtung schrieb.[99] Er legte damit den Grund für ein Christentum, das dem Leiden gegenüber positiv eingestellt ist. Obwohl in diesem Werk die Philosophie (und nicht Christus) dazu rät, das Leiden zu ertragen, haben gerade Christen die Grundgedanken des Buches übernommen.

Heute stellt sich diese Philosophie hauptsächlich in der Annahme dar, dass Krankheit von Gott kommt, um unseren Charakter zu formen und zu bessern.

Von der Krankensalbung zur Letzten Ölung

Der Niedergang des Heilungsglaubens und seine Wiederentdeckung lassen sich gut am katholischen Sakrament der Krankensalbung beobachten. Ursprünglich ist die Salbung mit Öl nach Jakobus 5,14 ein Weg zur Heilung. Etwa 215 schrieb Hippolyt, der Bischof von Rom, in seinen apostolischen Traditionen: „Heilige dieses Öl, Gott, und gib denen Heiligkeit, die damit gesalbt werden und es empfangen. Wie Du damit Könige, Priester und Propheten gesalbt hast, so schenke Stärkung denen, die davon kosten und Gesundheit denen, die es brauchen."[100] In diesem Sinne formulierte noch das Konzil von Finico (850): „…und die Sünden werden vergeben und das leibliche Wohl wird wiederhergestellt."[101]

Danach verschob sich der Fokus immer weiter von der ursprünglichen Absicht weg. Schließlich wurde es zu einem Sakrament des Übergangs, das nur Sterbenden gespendet wurde. „Gründe für diese Entwicklung sind einmal die schweren, oft lebenslänglichen Bußauflagen, die (ähnlich wie beim Bußsakrament) mit der Krankensalbung verbunden wurden, zum anderen die Tatsache, dass nur noch Priester die Spendung vornehmen durften und dafür hohe Gebühren verlangten. So wird die Krankensalbung praktisch zum Sakrament der Sterbestunde."[102]

Spätestens 1439 ist der Wandel mit dem Dekret für die Armenier abgeschlossen. Dort heißt es: „dieses Sakrament darf nur den Kranken gespendet werden, um deren Leben man fürchten muss"[103].

Erst im zwanzigsten Jahrhundert entdeckte das II. Vatikanische Konzil die heilende Kraft der Salbung wieder. Als äußeres Zeichen für diesen Umschwung änderte sich wieder die Begrifflichkeit. „Die ‚Letzte Ölung‘, die auch – und zwar besser – ‚Krankensalbung‘ genannt werden kann, ist nicht nur das Sakrament derer, die sich in äußerster Lebensgefahr befinden."[104]

4 Skepsis gegenüber Heilung von der Reformation bis zur Neuzeit

Die Reformatoren

Aus der Reformationszeit sind nur wenige Heilungen überliefert. Martin Luther (1483-1546) hielt Wunder theologisch für unnötig, weil wir die ganze Bibel haben. „Nun da die Apostel das Wort gepredigt und uns ihre Schriften hinterlassen haben, bleibt nichts mehr, was offenbart werden müsste; keine neue Offenbarung und auch kein Wunder ist notwendig."[105] Auch für den Genfer Reformator Johannes Calvin war die Gabe, gesund zu machen, etwas Zeitliches, das, zusammen mit einigen anderen Gaben, irgendwann aufgehört hatte.[106] In seinem *Unterricht in der christlichen Religion* heißt es:

> *Jedoch hat jene Gnadengabe der Heilungen aufgehört, genau wie auch die anderen Wunder, die der Herr für eine Zeitlang geschehen lassen wollte, um die Predigt des Evangeliums, die doch etwas Neues war, für alle Ewigkeit wunderbar zu machen. Wenn wir also auch noch so nachdrücklich zugeben, dass die Ölung ein Sakrament (d.h. ein Zeichen) jener Kraftwirkungen war, die damals durch die Hand der Apostel ausgeteilt wurden, so hat das heute mit uns nichts zu tun, da uns die Austeilung solcher Kraftwirkungen nicht anvertraut ist.[107]*

Zumindest Luther erlebte in seinen späteren Jahren dennoch Wunder. Er hat aber nie offiziell seine Theologie geändert, sodass beides – Ablehnen und Erleben von Wundern – in seinem Werk nebeneinandersteht. Diesen Widerspruch hat er selbst nie aufgelöst. Bevor ich zu den Konsequenzen seiner Theologie komme, will ich zeigen, wo er Wunder positiv erwähnte, weil diese Facette Luthers unbekannter ist.

Ein Brief, 1545 an den Ortspfarrer von Belgern geschrieben, enthält eine Anleitung zum Gebet für Kranke. Luther zeigt darin, dass er eine gewisse Praxis im Krankengebet zu haben scheint. „Wo die Ärzte keine Hülfe wissen [... ist es] ein versuchlicher Angriff des Teufels, dem man durch Gebete des Glaubens in der Kraft Christi begegnen muss. So machen wir es und pflegen es so zu machen. Es war nämlich hier ein Schmuckkästchenmacher so vom Wahn ergriffen. Den haben wir durch das Gebet in Christus geheilt."[108]

In der einschlägigen Literatur wird immer wieder von der Heilung seines Freundes Melanchthon (1497-1560) berichtet, die Luther 1540 erlebte.[109] Auch andere positive Aussagen und Heilungsgeschichten lassen sich über sein ganzes Werk verteilt finden. Leider scheint sich aber bisher niemand dieses Themas systematisch angenommen zu haben. Es tauchen immer wieder dieselben Geschichten auf, die sich aber nur selten nachweisen lassen. So schreibt der niederländische Theologe Willem Ouweneel Luther folgendes Zitat zu:

> *Wo gibt es in der heutigen Praxis der letzten Ölung das Gebet des Glaubens? Wer betet mit dem Kranken mit einem solchen Glauben, dass er nicht zweifelt, dass dieser gesund wird? Es gibt keinen einzigen Zweifel, dass, wenn heute noch ein solches Gebet über einem Kranken stattfände, das heißt, ein Gebet durch die ältesten angesehenen und heiligen Männer, dass dann durch vollkommenen Glauben so viele gesund würden, wie wir wollten. Denn was vermag der Glaube nicht?*[110]

Leider ist das Zitat nur ein Zufallsfund, der nicht für Luthers Theologie stehen kann. Alle Reformatoren lehnten das Sakrament der Krankensalbung ab, weil sie glaubten, dass die Gaben der Heilungen nur für die Apostel waren.[111] Damit legten die Reformatoren den Grundstein zu einer Theologie, die heute unter dem Namen Dispensationalismus lehrt, dass es keine Wunder mehr gibt.

Der Dispensationalismus

Als Weltanschauung[112] geht der Dispensationalismus davon aus, dass Gott die Menschheitsgeschichte in Abschnitte, sogenannte Dispensationen, aufteilt. Calvins Ansicht folgend, endete demnach der Wunderdienst im Zeitalter der Apostel, sodass heute keine übernatürlichen Wirkungen mehr zu erwarten sind. In unserer Zeit hat diese Theologie zu einem Konflikt zwischen charismatischen und evangelikalen Bewegungen geführt. Wenn Wunder offensichtlich geschehen, aber nach

Ansicht mancher nicht mehr von Gott gewirkt sein können, muss eine andere Erklärung her. Wolfgang Nestvogel argumentiert: „Jesus hat für die Endphase der Weltgeschichte nochmals eine Wunderbewegung in größerem Stil angekündigt ... jedoch im Dienst des Antichristen."[113] Es liegt nahe, dass man mit einer solchen Auffassung Heilung weder erwartet noch wünscht.

Auch wenn das Zitat von Nestvogel sehr radikal klingt, sind viele Christen von dieser Theologie geprägt. Unter ihren Vertretern sind Cyrus I. Scofield (1843-1921) und John Nelson Darby (1800-1882), beide wichtige Figuren in der Geschichte der Brüderbewegung. Kurz gefasst ist die Argumentation noch dieselbe wie bei Calvin. Nachdem die Kirche etabliert und die Bibel geschrieben war, wurden Geistesgaben nicht mehr benötigt. Der wichtigste Vers, der in diesem Zusammenhang zitiert wird, ist 1. Korinther 13,10: „Wenn aber das Vollkommene kommt, wird das, was stückweise ist, weggetan werden."

Für Dispensationalisten ist das Vollkommene die Bibel. Sie schließt die göttliche Offenbarung ab, sodass sie heute Gottes einziges Kommunikationsmittel ist.[114] Der Zusammenhang im Korintherbrief macht allerdings deutlich, dass es sich bei dem „Vollkommenen" nicht um ein Buch handelt, sondern um den Himmel.

Als Anfang des 20. Jahrhunderts die Pfingstbewegung nach Deutschland kam, wurde 1909 die „Berliner Erklärung" verfasst, die vom Dispensationalismus geprägt ist. Dort heißt es wörtlich:

1. Wir sind nach ernster gemeinsamer Prüfung eines umfangreichen und zuverlässigen Materials vor dem Herrn zu folgendem Ergebnis gekommen: [...]

b) Die sogen. Pfingstbewegung ist nicht von oben, sondern von unten; sie hat viele Erscheinungen mit dem Spiritismus gemein. Es wirken in ihr Dämonen, welche, vom Satan mit List geleitet, Lüge und Wahrheit vermengen, um die Kinder Gottes zu verführen. In vielen Fällen haben sich die sogen. „Geistbegabten" nachträglich als besessen erwiesen.

c) An der Überzeugung, dass diese Bewegung von unten her ist, kann die persönliche Treue und Hingebung einzelner führender Geschwister nicht irremachen, auch nicht die Heilungen, Zungen, Weissagungen usw., von denen die Bewegung begleitet ist.[115]

So wurden Wunder für viele zu Zeichen für das Wirken des Teufels. Mittlerweile haben sich zwar viele Christen von dieser Erklärung distanziert, was allerdings nicht immer mit der Erwartung von Wundern und Heilung in ihrer Mitte einhergeht.[116]

Rudolf Bultmann (1884-1976) und die moderne Theologie

Noch bedeutender für die moderne Welt ist eine Ansicht, die erst im 20. Jahrhundert populär wurde. Die Kirchenväter, Theologen des Mittelalters, die Reformatoren und Dispensationalisten verstanden die Bibel als Gottes Wort, das sie auslegten. In unseren Tagen wird die Bibel hingegen mehr als ein Buch von Geschichten gesehen, die historisch interessant sind. Sie haben einen großen Einfluss auf unsere Kultur, sind aber menschlichen Ursprungs. Gerade die Wundergeschichten sind von dieser Sicht stark betroffen. Was Augustinus schon vor Hunderten Jahren sah, nämlich dass die Glaubwürdigkeit der Wunder des Neuen Testamentes angegriffen wird, ist heute der Status quo der Universitätstheologie.[117]

Johann Salomo Semler (1725-1794) schlug vor, die Bibel wie jedes andere Buch zu behandeln. Damit läutete er die Geburtsstunde der historisch-kritischen Methode ein.[118] Die Bibel wurde nicht mehr unter dem Paradigma gelesen, dass man es mit Gottes Wort zu tun hat; sie wurde ein Buch von Menschen. Damit kann man natürlich weder die Anweisungen und Erklärungen der Bibel noch ihre übernatürlichen Geschichten wörtlich verstehen. Die Bibel muss nach naturwissenschaftlichen Standards ausgelegt werden; wenn Wunder heute unmöglich sind, waren sie das auch vor 2000 Jahren.

Diese Argumentation folgt dem schottischen Philosophen David Hume (1711-1776). Hume stellte im achtzehnten Jahrhundert heraus, dass es unwahrscheinlich ist, dass es früher Wunder gab, da es sie in unserer Zeit nicht gibt. Einmalige geschichtliche Situationen wie die Jungfrauengeburt oder der stellvertretende Tod Christi haben in Humes Weltbild keinen Platz. Was es früher gab, muss auch heute eine Entsprechung haben. Die Logik dieses Gedankens fordert uns heraus, denn es liegt an uns, das Übernatürliche als normalen Teil der christlichen Erfahrung zu zeigen. Alister McGrath schreibt:

Hume hob hervor, es gebe keine zeitgenössischen Analogien zu solchen neutestamentlichen Wundern wie z.B. der Auferstehung, sodass der Leser des Neuen Testaments vollkommen auf das menschliche Zeugnis über solche Wunder vertrauen müsse. Aus Humes Sicht musste als Axiom gelten, dass – angesichts des Mangels an gegenwärtigen Analogien – ein menschliches Zeugnis kein angemessener Beweis für das Ereignis eines Wunders sein könne. Reimarus und Gotthold Ephraim Lessing bestritten, dass das menschliche Zeugnis über ein vergangenes Ereignis (wie über die Auferstehung) für seine Glaubwürdigkeit hinreichend sei, wenn ihm die gegenwärtige unmittelbare Erfahrung zu widersprechen scheine – unabhängig davon, wie gut das ursprüngliche Ereignis bezeugt gewesen sein mag.[119]

Die Emanzipation der deutschen Theologie vom Übernatürlichen erreichte im 20. Jahrhundert ihren Höhepunkt. 1941 hielt der Marburger Professor Rudolf Bultmann einen viel beachteten Vortrag darüber, wie neutestamentliche Texte auszulegen seien. „[…] dieser Vortrag [wirkte] sensationell. Denn hier wandte Bultmann den Begriff Mythos auf das Neue Testament an und bezeichnete erstmals die Aufgabe von dessen Auslegung als die der Entmythologisierung."[120]

In dem Vortrag zeigt Bultmann, dass die Schreiber des Neuen Testamentes aus einem mythischen Weltbild heraus über Jesus sprachen. Ihr Weltbild wurde heute durch das wissenschaftliche abgelöst. Deshalb muss der Kern der neutestamentlichen Aussagen herausgeschält werden, um den Menschen unserer Zeit die christliche Botschaft verkündigen zu können. Denn „sofern es nun mythologische Rede ist, ist es für den modernen Menschen von heute unglaubhaft, weil für ihn das mythische Weltbild vergangen ist"[121]. Diesen Auftrag sieht Bultmann schon im Neuen Testament selbst angelegt, das kein Tatsachenbericht sein will, sondern eine Ansprache. Entsprechendes gelte auch für Jesus: „Christus, der Gekreuzigte und Auferstandene, begegnet uns im Worte der Verkündigung, nirgendwo anders."[122]

Das Anliegen an sich ist gut. Wer das Evangelium verkündigen will, muss die Sprache seiner Zeit sprechen. Prediger legen die alten Texte aus und zeigen, was sie heute zu sagen haben. Und es stimmt: Es ist dringend nötig, sich darüber zu unterhalten, wie Wahrheiten, die vor 2000 Jahren geschrieben wurden, heute gelehrt werden können. Bultmann gibt aber bei seiner Entmythologisierung viele Elemente, die zur christlichen Offenbarung gehören, preis und deutet sie stark um. Für ihn selbst kam die Aufregung, die seinem Vortrag folgte, völlig überraschend. Er ging davon aus, dass in theologischen Kreisen jeder so dachte. Wunder und das Übernatürliche hätten sich als nicht-historisch erwiesen und seien als Mythos längst ad acta gelegt worden. Im Original heißt es bei ihm:

> *Erledigt sind [...] die Geschichten von der Himmel- und Höl-*
> *lenfahrt Christi; erledigt ist die Erwartung des mit den Wolken*
> *des Himmels kommenden „Menschensohnes" und des Ent-*
> *rafftwerdens der Gläubigen in die Luft ihm entgegen (1. Thes*
> *4,15ff). Erledigt ist durch die Kenntnis der Kräfte und Gesetze*
> *der Natur der Geister- und Dämonenglaube [...]. Die Wunder*
> *des Neuen Testamentes sind damit als Wunder erledigt [...].*
> *Man kann nicht elektrisches Licht und Radioapparat benutzen,*
> *in Krankheitsfällen moderne medizinische und klinische Mit-*
> *tel in Anspruch nehmen und gleichzeitig an die Geister- und*
> *Wunderwelt des Neuen Testamentes glauben.*[123]

Während man in der Geschichte viele Belege für Wunder finden kann, stößt man genauso auch auf Strömungen, die die Gabe und Kraft der Heilung als absurd und unmöglich darstellen. Es gab keine Zeit, in der es leicht war, an Heilung zu glauben oder Heilungen zu erleben. Immer gab es genug Gegenbeweise oder alternative Sichtweisen. Immer gab es aber auch echte Pioniere, Vorreiter der Heilungsbewegung, deren Beispiele noch heute inspirieren. Es wäre ohne Weiteres möglich, ein eigenes Buch über ihre Lebensläufe zu schreiben, tatsächlich ist das auch schon einige Male unternommen worden. [124] Aus der Fülle werde ich nur einige herausgreifen, die aus verschiedenen Gründen besonders herausragen.

5 Bekannte Heilungsprediger in der Neuzeit

Nach der Reformation wird die schiere Zahl der Heilungsberichte und -prediger immer größer. Dies liegt allerdings vor allem auch daran, dass durch den Buchdruck Zeugnisse leichter bekannt gemacht werden konnten. Ab hier wird das Rinnsal der Heilungsgeschichten immer breiter, bis es schließlich im 20. Jahrhundert zu einem breiten Strom wird. Zu der skeptischen Entwicklung, die im vorigen Kapitel dargestellt wurde, stellt sich parallel also eine andere, gegenläufige.

Johann Christoph Blumhardt (1805-1880)

Die Geschichte der größeren Heilungsbewegungen beginnt mehr oder weniger mit Johann Christoph Blumhardt im schwäbischen Möttlingen. Er war möglicherweise der Erste, der in der Neuzeit Heilung und Befreiung als bedeutenden Aspekt des Reiches Gottes verstand und der sich Gedanken um eine Theologie der Heilung machte.[125] Mit ihm beginnt es, dass Wunder nicht nur nebenbei und eher zufällig geschehen. Manche Autoren sehen daher in ihm einen Wegbereiter der Heilungsbewegungen.[126] Blumhardt selbst verstand sich allerdings in erster Linie als Pfarrer und Seelsorger.

Das bedeutendste Erlebnis, das seinen Dienst ebenso formte wie seine Auffassung von Gottes Reich, war eine Dämonenaustreibung. 1838 trat Blumhardt seine erste Pfarrstelle in Möttlingen an. In dem Dorf ging einiges nicht mit rechten Dingen zu, denn die Gottliebin Dittus hatte ein großes Problem mit Dämonen. Eineinhalb Jahre dauerte der Gebetskampf. Im Juni 1842 begann Blumhardt für sie zu beten, im Dezember des folgenden Jahres verließ sie endlich der letzte Dämon mit dem lauten Schrei „Jesus ist Sieger". Dazwischen liegen Erlebnisse, die völlig unglaubwürdig wären, kämen sie nicht von einem so besonnenen, bodenständigen Mann wie Pfarrer Blumhardt. Unter anderem schreibt er:

> *Es fing mit Erbrechen von Sand und kleinen Glasstücken an. Allmählich kamen allerlei Eisenstücke, namentlich alte und verbogene Bretternägel, deren einmal vor meinen Augen*

nach langem Würgen nacheinander zwölf in das vorgehaltene
Waschbecken fielen, ferner Schuhschnallen von verschiede-
ner Größe und Gestalt, oft so groß, dass man kaum begriff,
wie sie den Hals hinaufkommen konnten, auch ein besonders
großes und breites Eisenstück, bei welchem ihr der Atem
ausging, dass sie mehrere Minuten wie tot dalag. Außerdem
kamen in unzähligen Mengen Stecknadeln, Nähnadeln und
Stücke von Stricknadeln, oft einzeln, da es am Schwersten
ging, oft auch in Massen, mit Papier und Federn zusammen-
gebunden. Es hatte öfters das Ansehen, als ob Sticknadeln
mitten durch den Kopf gezogen wären, von einem Ohr bis
zum andern: und es kamen das eine Mal einzelne fingerlange
Stücke zum Ohr heraus; ein andermal konnte ich es unter der
Handauflegung fühlen und hören, wie die Nadeln im Kopf
zerbrachen oder sich drehten und zusammenbogen. Jenes
waren stählerne Nadeln, die sodann langsam in kleineren
Stücken sich gegen den Schlund hinspielten und zum Munde
herauskamen.[127][128]

Das wurde nicht geschrieben, um Menschen zu beeindrucken oder berühmt zu werden. Im Gegenteil, Blumhardt schrieb einen vertraulichen Bericht, um den ihn seine Oberkirchenbehörde gebeten hatte. Teile dieses Berichtes wurden von einem Mitglied der Behörde nach außen getragen. Nachdem es zu Gerüchten kam und die Geschichte immer verzerrter die Runde machte, schrieb Blumhardt eine zweite Fassung, um die Tatsachen richtigzustellen. Aus eigenen Stücken hätte er wohl lieber geschwiegen.

Zu einem Pionier des Heilungsdienstes macht ihn die Tatsache, dass bei der Frau nach der Dämonenbefreiung auch körperliche Krankheiten verschwanden. In späteren Jahren wurde Blumhardt von vielen Heilungssuchenden aufgesucht.

Noch wichtiger war allerdings, dass Blumhardts Theologie sich unter dem Eindruck dieser Begebenheit veränderte. Er entwickelte eine ausgeprägte, sehr praktische Sicht des Reiches Gottes. In vielen Predigten und Schriften sprach er über Matthäus 12,28: *„Wenn ich aber durch den Geist Gottes die Dämonen austreibe, so ist also das Reich Gottes zu euch gekommen."* Gottes Reich sei nichts, was man im Jenseits zu erwarten habe, sondern es sei jetzt hier. Mitten in unserer

Welt zeige es sich durch Heilung und Befreiung. Damit hat Johann Christoph Blumhardt tatsächlich einen Beitrag zur heutigen Theologie der Heilung geleistet.[129]

Dabei war die Zeit Blumhardts nicht offener für Wunder als unsere heutige. Die Theologie des Supranaturalismus versuchte eine Brücke zu Kant zu schlagen, Wunder gab es nirgendwo. So klagt Blumhardt über die „glaubensleere Zeit", „die mit so viel satanischer Frechheit bei vielen den Glauben weggekünstelt hat". Statt um die Kraft zu heilen zu bitten, macht ...

> ... man freilich jetzt aus der Not eine Tugend; und wenn jemandes Leiden oder Schaden unheilbar ist, so sagt man, so sei es der Wille Gottes, und in den müsse man sich geduldig hineingeben, weil am Ende doch wieder alles zum Besten des Menschen gedacht sei. Ja, sogar die Krankheit sei das größte Glück, für das man doch danken müsse, welches wegzubeten sogar Unrecht sei, weil das ein Widerstreben gegen Gottes Willen ist.[130]

John Alexander Dowie (1847–1907)

Dowie war zu Lebzeiten ein bekannter Evangelist; im Umfeld seines Dienstes bekehrten sich möglicherweise Millionen Menschen zum christlichen Glauben. In Bezug auf das vorliegende Thema ist allerdings sein größtes Verdienst, die Botschaft, dass Heilungen auch heute noch möglich sind, in die USA gebracht zu haben. Dort setzte es sich in der Botschaft weiterer Prediger fort, sodass Dowies Erkenntnisse Frucht in vielen Bewegungen trugen.

Er selbst beschreibt seine Berufung in den Heilungsdienst dramatisch. Dowie war Geistlicher in Newton, Australien, als eine Epidemie wütete. Unter den vielen, die starben, waren auch seine Gemeindemitglieder.

> Mein Herz war schwer, denn ich hatte über 30 Kranke und Sterbende aus meiner Gemeinde in ihren Betten besucht, und ich stand innerhalb von vier Wochen über vierzig Mal an Gräbern, um die vergänglichen Leiber dem Staub der Erde zurückzugeben. [...] Kein Gebet um Heilung schien an [Gottes] Ohr zu dringen, und doch wusste ich, dass er seine Hand

nicht zurückgezogen hatte [...] Manchmal schien es, als ob ich fast den triumphierenden Spott des Teufels hören konnte, der mir in den Ohren gellte, während ich ein weiteres Mal den Hinterbliebenen die christlichen Worte der Hoffnung und des Trostes zusprach. Und Krankheit, der verdorbene, übelriechende Abkömmling seines Vaters, Satan, und seiner Mutter, Sünde, setzte ihr zerstörerisches Werk fort ... Und es gab keinen Befreier.

Und da saß ich nun, das Haupt vor Gram gebeugt wegen meiner geplagten Menschen, bis sich mein brennendes Herz durch bittere Tränen Erleichterung verschaffte. Dann betete ich um irgendeine Botschaft [...] Und plötzlich erschienen mir die vom Heiligen Geist inspirierten Worte aus Apostelgeschichte 10,38 wie in einem gleißenden Licht und offenbarten mir Satan als den Zerstörer und Christus als den Heiler. Meine Tränen versiegten unmittelbar, mein Herz war gestärkt, und ich erkannte den Weg der Heilung [...] Ich sagte, „Gott hilft mir nun, den Sterbenden in meiner Umgebung das Wort zu predigen und ihnen zu sagen, dass dieser Satan immer noch zerstört und Jesus immer noch heilt, denn er ist heute noch derselbe."

Ein lautes Klingeln und ein mehrmaliges Klopfen an der Eingangstür [...] zwei um Atem ringende Boten, die sagten, „Komm schnell, Mary liegt im Sterben; komm und bete." [...] Ich stürzte aus dem Haus, hetzte die Straße hinunter und betrat das Zimmer, in dem die sterbende Frau lag. Da lag sie, stöhnend, die Zähne vor Schmerz zusammengebissen im Todeskampf mit dem Zerstörer (...) Und während ich sie betrachtete, entflammte mein Zorn.

Auf eigentümliche Weise geschah es [...] Das Schwert, das ich benötigte, war immer noch in meiner Hand [...] Und ich werde es nie mehr beiseite legen. Der Arzt, ein guter Christ, lief schweigend im Zimmer auf und ab [...] Plötzlich stand er neben mir und sagte, „Mein Herr, sind Gottes Wege nicht unergründlich?" „Gottes Wege! Nein mein Herr, das ist das Werk des Teufels, und es ist höchste Zeit, dass wir den anrufen, der gekommen ist, um die Werke des Teufels zu zerstören.[131]

In seiner Notlage erkannte Dowie, dass Apostelgeschichte 10,38 auch für einen schottischen Prediger im Australien des 19. Jahrhunderts galt. Seine Geschichte bleibt spannend bis zum Letzten. Die Erkenntnis sollte sein weiteres Leben prägen. Er verließ seine Kirche und ging nach Chicago, wo er so erfolgreich das Evangelium predigte und Menschen heilte, dass sich ganze Massen Jesus Christus zuwandten. Paradoxerweise wurde ihm genau dieser Erfolg zum Verhängnis. Gegen Angriffe oder Verleumdungen wusste er sich durchzusetzen; er war kein Mann, der sich einschüchtern oder von seinem Kurs abbringen ließ. Mit wachsendem Ruhm, besonders aber aufgrund der außergewöhnlichen Wunder, die durch ihn geschahen, glaubten allerdings einige, Dowie sei der wiedergekommene Elia. Diese Überhöhung wurde ihm zum Verhängnis. Nachdem er sie lange Zeit weit von sich gewiesen hatte, glaubte er sie irgendwann selbst. Sein Dienst verkam immer mehr zur Sekte. Schließlich gründete er eine eigene Stadt, mit deren Verwaltung er bald mehr beschäftigt war als mit seiner göttlichen Berufung. Am Ende starb er in geistiger Umnachtung.

Wie viele Könige im Alten Testament zeigt die Geschichte Dowies, dass man trotz eines guten Anfangs schlecht enden kann. Er bleibt dennoch einer der großen Pioniere auf dem Gebiet der göttlichen Heilung. Ein Mann, der zu Lebzeiten Millionen begeistert hat und auch heute noch inspirierend ist.

Smith Wigglesworth (1859-1947)

Der britische Prediger Smith Wigglesworth ist eine der prägendsten Gestalten der frühen Pfingstbewegung und hat auch mein Denken sehr beeinflusst. Mit ihm habe ich mich mehr auseinandergesetzt als mit jedem anderen. Er war der größte Heilungsprediger des 20. Jahrhunderts und erlebte so viele spektakuläre Heilungen wie kaum ein anderer. Es sind sogar einige Totenauferweckungen überliefert.[132]

Smith Wigglesworth wuchs in ärmlichen Verhältnissen auf; statt in die Schule zu gehen, musste er arbeiten. Erst mit Mitte zwanzig brachte seine Frau ihm das Lesen bei. Er wurde bekannt als „Mann eines Buches", weil er kein anderes Buch las als die Bibel.[133] Obwohl er selbst an diesem Punkt radikal war, machte es ihm nichts aus, wenn andere lasen oder sogar seine Predigten als Buch herausgaben.

Da ich einiges über Wigglesworth gelesen habe und auch seine Predigten[134] kenne, ist es schwer, an dieser Stelle von den vielen faszinierenden Geschichten eine Auswahl zu treffen. George Stormont berichtet in seiner Biografie von einigen Heilungen, unter anderem auch dieser:

> *Eine andere Dame, aus Raleigh in Essex, England, kam, um für ihr vereitertes Bein beten zu lassen. Wigglesworth sagte: „Sei geheilt!" Dann sagte er: „Lauf! Jetzt!" Sie begann zu lachen, weil sie seine Methoden kannte und entschlossen war, nichts Aufsehenerregendes zu tun.*
>
> *Er wiederholte: „Lauf, habe ich gesagt!"*
>
> *Lachend lief sie los und war sofort geheilt. Ich war dabei und habe es sehr genossen.[135]*

Die vermutlich beeindruckendste Geschichte erzählt Peter J. Madden, der sich auf Wigglesworths Freund Albert Hibbert beruft.[136] Wigglesworth war mit einem Vikar der anglikanischen Kirche in dessen Haus zusammen. Dem Mann fehlten beide Beine. Am Ende des Gespräches, als beide dabei waren, sich auf ihre Zimmer zurückzuziehen, sagte Wigglesworth: „Gehen Sie morgen früh los und kaufen Sie sich ein Paar schöne, neue Schuhe."

Der Mann wird es für einen schlechten Witz gehalten haben, aber in der Nacht hatte er den Eindruck, dass Gott ihn aufforderte: „Tu, was mein Knecht gesagt hat." Also nahm er seinen Mut zusammen, ging am nächsten Morgen in ein Schuhgeschäft und bestellte Schuhe. Die Prothesen waren zu dieser Zeit weit entfernt von der Qualität, die sie heute haben. Deshalb entschuldigte sich der Angestellte, als er sie sah, und meinte, dass er ihm nicht helfen könne.

„Bringen Sie mir dennoch ein Paar", bat der Vikar.

Der Angestellte fragte nach Größe und Farbe und der Vikar entschied sich nach kurzem Zögern für ein Paar. Sobald er einen Stumpf in den ersten Schuh steckte, wuchsen ein Fuß und ein Bein.

Wigglesworth war darüber nicht einmal erstaunt. „So weit es Gott betrifft, ist es dasselbe, ein Bein zu schaffen oder einen gebrochenen Knochen zu heilen."

Ich empfehle ausdrücklich, Wigglesworth zu lesen. In den Literaturangaben stehen einige Titel über ihn. Ich selbst habe die Beschäftigung mit keinem anderen Prediger als wertvoller empfunden als mit ihm.

Hermann Zaiss (1889-1958)

Am 22.7.1944 stellten Hermann und Clara Zaiss in der zerbombten evangelischen Kirche in Solingen-Ohligs ihr Leben in den Dienst Gottes. Für Hermann war es nicht das erste Mal. Vor dem Ersten Weltkrieg war er als Missionar in Afrika gewesen, während der Kriegsgefangenenschaft hatte er in britischen Internierungslagern die ersten Wunder erlebt.[137] Allerdings wandte er 1924, nach einigen Enttäuschungen mit anderen Geistlichen, dem Dienst wieder den Rücken. „Ich hatte mir vorgenommen, zwanzig Jahre nicht mehr zu beten, keine Bibel zu lesen, mich von jeder Gemeinschaft fernzuhalten. Das habe ich durchgeführt. Ich sagte zu Gott: ‚Wenn du lebst und ein Interesse an mir hast und deine Liebe zu mir so groß ist, dann hole mich nach zwanzig Jahren wieder.'"[138]

Als Gott ihn dieses Mal rief, machte Hermann Zaiss ganze Sache. In den verbleibenden vierzehn Jahren seines Lebens predigte er vor Millionen in Deutschland, Holland, Belgien und sogar Indien.[139] Als Evangelist machte er sich wenig Gedanken um Strukturen. Er wollte auch keine Gemeinden gründen. Dennoch entstanden aus seinem Dienst ungefähr 100 Gemeinden des heutigen ecclesia-Bundes. Zaiss füllte überall Hallen mit tausend und noch mehr Menschen. Sein Predigtstil, der auf zahlreichen erhaltenen Aufnahmen überliefert ist, war klar und direkt. Er nahm kein Blatt vor den Mund, wenn er das Evangelium predigte.[140] Darüber hinaus war er für die großen Wunder berühmt, die seinen Dienst überall begleiteten. Ein Zeitungsartikel zeigt, wie der Dienst von Bruder Hermann aussah:

Rätselhafte Krankenheilungen vor 2000 Zeugen[141]

Bericht im „Schwarzwälder Boten" vom 13. Dezember 1955, eine der meistgelesenen Zeitungen im Schwarzwaldgebiet.

Unser Reutlinger Mitarbeiter, Dr. Theo Eberle, hat am vergangenen Freitagabend einer merkwürdigen Versammlung in Reutlingen beigewohnt. Er gibt nachstehend seine Erlebnisse wieder [sic!], so, wie sie ihm widerfahren sind, ohne selbst zu den Vorgängen Stellung zu nehmen. Nachdem in unserer Heimat Tausende von Menschen Zeugen dieser Vorgänge geworden sind, glauben wir, die Kenntnis darüber einer breiten Leserschaft nicht vorenthalten zu können und überlassen es unseren Lesern, sich ein Urteil zu bilden.

REUTLINGEN. Hermann Zaiss, der in Württemberg aufgewachsene und in Solingen-Ohligs wohnhafte „Evangelist", im Zivilberuf Rasierklingenfabrikant, sprach am Freitagabend in der Reutlinger Friedrich-List-Halle. Wie schon in den beiden vorhergegangenen Veranstaltungen dieses Jahres und wie überall, wo der wortgewaltige Mann spricht, ob in Berlin, Düsseldorf, Frankfurt, Kassel oder in unserer weiteren Heimat in Stuttgart, Heilbronn, Ludwigsburg, Pforzheim oder Ehningen, immer sind die Säle zum Brechen voll. Oft stehen Hunderte noch draußen und hören die Stimme des „Evangelisten" über den Lautsprecher. Drinnen in den Sälen aber drängen sich die Menschen, begierig, das Wort aus dem Munde dieses Mannes zu vernehmen. Was man darüber hinaus – und das dürfte das Wesentlichere sein – von dem 67-jährigen vitalen Mann erwartet, das geht aus der Anwesenheit mehrerer Hundert Kranker hervor, die sich hier – oft von weither kommend – Heilung von ihren Leiden versprechen. Dass am vergangenen Freitagabend in der List-Halle tatsächlich Dinge geschehen sind, die man nur glauben kann, wenn man sie selbst gesehen hat, soll im Folgenden geschildert werden. Ausdrücklich betonen möchten wir jedoch im Voraus, dass es uns weder darum geht, die Methoden des Herrn Zaiss und das Verhalten seines Publikums aus Reutlingen und der weiteren Umgebung zu beurteilen, noch die unbestreitbar ins Sensationelle reichenden Ereignisse überzubetonen. Wir wollen nach bestem Gewissen versuchen, eine objektive Schilderung der Vorgänge zu geben.

Als ich auf die Minute genau die List-Halle betrat, fand ich nur noch einen Platz – ganz vorne, weil ich mir meinen Stuhl aus der hintersten Garderobenecke selbst mitbrachte. Von hier aus konnte ich Publikum und Bühne gleichermaßen überschauen. In meiner nächsten Umgebung saßen fast nur Kranke, Sieche, Leidende – behaftet mit Asthma, Arthritis,

Rheuma, Lähmungen, Krebs, Neurosen, Ausschlägen, Verkrüppelungen – meist ältere, aber auch überraschend viele junge Leute. Oben auf der Bühne sang ein Mandolinenchor Heilsarmeelieder.

Dann trat Hermann Zaiss ans Rednerpult, gab in schwäbischer Mundart Regieanweisungen wie „Ruckat z'amma, do geit's no Platz ..." Nochmals ein Lied, und nach einem langen, vom Redner gesprochenen Gebet, während dessen die Versammelten in tiefes Schweigen versanken, begann Zaiss mit seiner Predigt.

Zaiss stellte diese Versammlung unter das Motto des Paulusbriefes an die Römer, Kapitel 8, ab 31. Vers: „Ist Gott für uns, wer mag wider uns sein? Welcher auch seines eigenen Sohnes nicht hat verschont, sondern hat ihn für uns alle dahingegeben, wie sollte er uns mit ihm nicht alles schenken? Wer will die Auserwählten Gottes beschuldigen? Gott ist hier, der da gerecht macht. Wer will verdammen? Christus ist hier, der gestorben ist, ja vielmehr, der auch auferwecket ist, welcher ist zur Rechten Gottes und vertritt uns ..." Dann interpretierte er diese Sätze, betonte, dass alle „Gotteskinder" den Krallen des Teufels durch Christi Tod am Kreuz entrissen seien und einen „Anspruch" auf die Gnade des himmlischen Vaters hätten – auch „wenn wir alle miteinander Dummköpfe, elendes Gesindel und Schrott sind", denn – und das nun Folgende schrie Zaiss mit durchdringender Stimme über die 2000 hinweg – „auf Golgatha fand die Umwertung aller Werte statt".

Und dann wieder ganz behutsam, beschwörend: „Der Herr kommt bald ... eines Tages reißt der große Elektriker alle Sterne herunter und neue Welten erstehen. Ich stelle mir den Himmel sehr schön vor. Du und ich, wir werden einzigartig herrlich sein – kannst du dir das vorstellen, Schwester aus Kirchentellinsfurt und du, Bruder aus Reutlingen ...? Aber wie schrecklich wäre es, wenn einige von uns bei der Entrückung, die ja in einem Nu vonstatten geht, hier sitzen bleiben müssten? Nützet also die Zeit – der Herr ist unterwegs. Er braucht dich und mich, die Klara Müller wie den Fritz Hagele." [...]

Und dann die Heilungen.

Zaiss betonte mehrfach ausdrücklich, dass nicht er es sei, der heilt, sondern Christus durch ihn: „Gott bläst, und ich bin die Trompete, und ihr sollt zusehen, dass sie sauber bleibt und ganz klare Töne von sich geben kann. Bleibt, was ihr seid, Protestanten, Katholiken, Methodisten, ..., Pfingstler, ich will kein Hecht im Karpfenteich sein ... Es gibt keinen Beruf des Evangelienverkünders, sondern nur Berufene, die den Heiligen Geist in sich tragen ... Der Herr streckt die Hand aus zur Heilung. Im ersten Jahrhundert nach Christus hat nur der das Evangelium verkünden dürfen, der auch die Gabe der Heilung hatte. Ich kann die Zahl der Heilungen, die ich erlebte, nicht überschauen, es sind während der letzten drei Jahre über 7000, zehn oder zwölf Jahre verkünde ich jetzt schon das Evangelium. Aber Jesus ist nicht nur der Heiland von Seele und Geist, sondern auch des Leibes, der Heiland schlechthin. Ehrliche Ärzte geben das zu ...“

„Zu heilen ist alles, Arthritis wie Tbc, Angina Pectoris wie Krebs; Ohren und Augen können aufgetan werden, Lahme können laufen ... Jesus ist ein Heiler, ich bin bestenfalls sein Assistent, der den Glauben zu locken und zu stärken hat, dann verschwinden Leukä- und Anämie ... – Ah, seid doch gscheidt, ihr Schwoba, ond verschtandat des ...!“ Es folgen Schlussgebet und Ankündigung, dass sich Zaiss mit den Kranken beschäftige. Dazwischen wieder Mandolinen- und Gemeinschaftsgesänge.

Zaiss geht nach unten zwischen Bühne und erste Stuhlreihe, Kranke und Leidende drängen sich um ihn. Ich stelle mich auf die Bühne, genau über den Schauplatz des eigentlichen Geschehens, zwei, höchstens drei Meter davon entfernt. Es ist inzwischen 22.30 Uhr geworden. Zaiss kann sich kaum bewegen. Er spricht mit einem, der sich vor Schmerzen auf seinem Stuhl krümmt. 16 Jahre sei er fast total gelähmt. Der erste Versuch misslingt. Zaiss spricht weiter mit ihm; ich kann nicht verstehen, was. Ein zweiter Versuch scheitert ebenfalls; aber nur knapp. Ein dritter gelingt: Der Mann, etwa 50 Jahre alt, humpelt, macht einige ängstliche Schritte, wird aufrechter und geht, seine Frau jubelt ihm entgegen.

Ein anderer kann den rechten Arm nur knapp anheben – Lähmung. Nach kurzem Zureden hebt er ihn waagrecht, und bald darauf ganz leicht hoch, senkrecht:

„Großer Gott, wir loben dich", das alle noch singen, wird unterbrochen. Der Mann schlenkert jubelnd seinen Arm und geht. Ich kann ihm nicht folgen. Würde ich es versuchen, käme ich nicht mehr an meinen „Logensitzplatz".

Es geht ununterbrochen weiter: Zaiss legt die Hände auf, reibt mit den Daumen die Augen, die Ohren, über die Stirn – jeweils an den Krankheitsstellen, spricht suggestiv zu, manchmal etwas schockartig, zupft an der Backe oder am Kinn, muntert auf, lässt laut „Jesus" sagen, schickt zwischendurch einen weg, der „noch nicht so weit ist", greift irgendwo einen von hinten heraus, eine Mutter mit ihrem Kind, ein Brautpaar. Die Gemeinde – immer noch über 1500 Menschen – singt. Alle sind unvorstellbar erwartungsvoll, total erfasst von dem unerklärlichen Geschehen, Hunderte gehen strahlenden Auges hinaus. Erst um Mitternacht hat dieses Schauspiel ein Ende."

Der Zeitungsausschnitt beschreibt gut, wie die Gottesdienste ausgesehen haben. Bruder Hermanns Heilungstheologie[142] wich an manchen Stellen von der anderer Prediger ab. Es konnte passieren, dass er Leute wieder wegschickte oder mehrmals betete. Ihm hätte es nichts ausgemacht, nicht mit allen einer Meinung zu sein. Wie Smith Wigglesworth war er ein Mann, der aneckte, der sich in keine Schublade stecken ließ. Er gehörte keiner der Gemeinden oder Kirchen seiner Zeit an, sondern glaubte und lebte, was er selbst für richtig hielt.

Zaiss starb 1958 bei einem Verkehrsunfall, aber sein Dienst setzte sich in die nächste Generation fort. Wie alle großen Männer und Frauen war er bis zuletzt umstritten. Einige folgten ihm, andere sahen Fehler oder verleumdeten ihn. Sicher ist, dass er viele Menschen bis heute inspiriert. Ich wohne in der Gegend, in der er am intensivsten wirkte. So hatte ich Gelegenheit, mit einigen zu sprechen, die in seinen Versammlungen geheilt wurden oder sich bekehrten. Es gibt in der ecclesia in Solingen-Ohligs noch immer die Stunde für Mühselige und Beladene, die er selbst ins Leben gerufen hat. Einmal hatte ich die Gelegenheit, dort vor Zeitzeugen zu sprechen und Geschichten zu hören, die sie mit Zaiss erlebt hatten. Es muss eine faszinierende Zeit gewesen sein, an die sich viele gerne zurückerinnern.

Kenneth Hagin (1917-2003)

Vermutlich ist Kenneth E. Hagin der bekannteste Heilungsprediger des 20. Jahrhunderts. Auf jeden Fall ist er der einflussreichste. Sein starker Fokus auf den Glauben an die Verheißungen Gottes in der Bibel hat eine ganze geistliche Bewegung inspiriert: die Glaubensbewegung. Sicherlich wurden einige der Schlüsselpositionen auch schon vorher beschrieben[143], aber Hagins Verdienst ist es, die Theologie „berühmt" gemacht zu haben. Entsprechend groß ist sein Erbe: Der Verlag *Faith Library Publications* hat mehr als 65 Millionen Bücher vertrieben, die Zeitschrift *The Word of Faith* erreicht monatlich mehr als 250 000 Abonnenten und das *Rhema Bible Training Center* ist mit über 50 000 Absolventen eines der größten theologischen Ausbildungszentren.[144]

Einige theologische Grundlagen der Glaubensbewegung wurden bereits erörtert, jetzt ist es interessant, ein paar Stationen im Leben Hagins anzuschauen, die seine Theologie geprägt haben.

Hagin kam als Frühchen auf die Welt, sodass man ihm keine Überlebenschancen einräumte.[145] Trotz eines deformierten Herzens überlebte er, doch im Alter von fünfzehn Jahren gingen die Ärzte davon aus, dass sein Leben vorbei sei.[146] Er wurde bettlägerig und hatte 1933 innerhalb von zehn Minuten drei Nahtoderfahrungen, in denen er die Hölle sah.[147] Am 22. April 1933 bekehrte er sich und im folgenden Jahr wurde er geheilt: Er hatte sich bereits seine Beerdigung ausgemalt. Während er gelähmt im Bett lag, hing sein Leben nur noch am seidenen Faden. Weit entfernt von dem positiven Bekenntnis des Glaubens, auf das er später so viel Wert legen sollte, dachte er Tag und Nacht an seinen Tod. Er war sicher, diese Krankheit nicht zu überleben. Auch der Pfarrer betete nicht um Heilung, sondern tröstete ihn nur. Durch die geschlossene Tür hörte Hagin, wie der Pastor auch seine Mutter auf seinen Tod vorbereitete.

Die Wende kam mit einer Offenbarung über Sprüche 4,20-22: *„Mein Sohn, auf meine Worte achte, meinen Reden neige dein Ohr zu! Lass sie nicht aus deinen Augen weichen, bewahre sie im Innern deines Herzens! Denn Leben sind sie denen, die sie finden, und Heilung für ihr ganzes Fleisch."*

Hagin verstand, dass dieses Bibelwort ihm galt. Er ließ es nicht mehr aus den Augen und dachte so lange darüber nach, bis er geheilt war.[148] Zu der Zeit war er noch Baptist, sodass er nichts von der Pfingstbewegung oder anderen gehört hatte, die für Heilung beteten. Daher prägte sein eigenes Erlebnis seinen Dienst: Kenneth Hagin predigte Heilung, wie er sie selbst erlebt hatte und in der Bibel darüber las.

Der zweite bestimmende Moment in Hagins Leben geschah am 2. September 1950. Während einer Zeltevangelisation hatte er eine Vision.[149] In der Nähe der Zeltkuppe stand Jesus. Er rief Hagin zu sich, legte seinen rechten Zeigefinger in seine Hände, gebot ihm zu knien und segnete ihn schließlich. Dabei sagte er: „Ich habe dich berufen und gesalbt und habe dir eine besondere Salbung [eine besondere Ausrüstung mit Kraft – Anm. d. Autors] gegeben, um den Kranken zu dienen." Das war der Beginn von Hagins großem Heilungsdienst.

Das dritte große Ereignis fasst die beiden anderen gewissermaßen zusammen. Es erklärt, warum manche so große Probleme mit diesem Bibellehrer haben. Im Jahr 1949, nachdem er zehn Jahre lang in drei Gemeinden gedient hatte, beendete Hagin seinen Dienst als Pastor, um sich einem anderen zuzuwenden. Wie an fast allen wichtigen Wendungen seines Lebens war auch hier wieder eine Vision beteiligt. Jesus sprach zu ihm: „Als du deine letzte Gemeinde verlassen hast, begann die erste Phase deines Dienstes."[150] Natürlich war das irritierend, immerhin predigte er zu diesem Zeitpunkt schon eine Weile. Es war gut, die anderen Dienste ausgeübt zu haben, aber es war seine Bestimmung, eine Schule zu gründen, die seine Lehre in aller Welt verbreitet.

Wenn bei Hagin manches etwas extrem oder einseitig erscheint, kann das daran liegen, dass er ein Pionier war und seine Botschaft nicht für eine einzelne Gemeinde gedacht war. Er wollte sie verbreiten, andere sollten sie dann in ihren Gemeinden umsetzen. Geschieht das, vermischt sich die neue Theologie mit dem, was diese Gemeinde vorher gelebt hat. Es ist dann keine reine, unvermischte Glaubenstheologie mehr, sondern sie wird sich mit seelsorgerlichen Aspekten verbinden. Besteht Glaubenslehre nicht neben anderen, kann sie tatsächlich sehr einseitig sein und im schlimmsten Falle Schaden anrichten. Wird sie jedoch richtig in einen theologischen Zusammenhang eingerahmt, ist sie eine enorme Bereicherung.

Es ist empfehlenswert, sich mit göttlicher Heilung in der Kirchengeschichte auseinanderzusetzen. Die Bibel ist die wichtigste Informationsquelle, aber wir haben auch geistliche Väter und Mütter, auf deren Schultern wir stehen. Wer sich ernsthaft mit dem Thema Heilung beschäftigt, kommt nicht vorbei an Dorothea Trudel, Smith Wigglesworth, E. W. Kenyon, Johann Christoph Blumhardt, Bill Johnson, Hermann Zaiss, Kathryn Kuhlman und unzähligen anderen. Die Recherchen zu diesem Buch führten mich teilweise in Richtungen, an die ich nie vorher gedacht hatte, und ich entdeckte Namen, von denen ich noch nie gehört hatte. Heilung wirft ein faszinierendes Licht auf die christliche Erweckungsgeschichte und ist eine große Quelle geistlicher Erbauung. Die Bibliografie dieses Buches bietet einige Einträge, die dabei helfen können, sich in dieses große Thema Heilung weiter einzuarbeiten.

Ich verlasse an dieser Stelle die Geschichte, um zu einem Thema überzugehen, das in der einschlägigen Literatur selten, wenn überhaupt, besprochen wird: die medizinische Forschung. Manche Ergebnisse scheinen klar gegen göttliche Heilung zu sprechen, sodass es gut ist, sich mit ihnen zu beschäftigen. Wieder einmal geht es um David Humes Argument: Wenn es in heutiger Zeit keine Wunder mehr gibt, macht das die Zeugnisse des Neuen Testamentes unglaubwürdig. Zu einem guten Teil hängt der Glaube an Gott an der Kontinuität des Wirkens Gottes. Bei der Kommunikation zwischen Glauben und Wissenschaft steht also viel auf dem Spiel.

6 Medizin und Glaube

Das meiste von dem, was wir heute über Krankheit wissen, war den Menschen in der Antike unbekannt. Sie wussten weder von Viren noch von Bakterien, sodass die einzige für sie nachvollziehbare Ursache von Leiden Verletzungen waren. Krankheit muss damals noch viel unheimlicher gewesen sein als heute. Auf einmal bekam ein Mensch Pocken oder die Pest und ein ganzes Dorf starb. Es lag nahe, die Götter mit Krankheiten in Verbindung zu bringen. Vor der wissenschaftlichen Betrachtung gab es daher die geistliche: Wer krank war, betete. Die ersten Heilmittel werden keine Medikamente gewesen sein, sondern Beschwörungen.[151]

Deutlich wird das am Umgang mit psychischen Krankheiten und Besessenheiten. Der christliche Apologet Origenes (185 – ca. 254) erwähnt, wie einfach die Befreiung von bösen Geistern war, „die nicht wenige Christen aus den Kranken austreiben, ohne sich eines Hilfsmittels magischer oder medizinischer Art zu bedienen, sondern allein durch Gebet und einfache Beschwörungsformeln und durch alles, was ein einfacherer Mensch anwenden kann"[152]. Demgegenüber beschreibt der jüdische Historiker Flavius Josephus einen heidnischen Exorzismus als sehr schwierig.

> *Die Heilung geschah in folgender Weise. Er hielt unter die Nase des Besessenen einen Ring, in dem eine von den Wurzeln eingeschlossen war, welche Solomon angegeben hatte, ließ den Kranken daran riechen und zog so den bösen Geist durch die Nase heraus. Der Besessene fiel sogleich zusammen, und Eleazar beschwor dann den Geist, indem er den Namen Solomons und die von ihm verfassten Sprüche hersagte, nie mehr in den Menschen zurückzukehren. Um aber den Anwesenden zu beweisen, dass er wirklich solche Gewalt besitze, stellte Eleazar nicht weit davon einen mit Wasser gefüllten Becher oder ein Becken auf und befahl dem bösen Geiste, beim Ausfahren aus dem Menschen dieses umzustoßen und so die Zuschauer davon zu überzeugen, dass er den Menschen verlassen habe. Das geschah auch in der Tat [...][153]*

Die Theologie der Bibel entwickelte sich im Zusammenhang einer Gesellschaft, die ganz anders war als unsere. Zwar boomen esoterische und alternative Heilungsangebote auch in unserer Zeit, aber es sind eben Alternativen. Den Hauptstrom stellt die Schulmedizin dar. In biblischen Zeiten waren die Grenzen zwischen der Medizin und übernatürlichen Erklärungen noch fließend. Ärzte waren Schamanen und im Alten Testament stellten die Priester (nicht die Ärzte) eine Heilung von Lepra fest (3. Mose 14,2-32). Daran hatte sich auch im Neuen Testament nichts geändert (Matthäus 8,4; Markus 1,44; Lukas 5,14). Erinnern wir uns an die Geschichte, in der Jesus am Sabbat in einer Synagoge den Mann mit der verdorrten Hand heilt. Bei der Gelegenheit stellten die Pharisäer, die immer auf der Suche nach einem Anklagegrund gegen Jesus waren, ihm eine Falle. Sie fragten: „Ist es erlaubt, am Sabbat zu heilen?" (Matthäus 12,9-14). In unseren Köpfen ist die Überzeugung, dass Jesus übernatürlich heilte, fest verwurzelt. Wir kämen nicht einmal auf die Idee, in seinen Heilungen etwas Medizinisches zu sehen. Für die Pharisäer war das anders, sie sahen in ihm eine Art Arzt, der verbotenerweise am Feiertag praktizierte.[154]

König Asa wird vorgeworfen, dass er sich in seiner schweren Krankheit an Ärzte wandte, statt dem Herrn zu vertrauen: „*Und im 39. Jahr seiner Regierung erkrankte Asa an seinen Füßen. Seine Krankheit war überaus schwer; aber auch in seiner Krankheit suchte er nicht den HERRN, sondern die Ärzte*" (2. Chronik 16,12). Einen Vers später ist er tot. Aus dieser kurzen Anekdote wird bis heute manchmal ein Widerspruch zwischen Glaube und Arztbesuch konstruiert. Beispielsweise beantwortet die Heilungsevangelistin Maria Woodworth-Etter in ihrem *Tagebuch von Zeichen und Wundern* mehrere Fragen über das Verhältnis zwischen Medizin und Glauben. Sie resümiert, dass „Ärzte in der Bibel nicht positiv erwähnt werden"[155].

Solche Aussagen sind nicht nur gefährlich, sie nehmen auch den Hintergrund, auf dem biblische Aussagen gewachsen sind, nicht ernst genug. König Asa ging nicht zu einem Arzt im weißen Kittel, sondern zu einem, der mithilfe fremder Götter seine Krankheit besprochen hat. Vermutlich wandte er auch noch weitere Zaubermittel an, immerhin war Asa nicht irgendwer, sondern König von Israel. Überhaupt handelt die Geschichte nicht von Medizin. Es geht um einem König, der gut angefangen hat, sich aber gegen Ende seines Lebens nicht mehr auf Gott verlässt, sondern auf menschliche Hilfe.[156] Dennoch übertrug Woodworth-Etter die Geschichte nahtlos auf die moderne Welt. Auf die Frage, ob Gott die Ärzte nicht berufen hätte, für den Körper dasselbe zu tun wie Prediger für die Seele, antwortete sie: „Nein. Der größte Teil der Ärzte des Landes sind gottlose Menschen. Viele sind bekennende Ungläubige und Gott hat sie nie berufen, irgendwem Medikamente zu verschreiben – am wenigsten Gottes Volk, dessen Leiber Tempel des Heiligen Geistes sind."[157]

So negativ wird die Medizin im Neuen Testament nicht gesehen. Richtig schlecht kommen eigentlich nur die Ärzte der blutflüssigen Frau weg (Markus 5,25-34). Menstruationsprobleme dieser Art machten eine Frau im antiken Israel unrein, sodass sie vom gesellschaftlichen Leben und dem Gottesdienst ausgeschlossen war (3. Mose 15,25-28). Deshalb probierte die Frau so lange alle möglichen Therapien aus, bis sie ihr gesamtes Vermögen an Ärzte verloren hatte. Einige der Kuren sind uns überliefert[158]: „Die Asche eines Straußeneis im Sommer in einem Leinenlappen, im Winter in einem Baumwoll-Lappen bei sich tragen oder auch ein Gerstenkorn, das im Kot einer weißen Eselin gefunden wurde."[159]

Dieses magische Heilungsverständnis war auch im antiken Griechenland verbreitet. Während in Ägypten schon früh eine Medizin entstand, die Krankheit und Heilung natürlich betrachtete, war der Glaube der Griechen diesbezüglich stark mit den Göttern verknüpft. Der Gott der Heilkunst war Asklepios[160], dem in Epidauros ein großes Heiligtum geweiht war. Hier gab es keine Ärzte, geheilt wurde durch den Tempelschlaf. Nach rituellen Waschungen wurden Voropfer entrichtet, gewissermaßen Anzahlungen auf die kommenden Heilungen. Danach schlief der Kranke im Tempel und sollte im Schlaf eine Erscheinung des Asklepios oder eines anderen Gottes haben. In diesen Träumen bekamen Hilfesuchende dann entweder eine Aufgabe, die sie als Therapie erledigen sollten, oder sie waren direkt geheilt. Teilweise konnten die Träume sehr kurios sein. Beispielsweise schlief eine Frau für ihre Tochter im Tempel und träumte, „der Gott schneide ihrer Tochter den Kopf ab und hänge den Körper mit dem Hals nach unten auf; als viel Flüssigkeit ausgeflossen, habe er den Körper abgehängt und den Kopf wieder auf den Hals gesetzt"[161]. So wurde die Tochter von ihrer Wassersucht geheilt.[162] Nach vollzogener Heilung galt es noch, das eigentliche Hauptopfer im Tempel zu verrichten.

Als monotheistische Religionen wenden sich Judentum und Christentum gegen die Anbetung anderer Götter und damit auch gegen Aberglauben. Solche Heilungsansätze sind also in der Bibel verboten.

Neben der magischen Behandlung von Krankheiten entstand allerdings auch eine rationale Heilkunst durch Ärzte. Sie basierte in erster Linie auf Erfahrungen und Beobachtungen. Ihre Anfänge sind uns hauptsächlich durch zwei ägyptische Dokumente bekannt. Papyrus Ebers (16. Jahrhundert v. Chr.) beinhaltet die Beschreibung einer Staublunge bei Steinmetzen – die älteste Erwähnung einer Arbeitskrankheit. Neben großen magischen Anteilen enthält er auch viele Arzneirezepte.

Noch älter ist der Papyrus Edwin Smith (17. Jahrhundert v. Chr.).

In der Hauptsache befasst sich der Papyrus Smith mit Knochenbrüchen. Der Chirurg beschreibt jeden einzelnen Bruch, äußert seine Meinung über die Heilungsaussichten und gibt Behandlungsvorschriften. Zaubermedizin gibt es hier kaum noch. Die Empfehlungen des Arztes beziehen sich vornehmlich auf manuelle Behandlung, Ruhe, Diät und Medikamente. In schweren Fällen, in denen der Chirurg eine erfolgreiche Behandlung nicht glaubt, beschreibt er das Leiden in seinen einzelnen Stadien. Auch den hoffnungslosen Fall führt er nicht auf üble Beeinflussung göttlicher oder dämonischer Kräfte zurück [....][163]

Obwohl sich das Volk Israel lange als Sklaven in Ägypten aufgehalten hat, hatte es keine besonders ausgeprägte Medizin. Die wenigen Stellen beschreiben im übertragenen Sinn grundlegende medizinische Techniken, die in Israel bekannt waren (Jesaja 1,5-66; Jeremia 6,14; 8,22; 46,11; 51,8; Hesekiel 30,21; 34,4; Sacharja 11,16).[164] Darunter fielen das Verbinden und die Behandlung von Wunden mit Balsam oder Öl, das Richten von Brüchen und andere, nicht klar genannte Verfahren. Hesekiel 34,4 lässt außerdem darauf schließen, dass Hirten sich um die Gesundheit ihrer Herden kümmerten. Insgesamt erscheint das Bild des Arztes in diesen Stellen positiv.

In der Bibel stehen also positive und negative Bewertungen der Medizin nebeneinander. Man kann davon ausgehen, dass sich die negativen Erwähnungen auf die magische, die positiven aber auf die rationale

Sicht der Medizin beziehen. (In dieser Hinsicht ist besonders das 38. Kapitel des apokryphen Buches Sirach zu erwähnen.) Der Evangelist Lukas war sogar von Beruf Arzt und blieb es auch noch nach seiner Bekehrung. Es ist bestimmt kein Zufall, dass er das Evangelium mit den meisten Details über Heilungen schrieb. Der Kolosserbrief wurde in den frühen 60ern des ersten Jahrhunderts geschrieben (übrigens vor dem Lukasevangelium). Paulus nennt Lukas hier den *„geliebte[n] Arzt"* (Kolosser 4,14).

Die Bibel spricht nicht gegen den Besuch von Ärzten oder gar gegen die Medizin an sich. Sie wendet sich gegen Scharlatane, die den Menschen das Geld aus der Tasche ziehen, ohne ihnen zu helfen. Jesus stellte den Heilungsdienst der Kirche von Beginn an unter das Diktum der Kostenfreiheit. *„Umsonst habt ihr empfangen, umsonst gebt"* (Matthäus 10,8). Das sollte uns aufhorchen lassen, wenn Menschen mit einer tatsächlichen oder angeblichen Heilungsgabe Geld für ihre Dienste verlangen. Leider ist das auch unter Christen weiter verbreitet, als man denkt. Wenn man gegen eine Spende den Fernsehbildschirm berühren soll, damit „die Kraft fließen kann", ist das purer Hokuspokus. Mit echtem Heilungsdienst hat das nichts zu tun. Um solchem Missbrauch vorzubeugen, hat der Gesetzgeber in Deutschland den alternativen Heilungsangeboten einen juristischen Rahmen gesetzt, von dem ein späterer Abschnitt handelt (siehe Seite 165ff.).

Die verwickelte Geschichte zwischen Medizin und spiritueller Heilung legt den Grundstein für eine Zwiespältigkeit, die sich bis in unsere Zeit durchzieht. Auf der einen Seite stehen manche Glaubensheiler der Medizin kritisch gegenüber, auf der anderen Seite ist die medizinische Forschung skeptisch gegenüber spirituellen Heilungsaspekten. Dieser Spannung widmen sich die beiden nächsten Unterkapitel.

Glaube vs. Medizin

Die Apostel wiesen die jungen Christen an, Götzenopferfleisch, Blut und Unzucht zu meiden.[165] Sie griffen dabei auf eine lange jüdische Praxis zurück, nur ausgeblutetes Fleisch zu essen (z.B. 3. Mose 19,26; 5. Mose 15,23*)*. Hintergrund dieser Anweisung waren die Diskussionen, wie neu bekehrte Christen, die vorher keine Juden waren, zum Gesetz des Mose stehen sollten. Auch später in der Kirchengeschichte wurde diese Frage immer wieder bewegt, aber bereits in der Apostelgeschichte zeichnet sich die Loslösung von den jüdischen Wurzeln ab.

In unserer Zeit gibt es einige Glaubensgemeinschaften, die wieder versuchen, nach dem Gesetz des Alten Testamentes zu leben. Das hat auch Auswirkungen auf die Frage, ob man als Gläubiger medizinische Hilfe in Anspruch nehmen darf oder nicht.

Die Zeugen Jehovas nehmen das Gebot der Apostel wörtlich, sodass sie beispielsweise keine Blutwurst oder etwas anderes essen, was Blut enthält. 1944 weiteten sie dies auf den medizinischen Bereich aus[166] und verboten Bluttransfusionen – auch in lebensbedrohlichen Situationen. Es dauerte nicht lange, bis 1954 die erste „Märtyrerin" starb, weil sie aus religiösen Gründen eine Bluttransfusion ablehnte.[167] Viele weitere folgten.[168] Solche Fälle werden eher von der weltlichen Presse publik gemacht als vom Wachturm.[169] Die religiöse Frage, ob man zum Arzt gehen sollte oder nicht, ist also nicht nur akademisch interessant. Ihre Beantwortung kann über Leben und Tod entscheiden.

Auch andere religiöse Gruppen stehen der Medizin sehr kritisch gegenüber – oft mit tödlichen Folgen. Eine davon ist die „Christliche Wissenschaft", die auf Mary Baker Eddy (1821-1910) zurückgeht. Laut einer Offenbarung, die sie 1866 über Krankheit und Heilung empfing, geschieht Heilung auf einer rein geistlichen Ebene, ohne dass ärztliche Kunst nötig ist.[170] In Deutschland ist die christliche Wissenschaft kaum bekannt. In den späten 80er- und frühen 90er-Jahren gab es in den USA einige Prozesse gegen die Bewegung. David und Ginger Twitchell wurden wegen Totschlages verurteilt, nachdem ihr zweijähriger Sohn an einer Krankheit starb, die medizinisch problemlos heilbar gewesen wäre.[171]

Glaube und Medizin vertragen sich also nicht immer. Dabei ist es völlig sinnlos, beides gegeneinander auszuspielen. Es geht um Gesundheit, nicht darum, übernatürlich geheilt zu werden. Gerade in der Literatur der Glaubensbewegung findet man interessanterweise kaum Hinweise darauf, dass es verboten wäre, zum Arzt zu gehen. Einige Prediger waren sehr radikal, was ihr eigenes Leben anging. Sie setzten aber ihren eigenen Umgang mit Krankheit nicht als Maßstab an, der für alle gilt. Ein Beispiel ist Smith Wigglesworth, den ich bereits kurz vorgestellt habe und der als „Apostel des Glaubens"[172] bekannt wurde.

Obwohl er im Alter sehr unter Nierensteinen litt[173], hat Smith selbst Heilungen am eigenen Leib erlebt. Bei einer Blinddarmentzündung waren die Schmerzen so stark, dass er sicher war, sterben zu müssen. Smith und seine Frau Polly hatten ein Abkommen: Wenn sie spürten, dass sie heimgerufen würden, würden sie einen Arzt rufen, um dem anderen peinliche Fragen oder juristische Schwierigkeiten zu ersparen. So wurde ein Arzt zugezogen, nach dessen Meinung nichts mehr zu retten war. Für die einzige Hilfe, eine Notoperation, war Smith bereits zu schwach. Der Arzt konnte ihm nicht helfen, versprach aber, später noch einmal nach ihm zu sehen. Kaum war er fort, kamen einige Beter, um für Smith einzutreten. Gott griff ein. Die Schmerzen verschwanden, zu seinem eigenen Erstaunen fühlte er sich gut. Statt weiter krank im Bett zu liegen, stand er auf, um einige Kunden zu besuchen, die zwischenzeitlich bei ihm aufgelaufen waren. Als der Arzt zurückkam und Smith nicht vorfand, sagte er nur zu Polly: „Den sehen sie nicht wieder." Er sollte sich irren.

Als Smith zurückkam, gaben er und seine Frau sich einen feierlichen Eid: ‚„Von nun an sollen keine Medizin, keine Ärzte, keine Heilmittel irgendeiner Art mehr in unser Haus kommen.' Dennoch verachtete oder verurteilte er niemanden, der Medizin gegen Krankheiten einnahm. Er sagte selbst, dass seine Entscheidung sehr persönlich zwischen ihm und Gott sei und nicht auf andere übertragbar."[174]

Ich schließe nicht aus, dass es Prediger gab und gibt, die anderen solche Entscheidungen überstülpten, aber diese müssen als Ausnahmen gelten.[175] Nicht alle, die an göttliche Heilung glauben, sind in diesem Bereich unausgewogen. Es wäre nur dann inkonsequent, als heilungsgläubiger Christ zum Arzt zu gehen, wenn man davon ausginge, dass Heilung ausschließlich direkt von Gott kommen darf. Gott kann aber auch durch Menschen wirken, die gar nichts mit ihm zu tun haben.

Vielleicht wäre es *möglich*, alles von Gott zu bekommen. Es gibt biblische Belege für Versorgung in allen Bereichen. Es ist aber nicht Gottes Stil, uns immer direkt zu versorgen. Es ist normal, dass er Menschen dazwischenschaltet, um uns zu segnen. Während er jeden durch Raben versorgen könnte wie Elia (1. Könige 17), versorgt er doch meistens durch Arbeit. Während der Heilige Geist uns lehren soll (1. Johannes 2), beruft und befähigt Gott dennoch menschliche Lehrer, um uns in unserer geistlichen Entwicklung zu helfen.

Auch wenn potenziell jeder Christ zu jedem Zeitpunkt Gottes Heilungskraft erleben kann, ist das nicht immer der Fall. Im Übernatürlichen gibt es Hilfe durch Christen mit den Gaben der Heilungen, im Natürlichen gibt es Hilfe durch Ärzte. Beides sollte nicht abgelehnt werden, denn Gottes Ziel für uns ist, dass es uns gut geht.

Die gespannte Beziehung zwischen Medizin und Glaube ist allerdings nicht einseitig. Nicht nur religiöse Menschen lehnen manchmal Ärzte ab, auch die Mediziner haben bisweilen mit dem Glauben Probleme. Um einige Gründe dafür geht es im nächsten Abschnitt.

Medizin vs. Glaube

In vielen Sachbüchern gibt es ein Kapitel, das den Autor vor besondere Herausforderungen stellt. Das kann ein sehr persönliches Kapitel sein, eines, das einen ungewöhnlich hohen Rechercheaufwand bedeutet oder nicht so ganz in das Buch passen will. Aus zwei Gründen hat mir dieses Kapitel mehr abverlangt als die anderen. Zum einen ist es nicht in erster Linie theologisch, sondern medizinisch. Medizin ist bei Weitem nicht mein Spezialgebiet und ich fühle mich mit ihr auch nicht besonders wohl. Ich habe meine Erfahrungen mit ihr gemacht und mehr Zeit in Krankenhäusern oder bei Ärzten verbracht als die meisten meiner Altersgenossen. Seither mache ich nach Möglichkeit einen weiten Bogen um jeden weißen Kittel. Meine Gebiete sind Theologie und Philosophie; mich in eine Naturwissenschaft hineinzudenken, war daher gar nicht so einfach. Ein anderer Grund wiegt allerdings schwerer. Wenn man über den Tellerrand seines eigenen Gebietes schaut, gefällt einem nicht immer, was man sieht. Andere Disziplinen können die eigenen Erkenntnisse, wenn nicht widerlegen, so doch zumindest infrage stellen. Aus diesem Grunde bleiben wir oft in unseren weltanschaulichen „Ghettos", am besten ohne einen Blick über den Zaun zu werfen.

Ich bin nie über ein Buch zum Thema göttliche Heilung gestolpert, das sich mit der medizinischen Seite beschäftigt. Die meisten Autoren diskutieren theologische Fragen wie: „Haben nur Jesus und die Apostel geheilt oder hat die Gemeinde heute noch einen Heilungsauftrag?" Manche fügen noch ein Kapitel über den Nutzen gesunder Ernährung ein oder schreiben über alternative Heilmethoden wie Akupunktur oder Homöopathie. Noch nie habe ich medizinische Studien in einem Heilungsbuch gesehen. Da ich mich hauptsächlich mit christlicher Literatur beschäftigt habe, die Heilung positiv gegenübersteht, ist das

Manko umso größer, aber es ist auch verständlich. Es ist größer, weil man doch annehmen sollte, dass Ärzte unsere Theologie untermauern können. Wäre es nicht großartig, wenn Studien belegten, dass Heilung durch Gebet tatsächlich funktioniert? Immer wieder berufen sich Heiler auf ärztliche Atteste und sagen, dass ihre Heilungen „ärztlich bestätigt" seien.

Andererseits kann man leicht eine unbestimmte Angst hinter der Reserviertheit gegenüber der medizinischen Wissenschaft vermuten. Jemand, der fürchtet, eine tödliche Krankheit zu haben, drückt sich oft vor einem Arztbesuch, um nicht Hoffnung durch Gewissheit zu zerstören. So lange man noch keine Diagnose hat, kann es auch ganz anders sein. Dieselbe Angst hält wohl manchen Gläubigen davon ab, Zeugnisse überprüfen zu lassen oder sich mit der wissenschaftlichen Seite zu beschäftigen: Was wäre, wenn wir uns geirrt hätten, wenn Gott doch nicht heilt? Mit solchen Gedanken hatte ich auch zu kämpfen, als ich mich entschloss, in das kalte Wasser der Medizin zu springen. Manches, was ich dort entdeckte, hat mir fast den Schlaf geraubt.

1969 brach William Nolen (1928-1986) zu einer interessanten Reise auf. Angeregt durch Bekannte, die positive Erfahrungen mit einem philippinischen Geistheiler gemacht hatten, suchte der amerikanische Chirurg nach einem Wunder[176] – und widmete sich verschiedenen Heilern, nicht nur aus dem christlichen Kontext. Die Freunde zeigten ihm das Video einer „geistigen Operation". Dabei greift ein Heiler mit bloßen Händen in den Körper hinein und holt krankes Gewebe heraus. Der Trick ist so leicht zu durchschauen, dass mittlerweile auch Zauberer damit auftreten – das einzige Wunder dabei ist, dass so viele darauf hereinfallen.[177] Dass der Chirurg in seinem Buch diese angebliche Heilung entlarvt, machte mir wenig aus. Dass er dasselbe mit dem mysteriösen Heiler Norbu Chens tat, störte mich auch nicht weiter – zumal ich nie zuvor von ihm gehört hatte. Was mir zu schaffen machte, war der Abschnitt über Kathryn Kuhlman.

Kuhlman (1907-1976) war eine der großen, schillernden Heilungsevangelisten der 60er- und 70er-Jahre. Sie hatte einen großen Einfluss auf andere Heilungsevangelisten wie Benny Hinn (*1952) und nicht zuletzt auch auf mich selbst. Ich glaube, die ersten Bücher über göttliche Heilung, die ich gelesen habe, stammen aus ihrer Feder.[178] Ich kann mich noch gut daran erinnern, wie sehr mich ihre Geschichten fasziniert haben.

Kathryn Kuhlmans Veranstaltungen, die auch im Fernsehen übertragen wurden, waren dafür bekannt, völlig überlaufen zu sein. Hunderte von Menschen verbrachten die Nacht vor der Halle, um noch einen Platz zu bekommen. Es waren Szenen wie vor einem Rockkonzert. Wie viele erfolgreiche Prediger war auch sie eine Bühnenkünstlerin, die eine große Präsenz besaß und es verstand, Menschen in den Bann zu schlagen. John Wimber, der später selbst einen Heilungsdienst hatte, beschrieb „ihre Sprache [als] zu affektiert und ihre Kleidung zu extravagant. Ihre Art war theatralisch und ihr Auftreten mystisch." Er „dachte, dass ihre Sendung ein Schwindel sei, eine geschickte Produktion, um die Massen zu verführen"[179]. Dennoch berichteten auch weltliche Medien von den Heilungen in ihren Veranstaltungen.[180] Allein die Bilder sind beeindruckend; man sieht Hallen und Stadien voller Menschen. Auf der Bühne steht Kathryn in einem langen, wallenden Gewand mit riesigen Trompetenärmeln. Der Höhepunkt der Gottesdienste war immer der Moment, in dem die Geheilten auf die Bühne kamen, um Zeugnis zu geben. Saßen sie vorher im Rollstuhl, trug ein Ordner diesen hinter dem Geheilten her auf die Bühne. Manchen wurden auch Krücken oder anderes medizinisches Gerät hinterhergetragen. Um die Heilung zu beweisen, bat Kathryn sie, etwas zu tun, was sie vorher nicht hatten tun können. Manchmal war daraufhin die ganze Bühne voller Menschen, die Kniebeugen machten, auf und ab liefen, mit den Arme wedelten oder tief ein- und ausatmeten. Dass die Stimmung gewaltig war, merkt man selbst, wenn man nur die Bücher liest.

Bei einer dieser Veranstaltungen in Minnesota war Dr. Nolen als freiwilliger Ordner dabei. Neben einer Krankenschwester war er der einzige Mediziner, der offiziell zugegen war. Bei der Evangelisation gab es nicht nur Erfolge. Einige Kranke wurden offensichtlich nicht geheilt. Sie hinterließen bei Nolen den größten Eindruck.

Bevor ich zurückging, um mit Frau Kuhlman zu sprechen, sah ich einige Minuten zu, wie die Patienten in den Rollstühlen die Halle verließen. Alle ernsthaft Kranken, die in Rollstühlen gekommen waren, gingen auch wieder in Rollstühlen. Einem Mann mit Nierenkrebs, der bis zu seiner Wirbelsäule und seiner Hüfte gewachsen war, hatte ich einen Rollstuhl besorgt, um ihm in den Zuschauerraum zu helfen. Als er seine Heilung bezeugte, wurde der Rollstuhl mit auf die Bühne gebracht und dem Publikum gezeigt. Nun saß er wieder darin. Seine „Heilung", die nur eingebildet war, war nur von kurzer Dauer.

Als ich im Korridor stand, während die hoffnungslosen Fälle hinausgingen, und sah, wie Eltern weinend ihre Kinder zu den Aufzügen schoben, wünschte ich, dass Frau Kuhlman dabei wäre. Während des Gottesdienstes hatte sie ein paarmal „über die Verantwortung, die große Verantwortung" geklagt und darüber, dass „ihr Herz zerbrochen ist über die, die nicht geheilt wurden". Aber ich fragte mich, wie oft sie das hier gesehen hatte. Ich fragte mich, ob sie ernsthaft meinte, dass die Freude über diejenigen, die von Schleimbeutelentzündungen und Arthritis geheilt worden waren, das Leid derer aufwog, die mit verkrüppelten Beinen wieder gingen, oder ihren geistig behinderten Kindern, ihrem Nierenkrebs. [181]

Nolens Buch ist voller Mitgefühl. Er untersuchte die Grenzfälle der Medizin nicht, um einige Scharlatane zu entlarven, sondern in der Hoffnung, echte Wunder zu finden. Dass er am Ende zu dem Schluss kommt, kein einziges echtes Wunder gesehen zu haben, wird durch diesen Ansatz nur trauriger.

Trotz seiner Erfahrungen in dem Gottesdienst hielt er Kathryn Kuhlman jedoch nicht für eine Betrügerin. Ihre Bibel war zerlesen und es gab Veranstaltungen, in denen sie vergaß, eine Kollekte zu sammeln. Sie stellte sich Nolens Fragen und gab ihm bereitwillig die Namen von Menschen, die während ihrer Gottesdienste geheilt worden waren. Sie wirkte auf ihn integer, und ihre Behauptung, Wunder gesehen zu haben, wo gar keine waren, schob er auf ihren Mangel an medizinischer Bildung: Sie kannte nicht den Unterschied zwischen tatsächlichen körperlichen Krankheiten und seelischen oder Schubkrankheiten. Die Wunder, die tatsächlich geschehen sein mochten, vermutete Nolen in der zweiten Kategorie: Heilungen, die entweder auf seelische Effekte während des Gottesdienstes oder auf eine schlummernde Phase zurückgeführt werden konnten.

Gerade diesen seelischen Effekt beschreibt der Arzt. Die Veranstaltung sei geradezu hypnotisch gewesen, sodass auch er selbst bei einem entsprechenden Wort der Erkenntnis probierte, ob sein Tennisarm geheilt war. Ein Freund, den er mitgebracht hatte und der unter einer Herzkrankheit litt, wäre fast nach vorne gegangen, um seine Heilung zu bezeugen. Tatsächlich zeigte ein anschließendes EKG aber keine Veränderung.

Sind also alle Heilungen, die bei solchen Veranstaltungen geschehen, nur eingebildet? Nolens Bericht lässt darauf schließen. Schlimmer noch, teilweise erwiesen sich die behaupteten Heilungen geradezu als gefährlich, wie der Fall von Helen Sullivan zeigt.

Nach dem Gottesdienst baten die Ordner geheilte Personen um ihre Namen und Kontaktdaten. Die meisten Befragten waren gerne bereit, an einer längerfristigen Beobachtung teilzunehmen, sodass am Ende 82 Namen zusammenkamen.[182] Von diesen meldeten sich 23 zurück, als Nolen sie später anschrieb. Eine definitive Heilung konnte er nach entsprechender Untersuchung bei keinem feststellen. Besonders tragisch ist der Fall von Helen Sullivan, die unter einem Magenkrebs litt, der bis in ihre Leber und Bandscheiben gestreut hatte. Als Kathryn während des Gottesdienstes verkündete, dass gerade jemand von Krebs geheilt würde, meinte Helen zu wissen, dass sie gemeint war. Sie ging zur Bühne, um Zeugnis zu geben. Kathryn bat sie, ihre Rückenstütze abzunehmen und etwas zu tun, was ihr vorher nicht möglich gewesen war. Sie bückte sich, berührte ihre Zehenspitzen und lief die Bühne hinauf und hinab – alles ohne Schmerzen; sie fühlte sich hervorragend.

Auch auf der mehr als 200 Kilometer langen Rückfahrt war sie beschwerdefrei. Gegen vier Uhr in der Nacht wachte sie allerdings mit so starken Schmerzen auf, dass sie selbst mit Schmerzmitteln nicht mehr schlafen konnte. Als sie am nächsten Tag geröntgt wurde, zeigten die Aufnahmen einen Wirbel, der von der Anstrengung auf der Bühne und während der Fahrt gebrochen war. Die letzten vier Monate ihres Lebens verbrachte sie im Bett.

Fälle wie dieser zeigen drastisch, wie gefährlich es ist, wenn medizinische Laien Heilungen demonstrieren wollen. Sicherlich hätte ein Arzt die Heilung anders bestätigen können als mit selbstmörderischen Rumpfbeugen. Aus gutem Grund gibt es in Deutschland Gesetze gegen so etwas (siehe auch Seite 165ff.).

Erfahrungen wie die von Dr. Nolen kann man auf so spannende und überzeugende Weise präsentieren, dass anschließend niemand mehr an göttliche Heilung glauben mag. Aber was ist mit den Geschichten in Kathryn Kuhlmanns Büchern? Einige wurden lange Zeit nach den Ereignissen aufgeschrieben, sodass sich die Heilungen offenbar gehalten haben. Ganz so einfach ist es also nicht. Bevor ich weiter auf diese Frage eingehe, müssen wir uns noch etwas in der Geschichte der medizinischen Forschung zu diesem Thema umsehen.

Göttliche Heilung und medizinische Forschung

Die Geschichte der medizinischen Erforschung göttlicher Heilung beginnt 1872. In diesem Jahr veröffentlichte Francis Galton (1822-1911) eine statistische Studie über die Wirksamkeit des Gebets.[183] Es war eine wilde Zeit, dreizehn Jahre zuvor hatte Galtons Onkel, Charles Darwin (1809-1882) sein Buch *Über die Entstehung der Arten* veröffentlicht. Die Evolutionstheorie wurde populär, man diskutierte die Grundfesten der christlichen Theologie. Galton war ein berühmter britischer Naturforscher, der sich mit Geografie, Meteorologie, Genetik und allen möglichen anderen Disziplinen beschäftigte. Er scheint der Erste gewesen zu sein, der untersuchte, ob man die Effektivität von Gebet messen kann.

Seine Herangehensweise war möglicherweise etwas satirisch, aber durchaus logisch. Ausgehend von einer Auflistung der Lebenserwartung verschiedener Berufe, die William Guy ein paar Jahre vorher veröffentlicht hatte, untersuchte er diese auf Verbindungen zu Gebet. Das Ergebnis fiel vernichtend aus. Obwohl Millionen Anglikaner jeden Sonntag für die königliche Familie beteten, hatten deren Mitglieder die geringste Lebenserwartung der untersuchten Gruppen.[184] Geistliche, deren Beruf viel Beten bedeutet, hatten eine kürzere Lebenserwartung als Juristen oder Mediziner. „Daher erweisen sich die Gebete der Geistlichen um Schutz vor den Gefahren der Nacht und des Tages und für Heilung von Krankheit als nutzlos."[185] Auch in anderen Bereichen wie Säuglingssterblichkeit, Schutz auf Reisen oder beruflichen Erfolg konnte Galton keinen Unterschied zwischen Gläubigen und Ungläubigen feststellen. Der einzige Effekt, den er sich bei Gebet vorstellen konnte, war, dass innere Anspannungen abgebaut werden.

Auf diese Studie folgten im 20. Jahrhundert viele weitere[186], wobei die Ergebnisse durchaus unterschiedlich ausfielen. 1988 führte Dr. Randolph C. Byrd in Kalifornien eine viel zitierte Studie mit 393 Herzpatienten durch. Nach Messung verschiedener Indikatoren kam er zu dem Ergebnis, dass Fürbitte einen positiven Effekt auf die Genesung der Patienten habe.[187] Weitere Studien untersuchten Zusammenhänge zwischen Religion und Heilung. Teilweise schienen die Ergebnisse so beeindruckend, dass *Psychologie Heute* 2005 in einer Unterüberschrift schrieb: „Die wissenschaftlichen Belege sind eindrucksvoll: Gläubige Menschen genesen schneller von Krankheiten, sind gegen Depressionen weitgehend gefeit und benötigen weniger Schmerzmittel. Inzwischen beschäftigen sich auch Schulmediziner mit dem ,Medikament', das nicht verschrieben werden kann: dem Glauben an eine höhere Macht."[188] Andere Studien lieferten allerdings deutlich negativere Ergebnisse, sodass Stephen Barrett schlussfolgert, „dass keine gut durchgeführte Studie zeigen konnte, dass religiöser Glaube oder Gebet die Gesundheit positiv beeinflusst"[189].

Besonders eine Untersuchung wurde berühmt. 2005 wurde der Einfluss alternativer Heilmethoden auf die Genesung von 748 Herzpatienten in der MANTRA II-Studie untersucht.[190] Die getesteten Methoden waren Fürbittegebet und eine Mischung aus Musik, positiv belegten Bildern und Berührung. Die Beter gehörten verschiedenen Religionen an. Weder wussten sie, für wen sie beteten, noch die Patienten, ob für sie gebetet wurde. Die verschiedenen Methoden brachten weder für sich genommen noch in Kombination irgendeinen Vorteil.[191] Richard Sloan, der sich sehr genau mit Studien zum Thema Gebetsheilung auseinandergesetzt hat, kommt zu folgender Schlussfolgerung:

> *Jede große Fürbittestudie, die positive Ergebnisse hervorbrachte, hatte größere methodische Schwächen, sodass es keine Beweise dafür gibt, dass die Gebete einer Gruppe von Menschen einen Effekt auf die Gesundheit einer anderen Gruppe haben. Das sollte uns sehr vorsichtig gegenüber Versuchen machen, Gebet und Medizin zusammenzubringen.*[192]

Auf den ersten Blick sehen die Ergebnisse dieser Studien also vernichtend aus. Das Ergebnis ist gleich null; es ist statistisch kein Nachweis dafür zu erbringen, dass Gebet einen positiven Einfluss auf den Genesungsprozess hat. Ich gebe zu, dass mich das irritiert und beschäftigt hat. Dennoch schrieb ich 2009, als ich zum ersten Mal in *Psychotherapie & Seelsorge* von MANTRA II hörte, das Ergebnis sei vorhersehbar.[193] Damit meinte ich nicht, dass klar sei, dass Heilung nicht nachweisbar ist, sondern dass solche Studien einige gravierende theologische Probleme haben. Im Folgenden will ich einige Argumente für den christlichen Heilungsdienst angesichts der Übermacht medizinischer Studien liefern.

1) Studien müssen mindestens „doppelblind" sein.

Wissenschaftliche Studien arbeiten mit Methoden, die so exakte Ergebnisse wie möglich hervorbringen sollen. Dabei ist es wichtig, dass niemand, der an einem Experiment oder einer Studie teilnimmt, beeinflusst werden kann. Deshalb muss zunächst der Patient im Unklaren gelassen werden, ob er das wirksame Medikament bekommt oder zur Kontrollgruppe gehört, die kein wirksames Medikament bekommt, sondern ein Placebo. Der Patient ist in diesem Falle „blind". Auch der durchführende Arzt kann die Ergebnisse verfälschen, wenn er weiß, wer das Medikament bekommt und wer zur Kontrollgruppe gehört. Also hält man auch ihn „blind", indem man ihm nicht sagt, wer zur Testgruppe und wer zur Kontrollgruppe gehört. Damit wird das Experiment doppelt blind. Noch sicherer sind dreifach blinde Studien, bei denen selbst derjenige, der die Ergebnisse auswertet, „blind" gehalten wird.

Wissenschaftlich ist diese Methodik natürlich unerlässlich, theologisch ist sie aber fragwürdig. In der Bibel geht es nie darum, etwas nachzuweisen oder zu erforschen, wie genau Heilung funktioniert. Es geht darum, dass Gott sich Menschen zuwendet und sie heilt. In allen Heilungsgeschichten des Neuen Testamentes wusste Jesus, wen er heilt. Das gilt selbst in den wenigen Geschichten, in denen es um „Fernheilung" geht (z.B. Markus 7,24-30). Vielfach fragte er sogar nach, was dem Kranken fehlte, und holte sich weitere Informationen, indem er mit dem Kranken sprach (z.B. Markus 9,21-27). Dasselbe gilt auch für die Kranken selbst. Man kann in allen Fällen, mit Ausnahme der Totenerweckungen (Markus 5,22-24.35-42; Johannes 11), davon ausgehen, dass die Kranken wussten, dass für sie gebetet wird oder sie direkt geheilt wurden. In einigen Fällen hatten sie sogar selbst darum gebeten (z.B. Matthäus 8,1-4).

Für den Heilungsdienst des Neuen Testamentes ist der Kontakt mit dem Kranken wichtig. Es ist immer wieder die Rede von Handauflegen, Berührung, Salbung mit Öl oder anderen Interaktionen. Es ist schwer vorstellbar, wie das im Blindverfahren möglich wäre. Hier kommt medizinische Forschung an eine theologische Grenze, die man scheinbar nicht überwinden kann, zumindest nicht in den klassischen Versuchsanordnungen. Die Bibel betont immer wieder auch den Glauben als Faktor bei Heilungen. An diesem Punkt spräche die medizinische Forschung von einem Placebo-Effekt: Der Glaube des Patienten macht ein wirkungsloses Arzneimittel wirksam. Aber ist deswegen das Gebet ein Placebo? Nicht, wenn man eine biblische Definition von Glauben zugrunde legt, wie sie bereits besprochen wurde.

2) Gebet als Methode

Studien betrachten Gebet als Methode und unterziehen es, wie ein Medikament, einer Effektivitätsprüfung. Theologisch ist natürlich die Frage, ob man Gebet in diesem Sinne als Heilmethode verstehen darf. Kommt es beim Gebet nur darauf an, dass es gesprochen wird? Wirkt es also durch den reinen Vollzug, *ex opere operato*? Ist es egal, zu welchem Gott gebetet wird? Sicherlich würden die meisten Gläubigen hier widersprechen. Natürlich ist es entscheidend, dass zum „richtigen" Gott gebetet wird, schließlich gibt es keinen anderen![194] Damit kommt es auch darauf an, wer betet.[195]

Gebet hat außerdem mehr mit Gottvertrauen zu tun als damit, die richtigen Worte zu sprechen. Darüber hinaus sagt die Bibel, dass es „Gaben der Heilungen" gibt (1. Korinther 12,9.28.30). Es wäre also konsequenter, nicht generell den Einfluss des Gebetes zu untersuchen, sondern Fälle, in denen Gläubige nachweislich Heilungswunder erlebt haben.

Hier wird die Literatur sehr schweigsam. Der einzige „Heiler", der wissenschaftlich geprüft wurde, ist meines Wissens nach John G. Lake. Seine Beschreibung stammt allerdings aus der ersten Hälfte des 20. Jahrhunderts und liefert keine verwertbaren Details.[196]

Das ist besonders schade, da Medizin eine Frage der Statistik ist. Ärzte geben Heilungswahrscheinlichkeiten an, die sich aus der Auswertung vergangener Therapien ergeben. So lange übernatürliche Heilungen nur ein Randflimmern in der gaußschen Normalverteilung darstellen, ist nicht damit zu rechnen, dass sie weitergehend untersucht werden.

Ist es überhaupt möglich, ein Wunder festzustellen?

Mein ursprünglicher Plan war, dieses Buch mit vielen Geschichten anzureichern, in denen Menschen erzählen, wie Jesus sie geheilt hat.

Eigentlich hätte das kein Problem sein sollen, denn ich kenne buchstäblich Dutzende, wenn nicht ein- bis zweihundert solcher Berichte. Einige davon sind vom Hörensagen, andere haben sich in meinem Umfeld ereignet, teilweise war ich selbst als Beter beteiligt. Wenn jemand sich für Gottes übernatürliches Wirken interessiert, wird er auch auf Menschen stoßen, die diese Qualität Gottes vermehrt erleben.

Natürlich habe ich nicht nur gute Erfahrungen gemacht. Viele haben meine Begeisterung nicht geteilt, manche haben nicht einmal die Geschichten geglaubt, die ich erlebt habe. Deshalb nahm ich mir vor, die Beispiele in diesem Buch genau auszuwählen, und nur die aufzunehmen, die hieb- und stichfest waren. Als Entscheidungskriterium sollte gelten, dass die Heilungen medizinisch bestätigt waren.

Teilweise waren es apologetische Gründe, die mich dazu bewogen: Übernatürliche Heilungen werden in unserer Zeit selten anerkannt, so ist es gut, eine „wissenschaftliche Bestätigung" zu haben. Auf der anderen Seite war es ein persönlicher Grund. Ich glaube selbst nicht jede Geschichte, in der jemand ein warmes Gefühl hatte, als ihm eine Hand aufgelegt wurde. Auch wenn ich das subjektive Erleben nicht anzweifle, nehme ich nicht an, dass jedes Mal eine objektive Heilung geschieht.

Mein zweites Kriterium war, dass es sich bei den Zeugnissen um körperliche Heilungen handeln sollte. Seelische Heilungen sind nicht weniger wert; im Gegenteil, sie bedeuten für den Betroffenen oft mehr als eine körperliche. Die Grenze zu psychosomatischen Erklärungen ist aber stärker verwischt, sodass in der Diskussion das große Fass der Ursächlichkeit aufgemacht wird. Ist es der Glaube an sich, der einem seelisch leidenden Menschen hilft, oder steckt tatsächlich Gott hinter der Heilung? Außerdem sind seelische Heilungen weniger klar messbar.

Mit diesen Kriterien war es schwer, Heilungen zu finden. Manchmal lagen mündliche Bestätigungen von Ärzten vor, in einigen Fällen wurden Heilungen sogar von mehreren Ärzten besprochen, die keine Ursache fanden. Es ist aber ein himmelweiter Unterschied zwischen einem Arzt, der etwas *sagt,* und einem, der etwas *schreibt.* Echte schriftliche Bestätigungen sind kaum zu finden. Wo Autoren Bücher über Fälle veröffentlichten, die mit ärztlichen Attesten angereichert sind, steht ein gewaltiger Rechercheaufwand dahinter, den ich in der Form nicht leisten konnte.[197]

Es gibt wohl mehrere Gründe, warum es Medizinern schwerfällt, einen übernatürlichen Vorgang als solchen zu attestieren. Einer ist, dass es die Grenzen der Wissenschaft überschreitet, Wunder zu beobachten. Selbst wenn Gebet etwas nutzen würde, kennen wir seine Funktionsweise zu wenig, um es beobachten zu können. Vielleicht beruht auch das, was wir heute als übernatürlich ansehen, auf Naturgesetzen, die uns unbekannt sind. Vieles, was wir uns heute nicht erklären können, kann für eine Generation der Zukunft normal sein. Mit anderen Worten: Ein Wunder ist nur so lange ein Wunder, wie man sich darüber wundert.

Das dritte Clarkesche Gesetz sagt, dass „jede hinreichend fortschrittliche Technologie von Magie nicht zu unterscheiden ist".[198] Die Welt entwickelt sich weiter und sammelt auf dem Weg neues Wissen. Heute ziehen Sonnenfinsternisse nur noch Schaulustige an, während sie früher Panik hervorriefen.

So erklärt jede neue Zeit die Vergangenheit in ihrer Weise. Rudolf Bultmann spricht davon, dass die Autoren des Neuen Testamentes in mythischer Sprache über normale Ereignisse berichteten. Damit interpretiert er seine Texte durch die Brille unseres modernen Wissens. Am Anfang stand bei ihm die Meinung, dass nichts Übernatürliches existieren kann. Also müssen die Berichte des Neuen Testamentes faktisch falsch sein. Um dennoch die Integrität der Autoren zu bewahren, bleibt nur die Möglichkeit, dass sie, aus ihrer Welt heraus, einem Irrtum erlegen sind. Hier klingt bereits etwas Wichtiges an: Wenn etwas Unerklärliches passiert, kann man es verschieden interpretieren. Zwar sehen alle das Gleiche, aber nicht dasselbe. Letzten Endes bestimmt unsere Weltanschauung, ob wir etwas als Wunder erkennen oder eine andere Interpretation dafür haben.

Wenn Ärzte eine Heilung durch Gebet nicht bestätigen wollen, kann das auch an unterschiedlichen Definitionen liegen. Sie sehen kein Wunder, sondern eine Spontanheilung, die noch nicht erklärbar ist. Wunder sind niemals eindeutig; was wir in ihnen sehen, müssen andere nicht unbedingt auch sehen. Damit stehen wir nicht allein. Auch in den Evangelien wurden übernatürliche Ereignisse von den Beobachtern unterschiedlich bewertet. Einige Stellen im Neuen Testament berichten in erzählender Weise von diesem Phänomen.

Vater, verherrliche deinen Namen! Da kam eine Stimme aus dem Himmel: Ich habe ihn verherrlicht und werde ihn auch wieder verherrlichen. Die Volksmenge nun, die dastand und

*zuhörte, sagte, es habe gedonnert; andere sagten: Ein Engel
hat mit ihm geredet. Jesus antwortete und sprach: Nicht um
meinetwillen ist diese Stimme geschehen, sondern um euret-
willen* (Johannes 12,28-30).

Obwohl Gott zu den Menschen sprechen wollte, verstand nur Jesus die
Stimme. Die anderen hatten, je nach ihrem Weltbild, unterschiedliche
Erklärungen. Eine Gruppe, die zwar generell an etwas Übernatürliches
glaubte, aber nicht damit rechnete, dass Gott selbst sprechen könnte,
tippte auf einen Engel. Die andere ging von einer natürlichen Ursache aus und votierte für Donner. Sie hatten alle etwas gehört, aber es
brachte sie nicht zu Gott. Auch zu Zeiten des Neuen Testamentes gab
es demnach Menschen, die natürliche Ursachen für wahrscheinlicher
hielten als übernatürliche.

Die zweite Stelle ist in mancher Hinsicht ähnlich, zeigt aber noch
stärker, wie unsere Weltanschauung vorgibt, was wir sehen *wollen*.
Jesus heilte einen tauben und stummen Mann, indem er ihn von einem
Dämon befreite (Matthäus 12,22-37). Einige Augenzeugen interpre-
tierten es so, dass er die Dämonen durch ihren Obersten, den Beelzebub, austrieb. Ihre Vorurteile gegenüber Jesus waren so groß, dass sie
ein übernatürliches Wirken Gottes lieber dem Teufel zuschlugen, als
zu glauben, dass Gott mit Jesus war.

Aber nicht nur Jesus machte diese Erfahrung, auch seine Jünger
waren nicht dagegen gefeit. In Lystra heilten Paulus und Barnabas
einen Mann. Die Menge war begeistert, aber sie gab nicht Gott die
Ehre. Stattdessen meinten sie, dass die griechischen Götter vom
Olymp herabgestiegen seien. In Barnabas erkannten sie Zeus, Paulus
war Hermes, der Götterbote, weil er die meiste Zeit sprach (Apostelgeschichte 14,12). Möglicherweise erzählt Lukas diese Geschichte,
weil sie auch einen großen humoristischen Wert hat. Es ist aber darüber hinaus eine ernste Wahrheit über Weltanschauung enthalten: Wir
sortieren alles, was wir erleben, in das Schema ein, aus dem heraus
wir die Welt verstehen.

Es ist also damit zu rechnen, dass Menschen nicht alles glauben,
was wir ihnen als Wunder präsentieren. Aus einem rein wissenschaftlichen Weltbild heraus ist es unwahrscheinlich, dass es eine unsichtbare Welt mit Engeln und Dämonen gibt. Man sucht daher natürliche
Interpretationen.

Es muss Ärzten und Skeptikern also geradezu schwerfallen, ein Wunder als solches zu akzeptieren. Man kann Gott nicht bei der Arbeit beobachten; jede Heilung wird man nachher mit medizinischen – und damit innerweltlichen – Ausdrücken beschreiben. Vielfach sind Heilungsgeschichten beeindruckend für Gläubige, aber seltsam für Ungläubige. Was für uns schon fast ein Gottesbeweis ist, muss für einen Skeptiker gar nichts bedeuten. Das liegt mindestens zum Teil daran, dass Zeugnisse in der Regel sehr subjektiv und schlecht nachvollziehbar sind. Jemand kommt mit einem gesundheitlichen, ärztlich bislang nicht diagnostizierten Problem in einen Heilungsgottesdienst; nachdem er Gebet empfangen hat, geht es ihm gut, die Schmerzen sind weg. Das klingt gut, allerdings weiß niemand, welche Krankheit vorlag. Kein Arzt bestätigt die Heilung und es gibt keine weitere Nachverfolgung, die zeigt, dass die Person nach einem gewissen Zeitraum immer noch gesund ist.

Stephen Barrett, der Glaubensheilungen grundsätzlich kritisch gegenübersteht, hat drei Kriterien vorgeschlagen, anhand derer man ein Wunder feststellen kann.

(1) Es muss eine Krankheit sein, von der man sich normalerweise nicht ohne therapeutische Mittel erholt; (2) es dürfen keine medizinischen Mittel angewandt worden sein, die einen Einfluss auf die Krankheit haben; (3) sowohl die Diagnose als auch die Heilung müssen durch detaillierte medizinische Berichte dargelegt werden können.[199]

Nach so rigorosen Kriterien können Heilungen in den seltensten Fällen belegt werden (wobei es einige seltene Ausnahmefälle gibt[200]). Das hat zu einigen schlechten Berichten und Artikeln geführt, unter denen das glaubensvolle Gebet für Kranke in unserer Zeit leidet. Heilungsprediger, gerade aus dem charismatischen Bereich, wurden untersucht und konnten keine Belege für echte Heilungen vorweisen. Teilweise hat das zu großen Irritationen geführt, denn es betraf häufig gerade Vorzeigeprediger mit einem großen Heilungsdienst wie Todd Bentley[201] oder Benny Hinn[202]. Auf der anderen Seite gibt es auch deutsche[203] und amerikanische[204] Dokumentationen, die Wunderheilungen belegen.

Vor allem die katholische Kirche recherchiert sehr intensiv, bevor etwas Übernatürliches bestätigt wird. Da Wunder eine Rolle bei Selig-

und Heiligsprechungen spielen, werden sie genau untersucht. Bereits 1588 wurde eine Kongregation gegründet, die noch heute besteht, um Wunder zu überprüfen.[205] Die Kommission arbeitet innerhalb des Kirchenrechtes mit Anwaltskanzleien zusammen[206], die strenge Auflagen beachten müssen, wenn es darum geht, ein Wunder als solches zu bestätigen. „Bei Erhebungsverfahren über eine als wundertätig erachtete Heilung muss der Bischof einen ärztlichen Gutachter bestellen."[207] Mehrere ärztliche Prüfer und Gutachter müssen Zeugen befragen und Geheilte, die zum Zeitpunkt der Untersuchung noch leben, müssen von unabhängigen Dritten untersucht werden.

Aber selbst, wenn minutiös belegt wird, dass es für eine Heilung keine innerweltliche Erklärung gibt, bleibt Interpretationsspielraum. Ob man hinter etwas Unerklärlichem Gott oder ein noch ungeklärtes Phänomen vermutet, ist wesentlich Sache der eigenen Weltsicht. Der SWR zitierte in einer Sendung zum Thema Martin Tzschaschel, Redakteur des populären Wissenschaftsmagazins PM: „Ich glaube daran, dass es Dinge gibt, die man wissenschaftlich nicht erklären kann. Ob man solche Geschehnisse Wunder nennen will, ist Geschmacksache."[208]

Mit den Vorgaben von Barrett machte ich mich also auf die Suche. Etwa zwei Dutzend Menschen schrieben mich an, um mir ihre Geschichten zu erzählen. Teilweise waren diese absolut beeindruckend. Tumore waren nach Gebet verschwunden, gebrochene Knochen hielten starken Belastungen stand, Operationen wurden wieder abgesagt, in einem Fall verschwand eine Metallschraube spurlos aus einem Kniegelenk. Oft waren Ärzte involviert und äußerten ihre Überraschung, aber nur in den seltensten Fällen gab es Atteste. Zu den bereits besprochenen Gründen kam noch ein weiterer, warum Ärzte ungern Wunder bestätigen.

Die Medizin steht in den Medien ohnehin immer wieder unter Druck. Unerklärliche Heilungen sind nicht gut für das Image. Vielleicht findet man noch Ärzte, aber sicherlich keinen Chefarzt, der etwas Übernatürliches bestätigt. Vor einiger Zeit wurde ich beispielsweise Zeuge eines ungewöhnlichen Heilungsverlaufes einer Krebserkrankung. Am Ende trafen sich einige Ärzte, um den Fall zu besprechen. Sie waren alle der Meinung, dass ihre Kunst allein die Heilung nicht bewirkt haben konnte. Also fragten sie ihre Patientin, ob sie noch etwas anderes getan habe.

„Wir haben gebetet", antwortete sie.

„Daran kann es nicht liegen", meinte der Arzt.

Bestätigungen von Heilungen gehen Ärzten also offensichtlich sehr schwer über die Lippen. Bei entsprechender Berichterstattung könnte ihnen ein Kunstfehler unterstellt werden. So etwas muss jedes Krankenhaus vermeiden. Ich kenne beispielsweise mehrere Fälle, in denen ein Patient positiv auf Krebs getestet wurde. Als der Tumor nach Gebet herausgeschnitten wurde, erwies sich das Gewebe bei anschließenden Untersuchungen aber als krebsfrei. Natürlich kollidieren in solchen Fälle die Interessen der Beter mit denen der Chirurgen.

Zurück zu Kathryn Kuhlman. 1975 trat sie in der *Mike Douglas Show* zusammen mit William Nolen auf.[209] Nolen berichtete von seiner Untersuchung und davon, dass er sie für medizinisch inkompetent hielt. In der gleichen Show war auch ein Arzt, der genau die gegenteilige Erfahrung gemacht hatte. Ein Jahr später veröffentlichte Richard Casdorph in seinem Buch *Diagnose: Göttliche Heilung*[210] zehn Heilungen, die er als medizinisch unmöglich bezeichnete. Die Diskussion über göttliche Heilung ist also keinesfalls so abgeschlossen, wie manche Autoren meinen. Noch immer werden Bücher und Artikel auf beiden Seiten veröffentlicht.

Neben Kathryn Kuhlman wurde besonders der nigerianische Heilungsprediger Charles Ndifon stark diskutiert. Nachdem er einige Großveranstaltungen in Dänemark gehabt hatte, die ihn auch ins dänische Fernsehen gebracht hatten, fühlte der Journalist Henri Nissen seinen Wundern auf den Zahn. Bei seinem ersten Besuch brachte er eine sehbehinderte Testperson mit, die auch direkt geheilt wurde. Im Verlauf seiner Recherchen fand Nissen einige weitere sehr spektakuläre Heilungen, die den Großteil seines Buches *Ein Gott, der Wunder tut* ausmachen.[211]

Liest man nur die medizinische Seite, kommt man leicht zu dem Schluss, dass Wunder nur Einbildungen sind. Ich gebe gerne zu, dass ich selbst einige Schwierigkeiten hatte, an dem festzuhalten, was ich selbst erlebt habe. Es gibt aber eindeutig auch eine andere, ebenso gut belegte Seite, die viel Raum für den Glauben an göttliche Heilung lässt. Letztlich zeigt die Literatur hier, wie entscheidend unsere Weltanschauung für die Interpretation der Phänomene ist, die uns begegnen. Aus einer wissenschaftlichen Weltsicht wird es, wie gesagt, schwer sein, ein Wunder zu sehen. Man wird angesichts

des Übernatürlichen von „ungewöhnlichen Heilungsverläufen" oder „Spontanheilungen" reden – für den gläubigen Menschen sind das wissenschaftliche Bezeichnungen für Wunder.

Die Spannung habe ich selbst erfahren. Vor einigen Jahren nahm ich an einer Heilungsveranstaltung in Wiesbaden teil. Eine Frau hatte einen Längenunterschied von sieben Zentimetern bei ihren Beinen. Ein Bein war also sichtbar schlechter entwickelt als das andere. Da sich ein so großer Unterschied nicht mit Einlagen ausgleichen lässt, hatte der entsprechende Schuh eine deutlich dickere Sohle als der andere.

Unter Gebet wuchs das verkümmerte Bein bis zur Länge des anderen heraus. Der Prediger fragte die Frau, wie sie nun nach Hause gehen würde, denn es war für alle Anwesenden offensichtlich, dass sie hinken würde, trüge sie weiter ihre alten Schuhe. Der Ehemann holte ein neues Paar Schuhe ohne Spezialsohle hervor, das sie im Glauben daran, dass die Heilung geschehen würde, vorher gekauft hatten.

Natürlich war das ein begeisternder Augenblick. Dennoch wusste ich bereits auf der Autobahn nicht mehr, ob ich diese Heilung wirklich gesehen hatte. Jahrzehnte der Prägung durch Familie, Schule und eigenes Interesse bauten einen Wall gegen das auf, was ich gerade erlebt hatte. Es konnte doch gar nicht sein, also weigerte sich mein Verstand zu glauben, was meine Augen gesehen hatten. Irgendetwas in mir suchte nach alternativen Erklärungen, fand aber keine. Da ich selbst dabei gewesen war, konnte man Medienmanipulation ausschließen. Da ich den Pastor persönlich kannte, konnte ich auch einen Trick ausschließen. In dem Moment verstand ich, dass Ärzte mit einer anderen Weltanschauung nicht sehen *können*, was Gläubige sehen.

Manche medizinische Studien bringen jedoch auch positive Ergebnisse hervor.

Religiöse Menschen sind weniger oft im Krankenhaus, haben einen niedrigeren Blutdruck und scheinen besser gegen Herz-Kreislauf-Erkrankungen geschützt zu sein. Sie reagieren auf belastende Lebensereignisse und Krankenhausaufenthalte weniger häufig mit Depressionen. Wenn sie dennoch einmal depressiv werden, erholen sie sich meist in kürzester Zeit. Patienten, die glauben und beten, waren nach Operationen schneller wieder auf den Beinen und benötigten weniger Schmerzmittel. Menschen, die regelmäßig einer spirituellen

Praxis nachgehen, verfügen über ein stärkeres Immunsystem.
Sie haben deutlich niedrigere Blutwerte von Interleukin-6,
das bei chronischem Stress erhöht ist und als Zeichen eines
geschwächten Immunsystems gilt.[212]

Solche Ergebnisse klingen gut, stellen allerdings keinen Beweis für göttliche Heilung dar. Man geht hier von sekundären Ursachen aus. Gläubige leben in Gemeinschaften, leiden also weniger unter Einsamkeit als andere Menschen. Sie leben meistens gesünder, weil übermäßiger Alkoholkonsum, Nikotin und andere Drogen in Gemeinden und Kirchen geächtet sind. Sie halten einen freien Tag und haben soziale Strukturen, die ihnen helfen, mit Schicksalsschlägen klarzukommen. All diese Faktoren führen dazu, dass Gläubige letztlich gesünder sind als der Durchschnitt der Bevölkerung. Auch wenn sie erwartungsgemäß nicht belegen, dass Gebet heilt, zeigen diese Studien immerhin, dass ein Leben in Gottes Ordnungen tatsächlich gut ist.

Der Medizin wird immer wieder vorgeworfen, dass sie den Menschen als eine Ansammlung von Organen betrachtet und nicht als ein Ganzes. Einzelne Teile werden betrachtet, ohne sie mit dem Gesamtkunstwerk „Mensch" in Beziehung zu setzen. Mittlerweile ist die Medizin so weit in Sparten aufgeteilt, dass es Phlebologen, Kardiologen und Ophtalmologen gibt – Ärzte für Venen, Herzen und Augen. Die Spezialisierung nimmt immer weiter zu und lässt kaum mehr Raum dafür, den Menschen in seinen Bedürfnissen von Körper, Seele, Geist und Beziehungen zu sehen. Hier liegt ein großes Manko, das auch manche Ärzte sehen, die Gott skeptisch gegenüberstehen.

Gott ist an unserer Gesundheit interessiert und diese Gesundheit ist ganzheitlich. Das griechische Wort für Rettung beschreibt ja eine komplette, völlige, totale Erlösung, in die jede Dimension des Menschseins mit eingeschlossen ist (siehe Seite 29ff.). Es geht nicht in erster Linie um spektakuläre Wunder, sondern darum, ein langes, gutes Leben zu führen. Wunder sind nicht einmal das Beste, denn sie erfordern immer eine Krise. Ohne Krankheit gibt es keine Heilung. Aber wäre es nicht viel besser, gesund zu leben und erst gar keine Krankheit zu bekommen, von der man wieder geheilt werden muss? Wie kann man dafür sorgen, dass man nach einer Heilung auch gesund bleibt? Und welchen Ursprung haben Krankheiten? Darum geht es im nächsten Kapitel.

7 Ganzheitlich gesund

Letztlich liegt es nicht nur an theologischen Aspekten, dass Heilung ein brisantes Thema ist. Schwerer als die Theorie wiegt die Praxis, und die wirft noch einmal ganz andere Fragen auf. Warum ist jemand krank? Wie kann seine Gesundheit wiederhergestellt werden? Damit verbunden sind die Fragen, warum jemand trotz Gebet nicht geheilt wird oder warum eine Krankheit nach der Heilung wiederkehrt.

Dieses Kapitel behandelt einige Gründe für Krankheit, die in der Bibel vorkommen. Die Liste ist vermutlich nicht erschöpfend, bietet aber einen Überblick. Es geht bewusst nicht um einen verborgenen Sinn von Leiden, mich interessieren mehr Ursachen und damit verbundene Heilungsstrategien. Es geht darum, ein Feld abzustecken, einen groben Überblick aus der Vogelperspektive zu bieten und die wichtigsten Themenfelder kurz anzusprechen.

Gründe für Krankheiten zu kennen, ist nicht nur theoretisch interessant, sondern auch praktisch wichtig. Vielfach bleibt eine Heilung nicht für immer, sondern geht irgendwann wieder weg. Dem kann man oft nur vorbeugen, indem man die Ursache der Krankheit beseitigt. Man sollte dabei allerdings auch im Auge behalten, dass für Jesus die Ursache einer Krankheit nicht immer wichtig war. Es ging ihm nie darum, Wissen zu sammeln. Weil er stark in Gottes Kraft lebte, brauchte Jesus verschiedene Hintergrundinformationen, die uns heute interessieren, nicht.

> *Und als er vorüberging, sah er einen Menschen, blind von Geburt. Und seine Jünger fragten ihn und sagten: Rabbi, wer hat gesündigt, dieser oder seine Eltern, dass er blind geboren wurde? Jesus antwortete: Weder dieser hat gesündigt, noch seine Eltern, sondern damit die Werke Gottes an ihm offenbart würden* (Johannes 9,1-3).

Die Jünger dachten sehr gesetzlich über Krankheit. Für das Alte Testament gilt der Tun-Ergehen-Zusammenhang. Die Frommen konnten davon ausgehen, dass Gott sie belohnen würde, die Bösen hatten mit Strafe zu rechnen. Daher gab es eigentlich nur einen Grund für

Krankheiten: Entweder hatte der Kranke selbst gesündigt oder seine Eltern. Eigene Sünde mag uns heute noch einsichtig erscheinen. Dass ein Mensch unter der Sünde seiner Eltern leiden könnte, wirkt auf die meisten modernen Menschen jedoch abwegig und unfair.

Dennoch war das im Alten Bund ganz natürlich. Schon in den Zehn Geboten heißt es: *„Bei denen, die mir feind sind, verfolge ich die Schuld der Väter an den Söhnen, an der dritten und vierten Generation ..."* (2. Mose 20,5). Es gab in Israel sogar ein Sprichwort dafür: *„Die Eltern essen Trauben, und den Kindern werden die Zähne stumpf."* Jeremia (31,29-30) und Hesekiel (18,2-3) sagten beide für die Zukunft voraus, dass dieses Sprichwort nicht mehr in Israel benutzt werden würde. Eine klare Prophezeiung dafür, dass nach dem Kommen des Messias jeder für seine eigene Schuld geradestehen würde.

Noch abwegiger scheint die andere Vermutung der Jünger. Wie sollte jemand wegen eigener Sünde blind geboren werden? Im antiken Weltbild ist die Frage allerdings gar nicht so abwegig. Manche Rabbiner glaubten, dass Kinder im Mutterleib sündigen konnten oder Gott eine Sünde bestrafe, die noch in der Zukunft liegt.[213]

Jesu Antwort war klar: Niemand hat gesündigt. Weder der Blinde noch seine Eltern. Eigentlich ist es egal, warum er krank ist, Hauptsache, die Kraft Gottes erweist sich an ihm, sodass er gesund wird. Jesus sagt damit: „Egal, warum jemand krank ist; jede Krankheit ist eine Gelegenheit, dass Gott sich verherrlichen kann!" So erklärt sich, dass bei den meisten Heilungsgeschichten des Neuen Testamentes Details fehlen, die es erleichtern würden, der Krankheit einen lateinischen Namen zu geben. Jesus machte keine großen Analysen von Krankheiten, die er heilte – er heilte die Kranken einfach. Die meisten Heilungen im Neuen Testament fanden ohnehin bei Massenveranstaltungen statt[214], da blieb keine Zeit, mit jedem Einzelnen zu reden.

Ursachen von Krankheit

Wer für Heilung betet, wird irgendwann die verstörende Erfahrung machen, dass Krankheiten wiederkehren. Oft liegt das daran, dass der Geheilte sein Leben in den bestimmten Bereichen nicht geändert hat. Manche Krankheiten werden durch unser Verhalten oder unseren Umgang mit unserem Körper verursacht. In diesen Fällen ist Heilung für einen kranken Menschen nur der erste Schritt. Danach geht es darum, gesund zu bleiben. Das Ziel ist nicht allein die Heilung, sondern göttliche Gesundheit. In diesem Zusammenhang ist ein Leben nach Gottes Maßstäben wichtig.

Jesus sprach sogar darüber, dass böse Geister zurückkommen können, nachdem sie ausgetrieben wurden. Vielleicht hat er dabei aus eigener Erfahrung gesprochen. Die Bibel sagt nichts darüber, aber es ist durchaus möglich, dass auch in seinem Dienst Krankheiten wiederkamen, nachdem die Kranken geheilt worden waren.

Wenn aber der unreine Geist von dem Menschen ausgefahren ist, so durchwandert er dürre Orte, sucht Ruhe und findet sie nicht. Dann spricht er: Ich will in mein Haus zurückkehren, aus dem ich herausgegangen bin; und wenn er kommt, findet er es leer, gekehrt und geschmückt. Dann geht er hin und nimmt sieben andere Geister mit sich, böser als er selbst, und sie gehen hinein und wohnen dort; und das Ende jenes Menschen wird schlimmer als der Anfang. So wird es auch diesem bösen Geschlecht ergehen (Matthäus 12,43-45).

Der Text ist nicht so leicht zu verstehen, wie es auf den ersten Blick scheint. Er steht im Zusammenhang einer harten Erwiderung, die Jesus auf die Zeichenforderung der Pharisäer und Schriftgelehrten gab. Sie verlangten, dass er ihnen bewies, der Christus zu sein. Er verwies sie zunächst auf Jona, dann kam die Geschichte der Rückkehr des bösen Geistes. Der Verdacht liegt nahe, dass es darum geht, dass es Israel schlimmer gehen wird als vorher, wenn es den Messias ablehnt. In der frühen Kirchengeschichte wurde der Text oft als Abgrenzung zu den Juden verwendet, woraus leider auch viel Antisemitismus entstand.[215]

Gerade in der neueren Literatur wird diese Stelle aber auch wörtlich verstanden. Nach einer Befreiung kann ein Dämon wieder zu seinem Opfer zurückkommen, sodass es schlimmer wird als vorher.[216]

Entscheidend ist die Beobachtung, dass nach einer Zeit der Besserung etwas Schlimmes wiederkommen kann. Frei zu werden ist oft einfacher, als frei zu bleiben. Wer schon einmal einen Rückfall erlebt hat, weiß, wie frustrierend das sein kann. Man sollte sich darauf vorbereiten, frei zu bleiben. Ob eine Krankheit zurückkommt, hat viel mit dem Geheilten selbst zu tun.

Die meisten Kranken gewöhnen sich Verhaltensweisen an, die auf ihre Krankheit zurückzuführen sind.[217] Das kann eine Schutzhaltung sein, die Schmerzen vermeidet, oder ein Lebensstil, der bestimmten Phobien vorbeugt. Nach der Heilung ist es wichtig, sich diese Verhaltensweisen abzugewöhnen. In der Schulmedizin kann das bedeuten, eine Rehabilitationsmaßnahme zu machen. Man muss wieder lernen, sich gesund zu verhalten oder zu bewegen. Wenn Krankheiten an einer konkreten Sünde, einem falschen Lebensstil oder einer falschen inneren Haltung liegen, ist es entscheidend, auch das zu ändern.

In der Welt, für die uns Gott geschaffen hat, gab es ursprünglich keine Krankheit. Gott schuf den Menschen für ein Paradies, einen Ort ohne schädliche Einflüsse und Krankheiten. Erst durch die Sünde des ersten Menschen kam Krankheit in die Welt. In seinem *Bible Healing Study Course* schreibt Kenneth Hagin, dass die meisten Gesetze dieser Welt erst nach dem Sündenfall gekommen sind.[218] In einem meiner Heilungskurse kam einmal die Frage auf, wie es mit Bakterien und Viren im Paradies war. Gab es die nicht, oder waren sie unschädlich? Schließlich sind sie ja auch Teil der Schöpfung. Um ehrlich zu sein, habe ich keine komplette Antwort darauf, aber vielleicht wirft Jesaja 11 ein Licht auf die Situation:

> *Und der Wolf wird beim Lamm weilen und der Leopard beim Böckchen lagern. Das Kalb und der Junglöwe und das Mastvieh werden zusammen sein, und ein kleiner Junge wird sie treiben. Kuh und Bärin werden miteinander weiden, ihre Jungen werden zusammen lagern. Und der Löwe wird Stroh fressen wie das Rind. Und der Säugling wird spielen an dem Loch der Viper und das entwöhnte Kind seine Hand ausstrecken nach der Höhle der Otter. Man wird nichts Böses tun noch verderblich handeln auf meinem ganzen heiligen Berg. Denn das Land wird voll von Erkenntnis des HERRN sein, wie von Wassern, die das Meer bedecken* (Jesaja 11,6-9).

Ich vermute, dass diese Stelle sowohl eine Beschreibung des kommenden Paradieses als auch des verlorenen Paradieses ist. Das hieße, dass es zwar dieselben Faktoren und Bewohner gab und geben wird, dass aber die Uhren anders ticken. Wenn wilde Tiere „lammfromm" sein können, dann können sicherlich auch Bakterien und Viren unschädlich gewesen sein!

Diese ideale Lebensumwelt änderte sich drastisch, als die Sünde ins Spiel kam. Besser gesagt: Die Position des Menschen zu dieser Umwelt änderte sich:

> Dann sprach Gott, der Herr: „Der Mensch ist geworden wie einer von uns, er kennt sowohl das Gute als auch das Böse. Nicht dass er etwa noch die Früchte vom Baum des Lebens pflückt und isst! Dann würde er ja für immer leben!" Deshalb schickte Gott, der Herr, Adam und seine Frau aus dem Garten Eden fort. Er gab Adam den Auftrag, den Erdboden zu bearbeiten, aus dem er gemacht war. Nachdem er sie aus dem Garten vertrieben hatte, stellte Gott, der Herr, Cherubim auf, die mit einem flammenden, blitzenden Schwert den Weg zum Baum des Lebens bewachen (1. Mose 3,22-24; NLB).

Es gab das Paradies also noch, nur kam der Mensch nicht mehr hinein. Seitdem stehen sich Gottes Welt und die Welt der Menschen gegenüber. Seit der Vertreibung aus dem Paradies leben alle Menschen im Herrschaftsbereich der Sünde, des Todes und der Krankheit. Was haben Sünde und Krankheit miteinander zu tun? Alles! Ohne Sünde wäre keine Krankheit in der Welt. Das bedeutet auch, dass Krankheit erst gänzlich ausgerottet sein wird, wenn die Sünde aus der Welt geschafft ist. Erst im Himmel wird es das alles nicht mehr geben. Vorher kämpfen wir einen Kampf, den wir niemals hundertprozentig gewinnen werden.

Krankheit gehört also zum Leben der Menschen. Ich kenne niemanden, der noch nie krank war. Mindestens eine Erkältung hatte jeder schon. Deshalb ist es auch sinnvoll zu erforschen, wie der Körper funktioniert, was Viren tun, wie Zellen wachsen und so weiter. Allzu oft waren religiöse Bewegungen gegen medizinische Forschung. Das ist aber falsch. Auch Kälte und Schnee gehören zur gefallenen Schöpfung, dennoch würde niemand gegen Häuser oder Heizungen argumentieren. Bei den meisten Krankheiten kann außerdem ein Arzt helfen, zumindest kann er die Symptome behandeln. Bei einigen kann jedoch nur Gott helfen.

Bisher lässt sich beispielsweise AIDS medizinisch zwar behandeln, aber nicht heilen. Gerade in Afrika ist die Ausbreitung des HI-Virus noch immer so epidemisch, dass mit einer regelrechten Entvölkerung in den kommenden Jahrzehnten zu rechnen ist. Wie gut, dass Gott auch dort eingreifen kann, wo Ärzte es nicht vermögen. Eine beeindruckende Heilungsgeschichte von AIDS erzählt Astrid Johnson, die unverschuldet von ihrem Ehemann mit dem Virus infiziert wurde. Gott heilte sie auf dramatische Weise, als sie bereits so bettlägerig war, dass sie kurz vor dem Tode stand. Ihre Stelle war neu besetzt, sie hatte kein Kurzzeitgedächtnis mehr und litt an allen Symptomen, die AIDS im Endstadium mit sich bringt. Obwohl Menschen sie längst aufgegeben hatten, wurde sie nach einem Gebetstreffen Stück für Stück wiederhergestellt.[219]

Konkrete, persönliche Sünde

Während Krankheit generell auf Sünde zurückzuführen ist, muss nicht immer eine bestimmte Sünde der Auslöser einer konkreten Krankheit sein. Auch heute noch suchen manche Christen im Leben eines Kranken nach einer Sünde als Grund für die Krankheit. Das Fatale an dieser Denkweise ist, dass man immer Sünde findet, wenn man lange genug sucht. Die Theorie bestätigt sich also selbst. Wer so denkt, bringt einen Kranken natürlich in Schwierigkeiten, denn statt Heilung vermittelt man so leicht noch ein schlechtes Gewissen. Damit kann man nicht vorsichtig genug sein, nicht zuletzt auch deswegen, weil sich ein schlechtes Gewissen nicht selten kontraproduktiv auf die Heilung auswirkt.

Ich habe das selbst vor Jahren erlebt, als ich in einem Heilungsgottesdienst für mich beten lassen wollte. Ich war relativ neu im Glauben, hatte noch lange Haare und entsprach auch sonst nicht dem Bild eines „normalen" Christen. Die beiden Beter kamen schnell auf das Thema Drogen zu sprechen. Ich gab zu, früher welche konsumiert zu haben, worauf sie sagten: „Wenn du Drogen genommen hast, hast du auch gedealt."

Das habe ich mit bestem Gewissen verneint, denn tatsächlich hatte ich nie Drogen verkauft. Sie glaubten mir nicht, stattdessen insistierten sie. Die Sache wurde schnell unangenehm, als die beiden Beter meinten, dass Gott niemanden heilen könne, der in Lüge lebt. Ich wollte nicht etwas zugeben, was nicht stimmte, konnte mich der Situation aber auch nicht richtig entziehen. Irgendwann ging ich mit ihnen in eine Wohnung in der Nähe des Versammlungsraumes, um weiterzubeten. Sie warnten mich intensiv davor, dass ich in der Psychiatrie landen würde, wenn ich mich nicht gegen die Lüge entscheide. Das Ganze endete erst, als ein paar Freunde mich abholten.

Die Situation hat mich sehr nachhaltig beschäftigt. Es ist möglich, sich in seiner eigenen Theologie zu verrennen. Wenn jemand nur einen Hammer hat, wird jedes Problem zum Nagel. Das trifft auch im geistlichen Bereich zu. Leider kann man viel Schaden bei Menschen anrichten, wenn es an Demut und Lernfähigkeit fehlt.

Trotzdem gibt es Krankheiten, die mit Sünde zusammenhängen. Wir sollten offen für den Heiligen Geist sein und unseren gesunden Menschenverstand gebrauchen, um das Thema gegebenenfalls anzusprechen. Es gibt auch einige Begebenheiten, in denen Jesus persönliche Sünde und Krankheit in einen Zusammenhang stellt. Die Geschichte der Heilung am See Bethesda endet mit einer deutlichen Warnung: *„Danach findet Jesus ihn im Tempel, und er sprach zu ihm: Siehe, du bist gesund geworden. Sündige nicht mehr, damit dir nichts Ärgeres widerfahre!"* (Johannes 5,14).

Offensichtlich kann Sünde dazu führen, dass einem Menschen „etwas Schlimmeres" (vom Zusammenhang her eine schlimmere Krankheit) zustößt. Wie persönliche Sünde und Krankheit genau zusammenhängen, sagt Jesus nicht. Allerdings scheint ein heiliger Lebensstil vor manchen Krankheiten zu schützen. Unwillkürlich denkt man an Geschlechtskrankheiten und die Folgen von Drogenkonsum, Sorgen oder Stress. Viele der sogenannten Zivilisationskrankheiten sind eher auf Sünde als auf die Zivilisation zurückzuführen.

Abstrakt geschrieben, klingt es irgendwie komisch. Aber ich bin sicher, dass jeder, der für einen rauchenden Lungenkrebspatienten betet, einen klaren Zusammenhang zwischen dem Rauchen und Krebs sieht. Da gebietet schon der gesunde Menschenverstand, einen solchen Menschen zu ermahnen, mit dem Rauchen aufzuhören. Ähnlich ist es, wenn jemand AIDS durch dreckige Nadeln oder ungeschützten Geschlechtsverkehr bekommen hat. Ich bin sicher, dass Gott auch diese Leute gerne heilen wird. Wenn sich das Leben an diesem Punkt nicht ändert, besteht aber die Gefahr, sich mit der nächsten infizierten Nadel erneut anzustecken.

Wenn keine offensichtliche Sünde im Spiel ist, brauchen wir einen entsprechenden Eindruck oder ein Wort der Erkenntnis. Es ist falsch, so lange im Leben eines Kranken herumzubohren, bis man etwas gefunden hat. Man wird immer Sünden finden, aber es ist fraglich, ob sie tatsächlich für das gesundheitliche Problem verantwortlich sind. Wenn wir jedoch eine Sünde als Ursache annehmen, ist es unerlässlich, den Kranken zur Buße zu führen. Sünde kann nur durch Buße behandelt werden. Wenn das geschehen ist, haben wir allen Grund anzunehmen, dass Heilung eintritt: *„Bekennt also einander eure Sünden und betet füreinander, dass ihr gesund werdet. Des Gerechten Gebet vermag viel, wenn es ernstlich ist"* (Jakobus 5,16).

Unter Umständen kann es an diesem Punkt auch in eine seelsorgerliche Richtung gehen, denn oft kommen Gebundenheiten, eine schlimme Kindheit oder Ähnliches dazu. In diesen Fällen sollten wir Kranke an Seelsorger weitervermitteln, die ihnen helfen, ihre Seele zu entlasten oder mit schlechten Gewohnheiten zu brechen. Auf jeden Fall ist es aber wichtig, die entsprechende Sünde im Gebet vor Gott zu bringen, sie auszusprechen und sich von ihr zu lösen.

Es ist schwer, Sünde exakt vom nächsten Thema, dem falschen Umgang mit dem eigenen Körper abzugrenzen, da beides oft zusammenhängt.

Falscher Umgang mit dem Körper

Manche Krankheiten scheinen öfter vorzukommen als andere. Eine Zeit lang habe ich viel gegen Rückenschmerzen gebetet, oft auch mit Erfolg. Dabei habe ich aber immer wieder feststellen müssen, dass die Schmerzen nach einer Weile wiederkamen. Teilweise waren die Heilungen geradezu spektakulär, sodass es natürlich frustrierend war zu erleben, dass nach einer Zeit alles wieder so schlimm wie vorher war.

Manche Krankheiten entstehen durch einen falschen Umgang mit dem Körper. Wenn man beispielsweise Sprudelkästen immer aus dem Rücken hebt, ist es wahrscheinlich, dass man irgendwann Schmerzen bekommt. Wenn Beschwerden und Schmerzen durch eine falsche Belastung des Rückens oder zu wenig Sport auftreten, dann werden sie bald zurückkommen, wenn diese Ursachen nicht angegangen werden.

Seitdem empfehle ich jedem, für dessen Rückenschmerzen ich bete, eine Rückenschule zu machen. Ähnliches gilt für viele Verdauungsprobleme. Heutzutage leiden viele Menschen unter Blähungen, Sodbrennen oder Durchfall. Oft lassen sich diese Beschwerden schnell wegbeten, sie kommen aber wieder, wenn ein stressiger Lebenswandel nicht geändert oder weiterhin viel Fast Food gegessen wird.

Heilung und Gesundheit müssen immer ganzheitlich betrachtet werden. Man macht oft den Fehler, Gottes Segen als Qualitätsoptimierung bei gleich bleibendem Lebensstil anzusehen. Wir erwarten, dass Gott uns heilt und versorgt, während wir so weitermachen wie bisher. So funktioniert das aber nicht. Gottes Segen muss auf einen Lebensstil der Hingabe und des verantwortungsvollen Umganges mit uns selbst treffen. Er muss eingebettet sein in ein jesusmäßiges Leben. Gott wird uns auch in einem falschen Lebensstil segnen, weil es seine Natur ist, das zu tun. Aber er wird den falschen Lebensstil an sich nicht segnen. So werden Probleme immer wieder kommen, wenn wir an den entsprechenden Punkten keine Anpassungen vornehmen.

Mittlerweile gibt es einen großen Markt für Ernährungsratgeber, Sportberatungen usw. Manches ist der Mode der Zeit zu verdanken, aber manches füllt auch eine Lücke aus. Es ist erschreckend, wenn Christen alles vergeistlichen, ohne verantwortlich mit dem Wichtigsten umzugehen, was Gott ihnen geschenkt hat: ihrem Körper.

Es ist oft schwer, genau festzustellen, was einer Krankheit zugrunde liegt. Rückenschmerzen können zum Beispiel im entsprechenden Alter auch verschleißbedingt sein. Hier ist es wieder wichtig, sensibel für den Heiligen Geist zu sein. Es ist nicht davon auszugehen, dass bei jedem Kranken mit den entsprechenden Symptomen dieselbe Ursache zugrunde liegt. Wie bei allen Krankheiten gilt auch hier, dass nur Ärzte eine fachkundige Diagnose stellen können. Bei einem so wichtigen Thema wie der eigenen Gesundheit sollte man zwar für sich beten lassen, aber auch den Rat von ausgebildeten Profis suchen.

Nicht alle Krankheiten verdanken ihre Entstehung körperlichen Ursachen, manche stammen auch aus dem seelischen Bereich. Das kann es noch zusätzlich erschweren, eine Krankheit zu therapieren.

Psychische Probleme

In der Medizin spricht man von „psychosomatischen" Krankheiten, wenn ein körperliches Leiden eigentlich keine organische Ursache hat. Das Wort ist zusammengesetzt aus den griechischen Wörtern für Seele

(Psyche) und Leib (Soma). Ein Zusammenhang zwischen Körper und Seele liegt nahe, weil der Mensch ein Ganzes ist, das aus mehreren Teilen besteht (1. Thessalonicher 5,23).

Das Zusammenspiel ist allerdings kompliziert. Das vegetative Nervensystem arbeitet unwillkürlich, regelt aber viele Körperfunktionen wie die Verdauung oder die Ausschüttung von Hormonen. Es wird vom limbischen System, dem Thalamus und dem Hypothalamus gesteuert. Diese liegen in einer Region des Gehirns, in der man auch den Sitz der Gefühle vermutet. So können Emotionen zu beschleunigter Verdauung oder Verspannungen führen. Schätzungsweise die Hälfte aller Kranken, die einen Arzt aufsuchen, leiden unter psychosomatischen Krankheitsbildern.[220]

> *In der meisten Literatur, die sich mit dem Verhältnis von Gemütszuständen und körperlichen Erkrankungen beschäftigt, ist übereinstimmend zu lesen, dass es einen direkten Zusammenhang zwischen seelischem Stress und den chronischen Erkrankungen gibt. Man ist sich einig, dass fast alle Kopfschmerzen, die große Mehrheit aller Verdauungsbeschwerden, die meisten Hauterkrankungen, Allergien, Asthma und Beschwerden im Bereich der unteren Wirbelsäule durch gestörte Gemütszustände verursacht werden. Die Bibel äußert sich recht häufig über das Verhältnis von Leib und Seele und Geist.*[221]

Das Wissen um einen Zusammenhang zwischen Körper und Seele ist tief in unserer Sprache verwurzelt. Der ungewisse Ausgang einer Sache bereitet uns Magenschmerzen, wir zerbrechen uns den Kopf, etwas geht uns auf die Nerven. Dennoch gibt es auch Mediziner und Wissenschaftler, die einen Zusammenhang leugnen, weil sie nicht an die Existenz einer Seele glauben, die unabhängig von Nervenzellen existiert. Als 2005 der Nobelpreis für Medizin an Barry Marshall und John Robin Warren ging, schien das bestätigt zu sein. Mit dem *helicobacter pylori* entdeckten sie den häufigsten Auslöser von Magengeschwüren – eben nicht Stress, sondern ein Bakterium. Nicht jedes Verdauungsproblem ist darauf zurückzuführen, dass jemandem etwas auf den Magen schlägt.

Die Wahrheit liegt zwischen der Verabsolutierung und dem generellen Ausschluss psychischer Ursachen für körperliche Krankheiten.

Manche Seelsorger oder auch Psychotherapeuten erleben körperliche Heilungen, obwohl sie nicht dafür gebetet haben. Die Heilung tritt von selbst ein, wenn seelische Blockaden beiseitegeräumt werden. Solche Krankheiten können schulmedizinisch oft nicht behandelt werden. Im Ersten Weltkrieg gab es Frontsoldaten, die an Frontzittern oder Blindheit litten, nachdem sie in den Schützengräben gedient hatten. Für die körperlichen Ausfälle waren keine medizinischen Ursachen erkennbar. Man behandelte oft mit Elektroschocks in Verbindung mit militärischen Kommandos, um die Betroffenen zurück in die Gesundheit zu treiben.[222] Mittlerweile ist die Behandlung solcher Krankheitsbilder weiter fortgeschritten. Man spricht von einer posttraumatischen Belastungsstörung. Durch den Ausdruck wird auch klar, dass nicht nur der Krieg derartige Krankheitsbilder auslösen kann, sondern jede traumatische Situation, also auch Missbrauch oder extreme Angst.

In Gemeinden gibt es viele Menschen, die durch traumatische Umstände schwere Schäden an ihrer Seele erlitten haben. Es ist wichtig, dass Menschen mit psychischen Problemen geholfen wird, indem neben Gebet auch profunde Seelsorge angeboten wird und gegebenenfalls an Fachleute verwiesen wird.

Die Bibel thematisiert vor allem in den Psalmen und den Sprüchen den Zusammenhang zwischen Körper und Seele.

Ein gelassenes Herz ist des Leibes Leben, aber Wurmfraß in den Knochen ist die Leidenschaft (Sprüche 14,30).
Ein fröhliches Herz bringt gute Besserung, aber ein niedergeschlagener Geist dörrt das Gebein aus (Sprüche 17,22).

Das Thema Leid wird in den Psalmen immer wieder thematisiert. Sie helfen, das eigene Leiden ernst zu nehmen, es aber auch bei Gott abzugeben. So entsteht gar nicht erst eine Abwärtsspirale, aus der man sich nicht mehr herausziehen kann. Ein Beispiel dafür, wie seelischer Schmerz mit körperlichem Leiden einhergeht, dann aber auch bei Gott abgegeben wird, ist Psalm 38.

David identifiziert seine eigene Sünde als Grund für seinen schlechten Gesundheitszustand: „*Keine heile Stelle ist an meinem Fleisch wegen deiner Verwünschung, nichts Heiles an meinen Gebeinen wegen meiner Verfehlung. Denn meine Sünden wachsen mir über den Kopf, wie eine schwere Last sind sie zu schwer für mich. Es stinken, es eitern meine Wunden wegen meiner Torheit"* (Verse 4-6). Wegen seiner Verfehlungen ist keine heile Stelle mehr an seinem Körper. Der Ausweg folgt deutlich ab Vers 16, als sich David des Herrn entsinnt und in ihm sein Heil sucht. Es kann sehr guttun, in den Psalmen die eigene Situation zu finden. Es ist, als würde man jemandem beim Beten zusehen, der mit demselben Problem zu Gott geht. So kann es helfen, die eigene Stimme in den Psalmen zu hören.

Solche Gebete wie das von David legen nahe, dass Gott geholfen hat. Mit der Schuld wird auch das körperliche Problem getilgt. Man kann deshalb durchaus erwarten, dass seelische Heilung ebenfalls körperliche Heilung nach sich zieht. Derartige Fälle sind in der Literatur nicht selten belegt. Beispielsweise beschreibt Charles Kraft die Heilung einer Frau von Brustkrebs. Sie trafen sich kurz vor der Operation und kamen bei den Gesprächen und Gebeten schnell auf einen jahrelangen sexuellen Missbrauch während der Kindheit. Da in dieser leidvollen Phase die Brüste am meisten betroffen waren, hatte sie sie verflucht. Als der Fluch gebrochen wurde, verschwand der Krebs von selber und sie musste nicht mehr operiert werden.[223]

Dämonische Einflüsse

In unserer Zeit ist es schwer, über das Wirken von Dämonen zu sprechen. Ulrich Luz macht die Beobachtung, dass man seit der Neuzeit bemüht ist, „Jesus möglichst weit weg von zeitbedingter exorzistischer Praxis zu rücken"[224]. Das geht so weit, dass Autoren unterstellen, dass diese Dinge für Jesus „genauso viel Wirklichkeit haben wie das Spielen der Kinder"[225]. Das ist sicherlich falsch, es kann kein Zweifel daran bestehen, dass die Befreiungen von Dämonen, die im Neuen Testament berichtet werden, absolut wörtlich gemeint sind. Sie sinnbildlich zu verstehen hieße, der Bibel ein modernes wissenschaftliches Weltbild überzustülpen.

Jesus trieb Dämonen aus. Mehr noch, er gab seinen Jüngern die nötige Autorität, um dasselbe zu tun (z.B. Matthäus 10,8; Markus 3,15; 6,13). Somit gehört es zum Auftrag der Nachfolger Jesu, belastete Menschen zu befreien. Dabei kann eine rein westliche Weltanschauung, die nichts mehr zwischen Himmel und Erde zulässt, Probleme bereiten.[226] Für immer mehr Menschen gilt es als wissenschaftlich, an nichts Übernatürliches mehr zu glauben. Das betrifft nicht nur den

Glauben an Dämonen, sondern auch an Gott. Dieses Denken mag in der Befreiung von Aberglauben einen guten Anfang genommen haben, das Kind wird aber mit dem Bade ausgeschüttet.

Im Laufe der Zeit hat sich das Studium des Bösen aus dem Bereich der Theologie in den der Psychologie verschoben. So werden Dämonen oft als Bilder für seelische Vorgänge (wie innere Konflikte) gesehen.[227] In diesem Sinne müssten okkulte Belastungen rein psychologisch oder psychotherapeutisch behandelt werden.[228] Demgegenüber gibt es allerdings auch zeitgenössische christliche Autoren, die davon ausgehen, dass die unsichtbare Welt real ist und Menschen wirklich von dämonischen Einflüssen befreit werden müssen. Einer der bekanntesten Autoren auf diesem Gebiet ist der englische Bibellehrer Derek Prince (1915-2003), dessen Bestseller *Sie werden Dämonen austreiben* weltweite Verbreitung fand.[229]

Gegenüber der psychologischen Erklärung stellt Prince das gegenteilige Extrem in der Diskussion dar. In seinen Lehren erscheint es oft so, als wären Dämonen die Generalursachen für alle seelischen Probleme und körperliche Leiden. Seelsorgeschulen, die Prince folgen, sehen kaum einen Zusammenhang zwischen seelischen bzw. körperlichen und geistlichen Ursachen. Hinter jedem Problem kann ein Dämon stehen. So spielt Dämonie im Leben jedes Menschen eine große Rolle. Der Tod Jesu wird dann das einzige Mittel zur Freiheit.

Es liegt nahe, dass es auch hier Gegenmeinungen gibt. Selbst Seelsorger, die prinzipiell an dämonische Einflüsse glauben, finden Prince zu extrem, sodass sie andere Sichtweisen entwickeln. Ein wichtiger Autor ist der Amerikaner Charles Kraft, der besonders das Grenzgebiet zwischen seelischen und geistlichen Vorgängen untersucht. Seine These ist, dass seelische Aspekte wichtiger sind als dämonische. Ein Bild, das er dafür häufig benutzt, ist der Zusammenhang zwischen Ratten und Müll. Vertreibt man nur die Ratten (Dämonen), lässt aber den Müll (seelische Verletzungen und falsche Verhaltensweisen) unangetastet, kommen die Ratten wieder. So ist eigentlich die seelische Verletzung das entscheidendere Moment. Allerdings ist es einfacher, den Müll aufzuräumen, wenn zuvor die Ratten entfernt sind.[230]

Die einschlägigen Bücher zum Thema sind randvoll mit Geschichten und Fallstudien, in denen Befreiungsgebete Menschen geholfen haben. Daneben sind sie auch voller eindrücklicher Beispiele für das Vorhandensein von Dämonen. Sie legen also Zeugnis dafür ab, dass der Seelsorger es in diesen Fällen oft tatsächlich mit übernatürlichen Wesen zu tun hat. Der Beweis ist allerdings nicht möglich, wie im Bereich des Glaubens generell so gut wie nichts auf wissenschaftliche Art beweisbar ist. In den achtziger Jahren hat sich der amerikanische Psychologe M. Scott Peck bemüht, den Graben zwischen Psychologie und Theologie zu überwinden.[231] Er unternahm den ernsthaften wissenschaftlichen Versuch, das Böse nicht nur innermenschlich zu begreifen, sondern als etwas, das außerhalb des Menschen existiert. Damit schlägt er eine Brücke hin zur biblischen Lehre, dass unsere Welt mehr von dämonischen Mächten beeinflusst ist, als wir denken (Epheser 6).

Das Wirken Jesu zeigt, dass diese Beeinflussung sich in Krankheit zeigen kann. Jesus heilte viele Menschen, indem er sie von Dämonen befreite. Teilweise waren es Krankheiten, die heute fachlich beschrieben sind und durchaus auch schulmedizinisch behandelt werden können. Trotzdem heilte Jesus nicht einfach, wie er es in anderen Zusammenhängen tat, sondern trieb zunächst den Dämon aus.

Am Fuße des Berges fanden sie eine große Menge vor, die sich um die übrigen Jünger versammelt hatte, während einige Schriftgelehrte ein Streitgespräch mit ihnen führten. Die Menschen waren in großer Aufregung, als Jesus auf sie zukam. Dann liefen sie ihm entgegen, um ihn zu begrüßen.

„Worüber streitet ihr euch?", fragte er.

Ein Mann aus der Menge ergriff das Wort und sagte: „Lehrer, ich habe meinen Sohn hergebracht, damit du ihn heilst. Er kann nicht sprechen, weil er von einem bösen Geist besessen ist, der ihn nicht reden lässt. Immer wenn dieser böse Geist ihn packt, wirft er ihn gewaltsam zu Boden; er hat Schaum vor dem Mund, knirscht mit den Zähnen und wird ganz starr. Ich habe deine Jünger gebeten, den Dämon auszutreiben, aber sie konnten es nicht."

Jesus sagte zu ihnen: „Ihr Ungläubigen! Wie lange muss ich noch bei euch sein, bis ihr endlich glaubt? Wie lange muss ich euch noch ertragen? Bringt den Jungen zu mir."

Sie brachten ihm das Kind. Als der böse Geist Jesus sah, schüttelte er den Jungen in heftigen Krämpfen. Er fiel zu Boden und krümmte und wälzte sich mit Schaum vor dem Mund.

„Wie lange geht das schon so?", fragte Jesus den Vater des Jungen.

Er antwortete: „Seit er ganz klein ist. Der böse Geist wirft ihn oft ins Feuer oder ins Wasser, um ihn umzubringen. Hab Erbarmen mit uns und hilf uns. Tu etwas, wenn du kannst."

„Was soll das heißen, ‚Wenn ich kann'?", fragte Jesus. „Alles ist möglich für den, der glaubt."

Der Vater rief: „Ich glaube! Aber hilf mir, dass ich nicht zweifle!"

Als Jesus sah, dass die Menge der Zuschauer ständig größer wurde, bedrohte er den bösen Geist: „Du tauber und stummer Geist, ich befehle dir, fahre aus diesem Kind aus und kehre nie wieder zurück!"

Da schrie der Geist auf, packte den Jungen noch einmal, warf ihn hin und her und verließ ihn. Der Junge lag reglos da, sodass die Menge dachte, er sei tot. Doch Jesus nahm die Hand des Jungen und half ihm aufzustehen, und er stand auf (Markus 9,14-27; NLB).

Viele Ausleger gehen davon aus, dass es sich bei der Krankheit des Jungen um Epilepsie handelte. Hinter einer Krankheit, die heute lehrbuchgemäß diagnostizierbar ist, steckte ein böser Geist. Das kann man allerdings nicht verallgemeinern. Da der Mensch eine Einheit aus Körper, Seele und Geist ist (1. Thessalonicher 5,23), sind die Grenzen zwischen den dreien fließend.

Das ist besonders wichtig in einem Bereich, der so sehr mit Angst und seelischen Problemen besetzt ist wie dieser. Auch wenn es Dämonen gibt, können Probleme und Phänomene, die mit ihnen in Verbindung gebracht werden, auch seelische Ursachen haben. Im schlimmsten Fall kann es einen kranken Menschen noch tiefer in die Psychose bringen, wenn man ihm noch zusätzlich eine „Besessenheit" unterjubelt. Nicht jede Stimme, die jemand hört, muss einen geistlichen Ursprung haben. Dissoziative Störungen können auch organische Ursachen haben. Wenn ein Neurotransmitter fehlt, hilft auch keine Dämonenaustreibung.

1976 hatte in Klingenberg am Main ein Befreiungsdienst fatale Folgen. Exorzisten versuchten, Anneliese Michel von einem dämonischen Übel zu befreien. Die katholischen Priester führten lange

Gespräche mit dem, was ihrer Ansicht nach Dämonen waren, die durch die junge Frau sprachen. Aufnahmen der Gespräche sind im Internet verfügbar; sie klingen außerordentlich unheimlich. Man kann sich kaum vorstellen, dass solche Stimmen aus einer jungen Frau kommen. Was die Dämonen sagten, während sie mit „der heiligen Jungfrau Maria" bedroht wurden, war alles konservativ katholisch, vorgetragen mit schwäbischem Akzent. Die Lage spitzte sich immer mehr zu. Schließlich zeigten sich am Körper der Besessenen die Stigmata. Sie biss sich durch eine Wand, nahm keine Nahrung mehr zu sich und starb schließlich an Unterernährung.[232] Manche Details erinnern an den Befreiungsdienst von Johann Christoph Blumhardt, von dem bereits die Rede war.

Der Fall Anneliese Michel beschäftigt Menschen bis heute. Die einen sind der Ansicht, dass die Kirche unverantwortlich handelte. Andere sagen Ähnliches über die Ärzte, die nicht helfen konnten. Auf welcher Seite man auch steht, man sollte sich immer bewusst sein, dass Befreiung eine entspannte Sache sein muss. Todesopfer sind in diesem Bereich absolut inakzeptabel!

Befreiungsdienste dürfen nicht zu einer Show verkommen. Die Autorität Jesu muss man nicht mit lauter Stimme ergreifen. Ein schlichtes Gebet sollte reichen. Es gibt immer wieder einmal Dienste, bei denen die Befreiungen mit spektakulären Phänomenen einhergehen. Vielfach wird es sich dabei aber um seelische Effekte handeln. Wenn Menschen mit Tierstimmen reden, sich übergeben oder mit Mobiliar werfen, rückt das übertrieben die Macht des Bösen in den Vordergrund. Dienst in der Kraft Gottes sieht besonnener aus. Statt sich lange mit bösen Geistern zu unterhalten und ihnen den nötigen Raum zu geben, sich zu profilieren, kann man so etwas auch einfach in der Autorität Gottes verbieten.

Im Neuen Testament werden für die Befreiung von Dämonen zwei unterschiedliche Worte verwendet. Ritueller, spektakulärer Befreiungsdienst wird mit einem Wort bezeichnet, von dem unser „Exorzismus" abgeleitet wird. Es kann auch als „beschwören" übersetzt werden (Matthäus 26,63). Ein solcher Exorzismus wird in Apostelgeschichte 19,13-16 beschrieben. Die Söhne des Hohenpriesters Skevas hatten nicht mehr als eine Formel, die sie versuchten, anzuwenden. Letztlich war es Magie, hinter der keine geistliche Substanz steckte. Entsprechend sah auch das Ergebnis aus: Der Belastete verprügelte sie.

Wenn Jesus befreite, ist von einem simplen Hinauswerfen die Rede. Das Wort ist alltäglich, es wird im Neuen Testament für alles mögliche verwendet. Damit wird unterstrichen, wie schlicht der Umgang Jesu mit Dämonen war: Meist reichte ein Wort, um den Leidenden zu befreien. Szenen wie in Markus 9 waren die Ausnahme, heftiger wurde es nicht.

Mit einer falschen Vorstellung von Befreiung geht auch ein falsches Verständnis von dämonischer Beeinflussung einher. In Horrorfilmen wird die Vorstellung genährt, dass jemand von einem Dämon fremdgesteuert wird. Das Neue Testament zeigt nicht, dass ein Dämon einen Menschen so übernimmt, dass er keinen eigenen Willen mehr hat. Selbst der Gerasener, der so stark beeinflusst war, dass er Ketten zerriss und in Grabhöhlen lebte, kam zu Jesus, um befreit zu werden. In den Evangelien ist er die Person mit dem größten dämonischen Problem. Doch auch er hatte noch so viel von seiner alten Persönlichkeit, dass er Jesus suchte, um frei zu werden (Markus 5,1-20).

Markus 1,23 zeigt das biblische Verständnis: *„In der Synagoge war ein Mann, der von einem bösen Geist besessen war"* (NLB). „Das Griechische sagt an dieser Stelle wörtlich, dass der Mann ‚in einem unreinen Geist' war. Er war nicht besessen, wie die Leute in Horrorfilmen, sondern tat hin und wieder, sporadisch, etwas, das der Geist ihm sagte. Ebenso wie man auf das hören kann, was Gott einem sagt, kann man auf das hören, was der Teufel sagt."[233] Die Formulierung, dass jemand „dämonisch beeinflusst" ist, wäre daher besser.

Eine solche Beeinflussung kann sehr stark sein. Das weiß jeder, der in einer prägenden Umgebung lebt. Wir reagieren alle auf unser Umfeld, indem wir uns ihm anpassen. Wie sollte es dann einen Menschen nicht prägen, ständig dem Einfluss einer unsichtbaren Macht ausgesetzt zu sein?

Systemische Heilung

Die Weltgesundheitsorganisation (WHO) definiert Gesundheit als einen „Zustand des vollständigen körperlichen, geistigen und sozialen Wohlergehens und nicht nur das Fehlen von Krankheit oder Gebrechen"[234]. Diese Definition formuliert nicht nur negativ, was Gesundheit ist. Viel zu häufig wird Gesundheit nur als eine Abwesenheit von Krankheit beschrieben, aber das ist zu wenig. Der biblische Begriff, der dieser

Definition am nächsten kommt, ist *shalom*. Es geht um ein profundes, alle Lebensbereiche umfassendes Wohlsein. Dieses ganzheitliche Wohlbefinden wird erreicht, wenn Gott einen Menschen rettet. Das griechische Verb *sōzō* bedeutet die Herbeiführung dieses Zustandes.

Gesundheit betrifft jedoch nicht nur das Individuum, sondern auch dessen Beziehungen. Gerade in der Psychotherapie rückt immer mehr die Heilung des Umfeldes eines Kranken in den Fokus. Was nützt es, wenn jemand von seinem Alkoholismus geheilt wird, danach aber in eine Umgebung zurückgeschickt wird, in der jeder trinkt? Er hat in diesem Fall kaum eine Chance, frei zu bleiben. Statt allein den vordergründig Betroffenen zu heilen, geht es also darum, das System zu heilen, indem sich der Kranke bewegt. Heilung ist nicht abgeschlossen, solange sie nur einzelne Personen betrifft, aber die Gesellschaft, die sie umgibt, unverändert lässt. Wie lange kann ein geheilter Mensch in einem kranken System gesund bleiben? Kriege zeigen, dass ein seelisch und körperlich gesunder junger Mann in einer feindlichen Umgebung binnen kürzester Zeit zum Wrack werden kann.

Das beste Beispiel für systemische Heilung ist die Frau, die Jesus am Jakobsbrunnen trifft (Johannes 4). Er kommt dort zur Mittagszeit an, die Sonne brennt, er setzt sich müde, schwitzend und durstig auf den Brunnenrand. Als die Jünger ins Dorf gegangen sind, um etwas Essbares zu erwerben, kommt eine samaritanische Frau allein zum Brunnen. Es spricht für sich, dass das ausgerechnet zur Mittagszeit passiert. Normalerweise kamen die Frauen abends, wenn es kühler geworden ist, in größeren Gruppen. Diese Frau war in ihrem Dorf jedoch eine Ausgestoßene, die von allen gemieden wurde, weil sie unverheiratet mit einem Mann zusammenlebte.

Jesus spricht sie an: „Gib mir etwas zu trinken." Allein das ist bereits spektakulär. Kein jüdischer Mann, schon gar kein Rabbi, sprach damals mit einer Frau oder einem Samariter – und jetzt kam auch noch beides zusammen. Über das Schöpfen des Wassers entspannt sich ein Gespräch, das rasch an Tiefe gewinnt, bis die beiden nach kurzer Zeit über Anbetung sprechen.

Am Ende prophezeit Jesus über der Frau, sodass sie erkennt, dass er der Messias ist. Diese Erkenntnis ändert alles. Sie rennt zurück ins Dorf, um allen zu erzählen, dass sie den Messias gesehen hat. Ihre Botschaft wird angenommen: Die Ausgestoßene bringt dem Dorf das Evangelium.

Es ist kaum vorstellbar, dass die Freude der Frau lange gehalten hätte, wenn sie weiterhin aus dem dörflichen Leben ausgestoßen worden wäre. Die Dinge wären schnell wieder beim Alten gewesen. Doch ihr System hatte sich geändert.

Viele Menschen brauchen, wie diese Frau, einen Neustart in ihren Beziehungen. Sie werden gemobbt, ausgegrenzt oder abgekanzelt. Neben Heilung für ihre seelischen Verwundungen brauchen sie eine Veränderung ihres Umfeldes. Geschichten, in denen Gott sich erst eine Person herauspickt, um dann durch sie ihre ganze Familie zu heilen, sind beeindruckend – und viel zu selten.

In diesem Kapitel ging es um einige Ursachen von Krankheit. Entscheidend ist aber nicht die theoretische Erkenntnis, sondern die Praxis. Wissen über Ursachen macht allein noch niemanden gesund, das Wissen muss umgesetzt werden. Nachfolge erschöpft sich nicht in Theorien, sondern muss gelebt werden. Deshalb beschäftigt sich der zweite Teil dieses Buches damit, die Theorie in die Praxis umzusetzen.

Teil 2

Die Praxis

8 Grundsätzliche Fragen

Viele Christen zweifeln daran, dass gerade sie für Kranke beten können. Das ist normal. Es sind zwei verschiedene Paar Schuhe zu glauben, dass begabte, ausgebildete und ordinierte Leute Gott dienen können, und zu glauben, dass man es selbst auch kann. Wenn diese Schwierigkeit schon in Bereichen wie Predigen und dem Leiten von Hauskreisen besteht, wie viel mehr dann in einem Bereich wie Heilung? Vielleicht betont Markus gerade deshalb am Ende seines Evangeliums, dass Zeichen und Wunder nicht allein den Profis, sondern den normalen Gläubigen folgen werden. Wenn ich im Folgenden vom „Heilungsdienst" spreche, meine ich damit nicht, dass dieser besonders begabten, vielleicht sogar offiziell ordinierten Leuten vorbehalten wäre (auch wenn es die natürlich gibt und sie vielleicht einen „offiziellen Heilungsdienst" haben). Im Gegenteil: Ich möchte dazu ermutigen, einfach anzufangen, für Heilung zu glauben und zu beten – im persönlichen Umfeld, da, wo Menschen krank sind. Wir dürfen das Wirken Gottes in diesem Zusammenhang erwarten – auch heute noch! Im Rest dieses Kapitels werde ich mich einigen weiteren Grundsatzfragen diesbezüglich widmen.

In der Regel gibt es einen Auslöser dafür, wenn sich jemand aufmacht, Heilung durch Gebet zu erleben. Dieser Auslöser kann eine eigene Krankheit sein oder die eines Freundes, Gott kann aber auch anders auf das Thema aufmerksam machen.

Ich habe schon am Anfang dieses Buches kurz erzählt, wie ich nach meiner Bekehrung zunächst wieder vom Glauben wegkam und mich dann in einem charismatischen Umfeld „neu" bekehrte. Allerdings wusste ich nicht, dass die Freikirchen in Lager geteilt waren wie „charismatisch" oder „evangelikal". Was ich wusste, war, dass Gott mein Leben veränderte und dass ich durch ein einfaches Gebet von Drogen und Depressionen geheilt worden war.

In dieser Zeit rechnete ich fest damit, dass Gott unsere Gebete erhört und erlebte erste Wunder. Obwohl ich die Bibel noch nicht gut kannte (bisher hatte ich nur die Sprüche und Kohelet gelesen), war ich sicher, dass Gott heilen kann. Die erste Heilung, an die ich mich erinnere, betrifft einen alten Freund, mit dem ich damals viel Zeit verbrachte. Er hatte ein Überbein an einem Finger, das so groß war, dass es ihn beim Greifen behinderte. Er war bereits damit beim Arzt gewesen und hatte einen Termin, um es operativ entfernen zu lassen. Bevor es dazu kam, beteten wir mit einigen anderen zusammen und es verschwand einfach. Eben war es noch da, dann ging er telefonieren. Als er wiederkam, war das Überbein verschwunden. Die Heilung war deutlich sichtbar, der Chirurg irritiert, erklären konnte es niemand. So war es damals.

Seitdem ist Heilung Teil meines christlichen Lebens. Seit ich mit Jesus lebe, bete ich selbst für Kranke und kenne viele andere, die das ebenfalls tun. Mittlerweile habe ich Dutzende Bücher gelesen, Kassetten und CDs gehört, viele Leute kennengelernt, die sich auch mit Heilung beschäftigen, und geübt, indem ich vielen Kranken die Hände aufgelegt habe. Vielleicht klingt es seltsam, dass man in diesem Bereich üben kann, aber eigentlich ist der Gedanke sogar ziemlich naheliegend – mit dieser Gabe ist es so wie mit jeder natürlichen Gabe auch: Durch Übung kann man sie entwickeln. Viele Kranke suchen Gebet, sodass man immer wieder einmal für jemanden beten kann. Dabei habe ich erwartungsgemäß unterschiedliche Erfahrungen gemacht. Den wenigsten ging es sofort gut, aber einige waren sofort geheilt. Bei anderen setzte ein Prozess ein, bei vielen anderen ist nichts passiert.

Zu den eigenen Erfahrungen kommt bei mir die Lektüre von Biografien, Predigten und Lehrbüchern anderer. Einen großen Einfluss hatte auf mich das Buch *Gottes Generäle* von Roberts Liardon[235]. Das Buch bietet Kurzbiografien von Smith Wigglesworth, John Alexander Dowie und anderen. Danach las ich alles, was mir unter die Finger kam. Aus der Lektüre und durch Gebet kristallisierten sich einige heraus, die meiner Ansicht nach entscheidend sind für jeden, der sich mit dem Heilungsdienst beschäftigt.

In der Vergangenheit waren es immer wieder Spezialisten, die Kranken mit besonderem Erfolg gedient haben. Ich hoffe und träume davon, dass es einmal eine Laienbewegung geben wird, inspiriert und bevollmächtigt vom Heiligen Geist, in der jeder Christ Gottes Wunder erlebt. Luthers Vision vom universellen Priestertum aller Gläubigen ist noch nicht umgesetzt. Die *Kirche* sollte das Reich bauen, nicht nur ihre Offiziellen.

Dort, wo das geschieht, handelt Gott oft auf überraschende Weise. Wir erleben in Deutschland gerade mal einige Erstlingsfrüchte. In anderen Ländern passiert viel mehr als bei uns. Der Maßstab ist das Wirken Jesu und der Apostel. Es gibt noch einiges Entwicklungspotenzial, bis wir da angekommen sind, dass wir größere Werke tun als Jesus (Johannes 14,12).

Ein Schlüssel zu den größeren Werken ist, mehr wie Jesus zu denken. Gottes Gedanken sind anders als die der Menschen, sein Reich funktioniert nach gänzlich anderen Maßstäben. Deshalb ist es wichtig, unser Denken zu erneuern.[236] *„Und seid nicht gleichförmig dieser Welt, sondern werdet verwandelt durch die Erneuerung des Sinnes, dass ihr prüfen mögt, was der Wille Gottes ist: das Gute und Wohlgefällige und Vollkommene"* (Römer 12,2).

Das alte Denken braucht bereits Erneuerung, damit es Gottes Willen auch nur erkennen kann. Wie viel Veränderung wird dann erst nötig sein, damit wir nach seinem Willen leben? Nur weniges von dem, was wir im Leben gelernt haben, lässt sich nahtlos auf Gottes Reich übertragen. In den meisten Bereichen müssen wir umdenken. Im Heilungsdienst trifft das auf viele Themen zu, aber drei scheinen besonders wichtig zu sein: Kann Jesus unser Vorbild sein, obwohl wir glauben, dass er der Sohn Gottes ist? Braucht man eine spezielle Heilungsgabe, um für Kranke beten zu können? Geht es immer schnell, in einen geistlichen Dienst zu kommen? Diesen drei Fragen will ich mich im Folgenden widmen.

Kann Jesus wirklich unser Vorbild sein?

Ist es wirklich möglich, aus dem Vorbild Jesu praktische Anweisungen für unser Leben abzuleiten? Auf der einen Seite werden viele Gläubige das bejahen. Wenn es ein Vorbild gibt, dem es sich nachzufolgen lohnt, dann doch Jesus. Besonders sein moralisches Vorbild wird oft betont. Auf der anderen Seite war er Gottes Sohn, was ihn für viele auf ein hohes Podest stellt – es macht ihn für normale Menschen unerreichbar. Das gilt besonders für sein übernatürliches Wirken. Wem steht schon die Kraft des Gottessohnes zur Verfügung?

So entsteht eine paradoxe Situation. Jesus wird als moralisches Vorbild betrachtet, seinem übernatürlichen Wirken versuchen allerdings nur wenige zu folgen. Das ist unlogisch, denn die Evangelien zeigen einen Jesus, der gleichzeitig heilig und übernatürlich ist. Ihm nachzufolgen, sollte also beide Aspekte beinhalten.

Jesus tat seine Wunder auch nicht kraft seiner Göttlichkeit. Vielfach wird gesagt: „Jesus konnte das tun, weil er ganz Gott und ganz Mensch war. Wir können das nicht, denn wir sind nur Menschen."

Das stimmt nicht. Wir sind zwar Menschen, aber als Gläubige sind wir auch mit dem Heiligen Geist erfüllt. In uns ist dieselbe Kraft, die Christus von den Toten auferweckt hat (Römer 8,11). Es gibt nur *einen* Heiligen Geist. Derselbe Heilige Geist, der in uns lebt, lebte in Jesus.

Außerdem stimmt es nicht, dass Jesus seine Wunder als Gott tat. Lukas sagt deutlich, dass Gott Jesus *„mit Heiligem Geist und mit Kraft gesalbt hat"*, sodass er *„alle heilte, die von dem Teufel überwältigt waren; denn Gott war mit ihm"* (Apostelgeschichte 10,38). Also hatte seine Kraft im Heiligen Geist ihren Ursprung. Wenn auch er auf Gottes Beistand angewiesen war, hatte er in seiner menschlichen Existenz mindestens ähnliche Startbedingungen wie wir.

Es ist richtig, dass die Wunder Jesus als Sohn Gottes ausweisen. Er tat sie, um zu zeigen, dass er nicht nur leere Worte machte, sondern dass ein Größerer hinter ihm stand – Gott selbst. Aber er tat sie nicht als Gott, sondern als Mensch. Hätte Jesus auf dieser Erde als Gott gewirkt, könnten wir seinem Beispiel tatsächlich nicht nachfolgen; er wäre uns haushoch überlegen gewesen. Eine Stelle im Philipperbrief zeigt besonders deutlich, dass Jesus uns Menschen gleich geworden ist:

Habt diese Gesinnung in euch, die auch in Christus Jesus war, der in Gestalt Gottes war und es nicht für einen Raub hielt, Gott gleich zu sein. Aber er machte sich selbst zu nichts und nahm Knechtsgestalt an, indem er den Menschen gleich geworden ist, und der Gestalt nach wie ein Mensch befunden, erniedrigte er sich selbst und wurde gehorsam bis zum Tod, ja, zum Tod am Kreuz (Philipper 2,5-8).

Deutlicher als an anderen Stellen spricht Paulus hier über das Geheimnis der Menschwerdung Jesu. Er nahm freiwillig Knechtsgestalt an, um Mensch zu werden. Das bedeutet, dass er Mensch war, mit allen Einschränkungen, die das Menschsein mit sich bringt. Während seiner Zeit in dieser Welt war er nicht allgegenwärtig, allwissend oder allmächtig. Er war noch Gott, beschränkte sich aber in der Ausübung seiner göttlichen Fähigkeiten, um den Begrenzungen des Menschseins zu unterliegen. Dies tat er, indem er sich „entleerte" – so die wörtliche

Formulierung, die hier mit „er machte sich selbst zu nichts" übersetzt wird. Nach dem entsprechenden griechischen Wort heißt diese Lehre auch Kenosis-Theologie. Jesu Menschlichkeit zu betonen bedeutet nicht, seine Göttlichkeit zu schmälern. „Obwohl er sich seiner göttlichen Fähigkeiten entleert, entmächtigt, entäußert hat, hörte er nicht auf, Gott zu sein. (…) Anders gesagt heißt das, dass die Entscheidung Gottes, sich selbst in seinen göttlichen Möglichkeiten zu begrenzen, nicht die Konsequenz nach sich zieht, seine Göttlichkeit zu begrenzen."[237]

Nicht alle können das so sehen. So stellt J.I. Packer fest, dass man die Wunder Jesu nicht mehr erklären kann, wenn er sich tatsächlich seiner göttlichen Eigenschaften entledigt hätte.[238] Er räumt zwar ein, dass es Situationen gab, in denen Jesus nicht alles wusste (z.B. wusste er nicht, wann er wiederkommen würde). Diese Stellen erklärt er aber mit der Abhängigkeit Jesu vom Vater. Unabhängig von Gott-Vater konnte der Sohn Gottes nichts Übernatürliches tun oder wissen. Dennoch konnte er nur als Gott Wunder wirken.

Tatsächlich sind wir an diesem Punkt theologisch gar nicht so weit voneinander entfernt. Jesus tat seine Wunder nicht nur als Mensch, sondern als Mensch in der Kraft des Heiligen Geistes. Offensichtlich war er von Gott-Vater in diesem Punkt abhängig.

Das Matthäusevangelium zeigt, dass Jesus bei seiner Taufe von Gottes Geist erfüllt wurde: „*Und als Jesus getauft war, stieg er sogleich aus dem Wasser herauf; und siehe, die Himmel wurden ihm geöffnet, und er sah den Geist Gottes wie eine Taube herabfahren und auf sich kommen*" (Matthäus 3,16).

Erst ab diesem Zeitpunkt konnte er übernatürlich wirken, es war der Startschuss für seinen Wunderdienst. Das ist gerade auch deshalb wichtig, weil heute ein starkes Interesse daran besteht, was Jesus als Kind und Jugendlicher getan hat. Pseudoevangelien berichten davon, dass Jesus als Kind Spielsachen übernatürlich reparierte, tote Kleintiere auferweckte und verletzte Spielkameraden heilte. Auf den ersten Blick mag das niedlich erscheinen, aber dahinter steckt eine Strategie, die uns dem Vorbild Jesu entfernen soll. Wenn Jesus schon vor seiner Geisterfüllung übernatürlich hätte wirken können, wäre es tatsächlich für uns nicht möglich, seinem Vorbild nachzueifern, weil wir „nur" Menschen sind. Gerade deshalb betont Johannes, dass die Verwandlung von Wasser in Wein bei der Hochzeit zu Kana Jesu erstes Zeichen war (Johannes 2,1-11).[239]

Jesus gab uns ein Beispiel dafür, wie ein Mensch zusammen mit dem Heiligen leben kann. Deshalb sind auch seine Wunder ausdrücklich zur Nachahmung empfohlen und nicht exklusiv zu verstehen. Vielen Lehren, die er seinen Jüngern mit auf den Weg gab, lagen Alltagssituationen zugrunde. Jesus war kein Professor, der in einer Universität von Büchern umgeben lehrte. Er war ein Wanderprediger, der seinen Schülern praktische Lektionen beibrachte, die sich aus dem gemeinsamen Leben ergaben. Eine entstand aus dem Ärger über einen Feigenbaum:

> *Als sie am nächsten Morgen Betanien verließen, hatte Jesus Hunger. Von Weitem bemerkte er einen Feigenbaum mit vielen Blättern. Er ging hin, um zu sehen, ob auch Feigen daran waren. Aber der Baum trug nur Blätter, denn es war nicht die Jahreszeit, in der es Feigen gab. Da sagte Jesus zu dem Baum: „Nie wieder soll jemand von deinen Früchten essen!" Und die Jünger hörten seine Worte. [...]*
>
> *Als sie am nächsten Morgen an dem Feigenbaum vorüberkamen, den Jesus verflucht hatte, sahen die Jünger, dass er bis zu den Wurzeln verdorrt war. Petrus erinnerte sich an das, was Jesus am Vortag zu dem Feigenbaum gesagt hatte, und rief aus: „Sieh doch, Rabbi! Der Feigenbaum, den du verflucht hast, ist vertrocknet!"*
>
> *Da sagte Jesus zu den Jüngern: „Habt den Glauben Gottes. Ich versichere euch: Wenn ihr zu diesem Berg sagt: ‚Hebe dich in die Höhe und wirf dich ins Meer', wird es geschehen. Entscheidend ist, dass ihr glaubt und in euren Herzen nicht daran zweifelt. Hört auf meine Worte! Ihr könnt beten, worum ihr wollt – wenn ihr glaubt, werdet ihr es erhalten* (Markus 11,12-14.21-24; NLB).

Die Geschichte ist gar nicht so einfach, deshalb gebe ich eine kurze Erklärung, bevor ich zu der wesentlichen Auslegung komme. Jesus konnte an dem Baum keine Feigen erwarten, denn es war noch nicht die Zeit dafür. Allerdings haben Feigenbäume, bevor sie die eigentliche Frucht hervorbringen, schon Frühfeigen. Wenn am Baum Blätter sind, kann man davon ausgehen, dass er auch Frühfeigen hat. Diese Vorfrüchte schmecken noch nicht besonders gut, es sind eben unreife Feigen, aber wenn man Hunger hat, kann man sie essen.

Jesus suchte also an dem Baum Frühfeigen, fand aber keine. Er ging dann hart mit dem Baum ins Gericht, sodass er sofort begann, von der Wurzel an zu verdorren. Als die Jünger einen Tag später wieder an der Stelle vorbeikamen, sahen sie zu ihrer Verwunderung, dass der Baum komplett vertrocknet war.

Jesus nahm die Geschichte zum Anlass, sie etwas über Gebet zu lehren. Er sagte ausdrücklich nicht, dass er diese Dinge tun konnte, weil er Gott war. Stattdessen lehrte er seine Jünger, dass sie noch ganz anderes tun können würden, wenn sie nur Glauben hätten. Jesus gibt uns hier einen Schlüssel, wahrscheinlich sogar *den* Schlüssel zu seinen Wundern. Nach der Theologie der meisten Christen hätte er sagen müssen: „Ich bin der Sohn Gottes, deshalb kann ich diese Dinge tun. Ihr könnt das nicht, weil ihr nicht seid wie ich. Versucht also gar nicht erst, das nachzumachen!"

Jesus ermutigte sie jedoch, für alles zu beten und Ergebnisse zu erwarten.

Wenn heute Christen sagen, dass wir nicht einmal versuchen sollten, dieselben Sachen zu machen wie Jesus, haben sie dieses Gleichnis nicht verstanden. Es ist unser Auftrag und unser Vorrecht, im Glauben Berge zu versetzen. Egal, um welchen Berg es geht, es mag Krankheit sein oder Armut, Gefahr oder Niedergeschlagenheit, wir können im Glauben dazu sprechen. Diese Verheißung Jesu drückt sich in einer berühmten Spruchweisheit aus: „Sprich nicht zu Gott über deine großen Probleme, sondern zu deinen Problemen über deinen großen Gott."

Statt seine Jünger zu entmutigen, seinem Vorbild zu folgen, forderte Jesus sie heraus, dasselbe zu tun wie er und sogar noch Größeres: *„Amen, amen, ich sage euch: Wer an mich glaubt, wird die Werke, die ich vollbringe, auch vollbringen, und er wird noch größere vollbringen, denn ich gehe zum Vater"* (Johannes 14,12).

Diese Stelle fordert uns alle heraus, denn sie zeigt, dass es Jesu Absicht war, seine Jünger zu Wundertätern auszubilden. Wenn er einmal nicht mehr leiblich bei ihnen wäre, sollten sie dieselben oder noch größere Taten vollbringen wie er. Ebenso wie Jesus den Vater verherrlichte, sollen nun wir ihn verherrlichen. Was für ein wundervoller (im wahrsten Sinne des Wortes!) Auftrag!

Es ist allerdings nicht einmal nötig, über die Kenosis-Theologie zu argumentieren. Viele Theologen stoßen sich an ihr, weil sie denken, dass Jesu Göttlichkeit hier infrage gestellt wird. In Wirklichkeit geht es darum, ihn nicht so weit zu überhöhen, dass er niemandes Vorbild mehr sein kann. Es ist offensichtlich, dass die Jünger Jesus zum Vorbild nahmen, als sie in seiner Autorität einen eigenen Wunderdienst antraten.

In Lukas 10 schickt Jesu die siebzig (nach anderen Übersetzungen zweiundsiebzig) *„vor seinem Angesicht her in jede Stadt und jeden Ort, wohin er selbst kommen wollte"* (Lukas 10,1). Ihr Auftrag war, zu predigen und zu heilen. Bestimmt taten sie das nach dem Vorbild Jesu, denn ein anderes hatten sie nicht. Dieser Auftrag galt nicht nur in der historischen Situation, sondern richtet sich durch den Missionsbefehl im Markusevangelium an jeden Christen. Auch Hebräer 2,4 bestätigt, dass Wunder durch die geschahen, die das Evangelium verkündeten.

Später im Neuen Testament werden Wunder ganz natürlich vorausgesetzt. Galater 3,5 erinnert daran, dass sie deshalb geschehen, weil die Galater der Botschaft geglaubt haben, die ihnen verkündet wurde. Auch die Generation nach den Aposteln orientierte sich also an seinem Vorbild. Die frühen Christen gingen nicht davon aus, dass sie keine Wunder tun konnten, weil diese nur dem Sohn Gottes oder vielleicht noch den Aposteln vorbehalten waren. Stattdessen waren sie voll Glauben, dass auch in ihnen der Heilige Geist lebt, der sie befähigt, übernatürlich zu wirken.

Können alle Christen für Kranke beten?

Auch wenn es möglich ist, Jesus als Vorbild zu folgen, könnte es noch immer Christen geben, die *per se* vom Heilungsdienst ausgeschlossen sind. Vielleicht weil ihnen die nötige Gabe fehlt? Kann man Kranken überhaupt dienen, wenn man diese Gabe nicht hat? Um die Frage zu beantworten, müssen wir uns etwas näher mit den Heilungsgaben beschäftigen. Nur an drei Stellen im 1. Korintherbrief ist überhaupt von ihnen die Rede: 12,9.28.30. *„[...] einem anderen aber Glauben in demselben Geist, einem anderen aber Gnadengaben der Heilungen in dem einen Geist [...]"* (1.Korinther 12,9).

Eine Gnadengabe

Um zu verstehen, worüber Paulus hier spricht, müssen wir zuerst wissen, was er mit Gnadengaben meint. Im ganzen Kapitel verwendet Paulus kein einheitliches Wort für sein Thema, sondern drei verschiedene: „Gnadengaben" (griechisch *charisma* in den Versen 4, 9, 28, 30, 31), „Dienste" (oder „Ämter", griechisch *diakonia* in Vers 5) und „Kräfte" (griechisch *energema* in den Versen 6 und 10). Diese Begriffe sind nicht scharf gegeneinander abgegrenzt, sondern werden synonym verwendet.[240]

Gott gibt die Gnadengaben, damit wir anderen mit ihnen dienen. Man könnte auch von übernatürlichen Befähigungen sprechen. Paulus liefert in 1. Korinther 12 einige Beispiele für solche Gaben, die Heilungsgabe ist nur eine unter vielen. Es ist fraglich, ob man eine Gabe haben kann (im Sinne eines Besitzes) oder ob die Gabe nicht vielmehr in ihrem Vollzug besteht. Manchmal spricht man davon, dass jemand die Gabe der Prophetie oder der Heilungen hat, diese aber nicht ausübt. Dem würde das vorliegende Verständnis widersprechen: Dienst und Kraft können nicht theoretisch existieren. Erst die Heilung ist Gottes Gabe, nicht eine Fähigkeit, die jemand hat, ohne sie einzusetzen.

Paulus macht gleich zu Anfang deutlich, dass alle Gaben von Gott kommen. 1. Korinther 12,1 bezeichnet die Gaben einfach als „die Geistlichen", ohne Zusatz von „Gaben". Diese Gaben werden zugeteilt durch den Geist (12,4), Gott bewirkt sie (12,6). Möglicherweise hatte Paulus ein dynamischeres Gabenverständnis, als es heute oft gelehrt wird. Sagt man, dass jemand eine Gabe hat, liegt das Augenmerk sehr auf dem Menschen mit der Gabe. Bei Paulus liegt es mehr auf Gott, der durch den Menschen die Gabe ausübt. Das macht die vielen Diskussionen darüber, ob jemand eine Gabe hat oder nicht, unwichtiger. Gott kann jedem zu gegebener Zeit eine Gabe schenken. Es ist meiner Ansicht nach falsch, von einem starren Verständnis auszugehen, nach dem jeder eine Gabe hat, die ihn sein Leben lang begleitet.

Auch der Begriff *charisma* ist bei Paulus nicht ganz klar definiert, weil er nicht nur auf Gaben bezogen ist. Das Wort wird auch für andere Wohltaten Gottes benutzt, die wir durch seine Gnade empfangen haben. Darunter fallen die Rettung (Römer 5,15-16), das ewige Leben (Römer 6,23) und die Rettung aus Todesgefahr (2. Korinther 1,11). Die meisten Stellen, in denen das Wort vorkommt, haben allerdings mit Geistesgaben zu tun.

Damit wird deutlich, dass auch die Gaben der Heilungen besonders von ihrem Gnadencharakter her verstanden werden müssen. Man kann sie sich nicht verdienen und hat keinen Anspruch auf sie.[241]

Die Mehrzahl

Am schwersten ist der doppelte Plural zu verstehen. Sowohl Gaben als auch Heilungen stehen in der Mehrzahl. Normalerweise würde man erwarten, dass es eine Gabe der Heilung gibt, die ein Gläubiger ähnlich ausübt wie die Gabe der Prophetie oder Verwaltung. Umgangssprachlich redet man auch meistens von der Heilungsgabe. Die Mehrzahl ist allerdings vermutlich kein Zufall, sondern kann bedeuten, dass „verschiedene Krankheiten verschiedene Begabungen [erfordern]"[242]. Ich habe beispielsweise über die Mosambik-Missionarin Heidi Baker gehört, dass bei ihr alle geheilt werden, die taub sind. Bei Blinden liegt die Quote etwas niedriger, bei anderen Krankheiten wechselt der Heilungserfolg.

Ein ähnlicher Gedanke klingt in den Evangelien an, wenn über Jesus gesagt wird, dass er alle Krankheiten heilte (Matthäus 9,35).[243] Das könnte seinen Heilungsdienst möglicherweise von den „Gaben der Heilungen" abgrenzen. Von dieser Definition her hätte er dann keine besondere Gabe für die eine oder andere Krankheit gehabt, sondern gleichermaßen für alle.

Eine weitere Erklärung könnte sein, dass „die Gabe des Heilens nur immer für den bestimmten vorliegenden Fall gegeben [wird]". Diese Auslegung führt noch weiter von der Annahme fort, dass jemand eine besondere Gabe zum Heilen hat. Stattdessen wird Gottes Wirken hervorgehoben, das in einem Krankheitsfall eintritt.[244]

Insgesamt ist es unwahrscheinlich, dass Paulus meint, dass man die Gabe entweder hat oder nicht beten kann. Viele Bibelstellen (unter denen Markus 16 die bekannteste ist) zeigen, dass jeder Christ für Kranke beten kann. Gleichzeitig gibt es offensichtlich einen Unterschied zwischen jemandem, der lange und erfolgreich in einer Gabe dient, und jemandem, der unerfahren darin ist. Für jemanden, der nur hin und wieder für Kranke betet, kann es entmutigend sein, jemanden zu sehen, der eine Heilungsgabe hat und Kranken deshalb viel effektiver dient. Im Gegenteil sollte er sich davon aber eher ermutigen lassen. Jeder kann für Kranke beten, weil jeder Christ diesen Auftrag hat. Um das näher zu erläutern, hat Christian Schwarz den Begriff der Universalrolle geprägt:

Christliche Universalrollen sind Aufgaben, die sich für jeden Christen stellen – ganz gleich, ob er auf diesem Gebiet eine

geistliche Gabe hat oder nicht. Jeder geistlichen Gabe ent-
spricht eine solche Universalrolle. Der Unterschied zwischen
beiden: Die Ausübung einer bestimmten geistlichen Gabe
kann nicht von jedem Christen erwartet werden – sondern nur
von denen, die die entsprechende Gabe haben. Ganz anders
verhält es sich mit christlichen Universalrollen: Jeder Christ
kann sie ausüben.[245]

Man kann also auf jedem geistlichen Gebiet dienen, ohne eine spezielle Gabe zu haben. Obwohl es zum Beispiel Menschen mit einer stark evangelistischen Gabe gibt, können und sollen doch alle Christen in ihrem Umfeld evangelistisch tätig sein. Die Unterscheidung zwischen Gaben und Universalrollen ist hilfreich: Zum einen schützt sie Christen, die eine Gabe nicht haben, vor dem Druck, diese dennoch ausüben zu müssen. Andererseits schließt sie Bequemlichkeit aus. Man kann nicht sagen: „Ich habe keine Gaben der Heilungen, deshalb bete ich nicht für Kranke." Dafür zeigt die Fassung des Missionsbefehls nach Markus auch zu deutlich, dass jeder Gläubige mit Erfolg für Kranke beten kann.

Wer gläubig geworden und getauft worden ist, wird errettet
werden; wer aber ungläubig ist, wird verdammt werden. Diese
Zeichen aber werden denen folgen, die glauben: In meinem
Namen werden sie Dämonen austreiben; sie werden in neuen
Sprachen reden, werden Schlangen aufheben, und wenn sie
etwas Tödliches trinken, wird es ihnen nicht schaden; Schwa-
chen werden sie die Hände auflegen, und sie werden sich wohl
befinden (Markus 16,16-18).[246]

Es sind also gerade nicht die Pastoren, Evangelisten oder sonstigen Professionellen, durch deren Hände das Übernatürliche geschieht. Der Auftrag gilt ausdrücklich jedem Gläubigen. Wir alle dürfen mutig und erwartungsvoll für Kranke beten.

Es ist ein langer Weg

Es ist normal, dass es einige Zeit dauert, bis man auch wirklich Heilungen erlebt. Oft dauert es sogar Jahre. Kenneth Hagin schreibt, „dass der Weg zur Heilung selten eine Schnellstraße ist"[247]. Einer der wichtigsten Parameter, die darüber entscheiden, ob es leicht- oder schwerfällt, für Heilung Glauben zu haben, ist das geistliche Erbe. Ich selbst hatte nie echte Probleme damit, an die Kraft des Heiligen Geistes zu glauben. Es gab keine theologischen Vorprägungen durch eine christliche Kinderstube, die mich dagegen verhärtet hätten. Vielen, die ich später kennenlernte, geht es jedoch anders. Sie wurden in eine christliche Familie hineingeboren und haben dadurch viel Gutes mit auf den Weg bekommen, waren aber auch mit einem Misstrauen gegen „Schwarmgeister" aufgewachsen. Für sie war es außerordentlich schwer, Gott gefühlsmäßig zu erleben.

Heute fällt es den meisten evangelischen Christen sehr leicht zu glauben, dass sie aus Gnade durch den Glauben errettet sind. Früher war das anders. Bevor in der Reformationszeit die Lehre der Errettung aus Gnade durch Glauben wieder neu belebt wurde, war es normal, um Heilsgewissheit zu kämpfen. Viele Heilige rangen mit der Bibel, um die Gewissheit zu bekommen, die heute so normal ist. Viele starben, ohne diese Gewissheit je erlangt zu haben. Hier gibt es eine deutliche Parallele zum Thema Heilung. Bill Johnson schreibt:

Heilung ist Teil des normalen Christenlebens. Gott schrieb darüber in seinem Buch, er machte sie anschaulich durch das Leben Jesu. Er trug uns auf, das nachzumachen, was Jesus tat. Warum fällt es uns leicht, zu glauben, dass unser Gebet funktioniert, wenn wir für Errettung beten? Warum fällt es uns gleichzeitig schwer, zu glauben, wenn wir um Heilung beten? Weil Errettung und die Erfahrung der Wiedergeburt seit Jahrhunderten ständig ergriffen und gelehrt werden, während Heilung selten verstanden und oft sogar theologisch bekämpft wird. [...]

Was würde heute geschehen, wenn bereits vor Jahrhunderten die Kraft des Evangeliums zur seelischen, geistlichen und körperlichen Heilung angenommen worden wäre? Was wäre, wenn die Kirche diesen harten Boden seit Generationen gepflügt hätte? Dann würde es nicht nur ein paar „Heilungshelden" geben, sondern der ganze Leib Christi würde anerkennen, dass Heilung ein wichtiger Teil des Auftrags Jesu ist. Durchschnittschristen würden Missbildungen sehen und sagen: „Kein Problem." Krebs? „Kein Problem." Fehlende

Gliedmaßen? „Kein Problem." Wir würden ohne ein Jota
Unglauben in Kraft beten.[248]

Der Kampf um Heilung ist ein Kampf, der in der Vergangenheit nicht oft genug gekämpft wurde, damit in Deutschland ein Durchbruch erreicht wäre. Deshalb ist es so schwer, Heilung zu empfangen oder für sie zu beten. Darum ist damit zu rechnen, dass ein langer und oftmals frustrierender Weg vor jedem liegt, der sich bemüht, darin zu leben. Es ist sinnlos, sich darüber Illusionen zu machen. Jesus warnt davor, sich Dinge schönzureden und zu einfach vorzustellen (Lukas 14,28-33).

Wenn ich Biografien von Leuten im Heilungsdienst lese, achte ich immer besonders auf die kleinen Randbemerkungen und Anekdoten, die ihre Entwicklung zeigen. Nur wenige berichten ausführlich über ihre Fehlschläge, aber zwischen den Zeilen kann man immer wieder etwas durchblitzen sehen. Besonders ehrlich erzählt John Wimber in dem Buch *Heilung in der Kraft des Geistes* von seinen Schwierigkeiten. Er beschreibt den langen Prozess, wie er Monat um Monat über die Wunder des Neuen Testamentes predigte. Nach jedem Gottesdienst machte er einen Aufruf, ohne dass jemand geheilt wurde. In einem Fall steckten sich sogar die Beter bei den Kranken an. Nach sechs Monaten waren Wimber und sein Gebetsteam am Ende:

> *Ganz verzweifelt hörten wir schließlich auf. Ich war so am Ende, dass ich mich auf den Boden warf und zu weinen anfing. „Das ist nicht fair", schrie ich, „du sagst, dass wir predigen sollen, was in deiner Bibel steht, aber wenn wir danach handeln, lässt du uns im Stich."*
>
> *Mein Herz war zerbrochen. Nach ein paar Minuten kam ich wieder zu mir und sah mich um – die anderen Männer lagen auch alle auf dem Boden und schrien zu Gott. Unser Misserfolg hatte uns zerbrochen. Ich schlich nach Hause und legte mich ins Bett.*[249]

John Wimber war in späteren Jahren weltbekannt für seinen Heilungsdienst. Umso besser tut es, zu lesen, dass es nicht von Anfang an nur leicht war. Auch für ihn war es ein Kampf, dorthin zu kommen. Wer mit Gottes Kraft dienen will, braucht Durchhaltevermögen und

Ausdauer. Der Prozess kann sich über Jahre, in manchen Fällen sogar Jahrzehnte hinziehen.

Dabei steht alles in einem Spannungsverhältnis zwischen zwei Bibelstellen: *„Hingezogene Hoffnung macht das Herz krank, aber ein eingetroffener Wunsch ist ein Baum des Lebens"* (Sprüche 13,12), und: *„[Seid Nachahmer derer] die aufgrund ihres Glaubens und ihrer Ausdauer Erben der Verheißungen sind* (Hebräer 6,12).

Offenbar reicht es nicht aus, allein eine Verheißung zu haben. Eine Verheißung hat jeder, aber es braucht Geduld und Ausdauer, um sie zu erleben und sie für uns nutzbar zu machen.

Das ist eine echte Herausforderung für jeden, der Jesus nachfolgt. Es fällt niemandem leicht, dranzubleiben, immer wieder zu glauben, zu hoffen und zu beten. Dennoch ist es der einzige Weg, um mehr von Gottes Herrlichkeit zu sehen.

Die größte Gefahr auf diesem Weg ist die hingehaltene Hoffnung, die das Herz krank macht. Hoffen und Warten kann enorm frustrierend sein. Wenn man nur von dem lebt, was andere erlebt haben oder was man in der Bibel liest, kann das wirklich hart sein. Aber vielleicht ist es ein Trost, dass es jedem so ergeht, der auf Gottes Wegen geht. Warum – darauf habe ich leider auch keine Antwort. Es bleibt ein Geheimnis.

Ich versuche so zu leben, dass die Sehnsucht nach Gott nicht aufhört, aber auch nicht in einen destruktiven Frust umschlägt (siehe dazu auch das nächste Kapitel). Manch einer hat schon zwischendurch aufgegeben, weil es zu frustrierend war, dranzubleiben. Manchmal ist es besser, eine kleine Pause einzulegen, etwas anderes zu machen. Die Bibel benutzt häufig Vergleiche aus dem Ackerbau. Eine Weisheit, die man da lernen kann, ist die natürliche Fruchtfolge. Man muss ein Feld auch mal brachliegen lassen, damit sich der Boden wieder regeneriert.

Es ist wichtig, über dem Wort zu brüten und zu beten. Es kann aber auch dran sein, einen Gang zurückzuschalten und sich zu entspannen. Das ist kein Kapitulieren, sondern Weisheit. Nach einer Weile kann man dann wieder erfrischt und mit neuer Motivation ans Werk gehen.

Die größte Herausforderung für den Glauben ist es natürlich, wenn Menschen gar nicht geheilt werden, sondern möglicherweise sogar sterben. Dieser Problematik wendet sich das letzte Kapitel zu, im nächsten geht es erst einmal darum, wie man überhaupt für Kranke betet.

160

9 Für Kranke beten

Es wurden viele Bücher über Heilung geschrieben, die allerdings hauptsächlich die praktische Seite behandeln. Praktisch bedeutet in diesem Zusammenhang, wie man für Kranke beten oder selber Heilung empfangen kann. Teilweise unterscheiden sich diese Bücher in den Methoden, die gelehrt werden. Je nachdem, aus welchem Lager der Autor kommt oder welcher Erkenntnis wir sein Buch verdanken, wird er einen Aspekt besonders hervorheben. Einige Autoren schreiben zum Beispiel besonders über Gottes spürbare Kraft, „die Salbung"[250], andere betonen den Glauben[251], wieder andere das Gebet[252]. Die wenigsten sind allerdings so einseitig und lehren nur eine Möglichkeit. Wie bereits gezeigt wurde, gibt es in der Bibel nicht nur eine Vorgehensweise. Deshalb ist es kaum möglich, einen vollständigen Überblick darüber zu geben, wie in der Bibel oder der Kirchengeschichte das Gebet für Heilung gelehrt wurde. Ich möchte zum Ende dieses Buches lediglich ein paar allgemeine Hinweise geben. Wer sich noch genauer mit verschiedenen Methoden beschäftigen möchte, der sei auf die Literatur am Ende verwiesen.

Ein Kurs schreibt Geschichte

Am dringendsten wird die Frage sein, wie man beginnt. Wahrscheinlich gehen die meisten dieses Thema allerdings intuitiv an, weil sie ins kalte Wasser geworfen werden. Jeder wird irgendwann mit Krankheit konfrontiert und einige nehmen das zum Anlass zu beten. Daran ist nichts Falsches. Es gibt in diesem Bereich keine Ausbildung, die man machen, oder ein allseits anerkanntes Diplom, das man erwerben kann. Es haben sich allerdings einige Schritte als so sinnvoll erwiesen, dass ich auf sie eingehen will.

John Wimber (1934-1997), ein sehr einflussreicher und systematischer Heilungslehrer, entwickelte ein einfaches Modell, nach dem Heilungsgebet ablaufen kann.[253] In einem Kurs (MC 510)[254], den er zwischen 1982 und 1986 am *Fuller Seminary* hielt, setzte er für viele Christen Heilung auf die Tagesordnung. Entscheidend waren dabei zwei Aspekte. Zum einen wandte er sich nicht an Menschen, die sicher waren, eine Heilungsgabe zu haben. Vielmehr besuchten den Kurs Leiter und Laien, Bibelschüler und Skeptiker. Für Wimber war es immer wichtig, dass nicht ein paar Profis Gemeinde bauen, sondern alle Gläubigen. Das zweite wichtige Moment war, dass der Kurs praktisch war. Es ging nicht um Theorie, sondern die Schüler beteten füreinander, sodass viele zum ersten Mal selbst Heilungen erlebten.

In dem Kurs lehrte Wimber fünf einfache Schritte, wie das Gebet für Kranke ablaufen sollte.

1. Gespräch

Man redet mit der kranken Person, um zu erfragen, was sie möchte. Uns mag das Anliegen oft selbstverständlich erscheinen, aber es kann auch sein, dass jemand Gebet wegen etwas möchte, das nicht offensichtlich ist. Auch Jesus hat immer wieder nachgefragt, bevor er heilte (z.B. Matthäus 20,30-33).

Darüber hinaus ist es nur höflich, nicht einfach ein Programm abzuspulen, sondern auf den Menschen einzugehen, mit ihm in Kontakt zu treten.

2. Diagnose

Beim Gespräch versucht man herauszufinden, woher die Krankheit kommt oder was genau das Problem ist. Natürlich können wir keine fachliche Diagnose stellen. Wir können Gott aber fragen, ob die Krankheit rein körperlich bedingt ist oder es geistliche, soziale oder andere Ursachen gibt (siehe Kapitel 7).

3. Gebet

Je nachdem, was sich durch Gespräch und Diagnose ergeben hat, kann das Gebet sehr unterschiedlich ausfallen. Jesus war nicht stereotyp beim Heilen, er wandte unterschiedliche „Methoden" an. Mal legen wir die Hände auf, ein anderes Mal salben wir den Kranken mit Öl oder sprechen ihm ein ermutigendes Wort zu.

4. Nachfrage

Nach dem Gebet interessiert uns, ob der Kranke etwas gespürt hat. Die Frage soll keinen Druck aufbauen; wenn nichts geschehen ist, ist das auch in Ordnung. Ohne diesen Schritt kann es jedoch leicht geschehen, dass man sich etwas vormacht. Für zehn Kranke gebetet zu haben, bedeutet nicht, dass zehn Menschen geheilt wurden. Selbst wenn die Person etwas gespürt hat, kann es immer noch sein, dass sie krank bleibt. Es ist immer wichtig, ehrlich mit Erfolgen und Misserfolgen umzugehen.

Ideal ist es natürlich, wenn man immer wieder einmal nachfragen kann. Ist man mit dem Kranken in einer Gemeinde oder steht anderweitig in Kontakt, kann man beobachten, wie sich eine Heilung weiterentwickelt. Daraus lassen sich wichtige Rückschlüsse für das eigene Gebet ziehen; manche Krankheiten erfordern auch wiederholten Gebetseinsatz.

5. Nachträgliche Anweisungen

Am Ende kann man der Person oft noch etwas mit auf den Weg geben. Vielleicht die Ermutigung, zum Arzt zu gehen, oder die Ermahnung, mit dem Rauchen aufzuhören. Da viele Leiden etwas mit dem Lebenswandel oder Umfeld zu tun haben (siehe Seite 125ff.), ist das unerlässlich.

Wie der erste, so ist auch dieser Schritt ein Akt der Höflichkeit. Der Heilungsdienst hat immer etwas mit Interesse für den Menschen zu tun. Einfach zu beten und jemanden dann wieder wegzuschicken, kann kalt, im schlimmsten Falle sogar herzlos wirken.

Bei diesen fünf Schritten klingt der dritte am schwierigsten. Wie entscheidet man, wie gebetet wird? Welche Arten des Heilungsgebetes gibt es überhaupt? Die Frage ausführlich zu beantworten, würde wie gesagt den Umfang dieses Buches sprengen. Allerdings sind im zweiten Kapitel immerhin alle Methoden aufgeführt, die Jesus und seine Jünger anwandten. Ein paar stechen trotzdem so hervor, dass sie noch eine besondere Erwähnung verdienen.

Kranken begegnen

Es gibt viele Möglichkeiten, Kranken zu dienen. Obwohl die Methoden sowohl im Alten Testament als auch bei Jesus sehr unterschiedlich waren, gibt es zwei Aspekte, die immer wieder auftauchen: Worte und Berührungen. Beide liegen im Grunde nahe, weil sie normal in der menschlichen Interaktion sind.

Worte

Wer mit einem Kranken zusammen ist, wird ihm ganz natürlich Mut zusprechen oder Tipps geben. Es kann schon Erleichterung bringen, wenn einfach jemand zuhört. Allerdings ist gerade das ein zweischneidiges Schwert, denn es kann sich schnell nur noch darum drehen, dass ein Mensch über seine Krankheit redet. Es ist niemandem damit geholfen, sich um sein körperliches Unwohlsein zu drehen. Krankheit hat die Tendenz, Gespräche zu dominieren und sich immer wieder in den Mittelpunkt zu schieben.

Im Rahmen des Heilungsdienstes sollten Gespräche eher das gegenteilige Ziel verfolgen. Statt der Krankheit alle Aufmerksamkeit zu geben, sollten gesunde, aufbauende Gedanken in den Mittelpunkt gerückt und Gottes Möglichkeiten betont werden. Es ist gut, einem Kranken Mut zu machen, weiter zu glauben und sich von seiner Krankheit nicht unterkriegen zu lassen. Gespräche, die in der Spirale der Entmutigung nur nach unten treiben, sind fehl am Platze.

Wir müssen als Beter auch nicht die ganze Krankengeschichte kennen. Fachlich nützt uns das ohnehin nichts und es kann sogar den Blick auf Gott verstellen. Statt mich lange mit Symptomen und Geschichten aufzuhalten, versuche ich beim Beten immer, ein Ohr zu Gott hin offen zu haben. Das hat sich oft als nützlich erwiesen. Ein prophetischer Eindruck oder ein Bibelwort kann zur richtigen Zeit einen Menschen aufbauen oder aus einer Depression herausreißen.

Berührungen

Auch Berührungen kommen im Dienst Jesu sehr häufig vor. Die Lehre der Handauflegung wird in Hebräer 6,2 sogar als eine Grundlage des Glaubens bezeichnet. Es ist schwer, genau zu sagen, was damit gemeint ist, aber offensichtlich war die Handauflegung eine sehr wichtige Methode in der frühen Kirche. Die heutige Praxis, bei Amtseinsetzungen, Heilungs- oder Segnungsgebet Hände aufzulegen, hat ihren Ursprung in diesem neutestamentlichen Vorgehen. Handauflegen stellt einen Kontakt zwischen dem Kranken und dem Beter her, wodurch Gottes Kraft fließen kann. Vielfach wird dieser Fluss auch wahrgenommen, oft aber auch nicht, dann bleibt immerhin das menschlich gute Gefühl einer Berührung.

Dabei gilt es zu beachten, dass auch Berührungen ein zweischneidiges Schwert sind. Was dem einen angenehm ist, kann für die andere grenzüberschreitend sein. Deshalb gebietet es die Höflichkeit, immer vorher zu fragen, bevor man jemandem die Hände auflegt.

Egal, wie man für Kranke betet, es ist immer ein gewisses Fingerspitzengefühl erforderlich, um keine kulturellen oder theologischen Grenzen zu übertreten. Was dem einen als völlig selbstverständlich erscheint, kann einem anderen unangenehm sein. Natürlich sollte Gebet für denjenigen, der es empfängt, nie unangenehm oder grenzüberschreitend sein. Es ist besser, einmal mehr nachzufragen, als einmal zu wenig.

Zusätzlich zu solchen allgemeinen Ratschlägen gibt es in Deutschland noch einige juristische Gegebenheiten, an die sich der Heilungsdienst zu halten hat. Davon handelt der nächste Abschnitt.

Der juristische Rahmen

Der Heilungsdienst steht in Deutschland nicht im rechtsfreien Raum. Da das Wohlergehen von Menschen auf dem Spiel steht, darf man nicht alles tun, was einem in den Sinn kommt. Gegebenenfalls muss man sogar mit juristischen Konsequenzen rechnen. Auf den ersten Blick mag das schockieren, aber angesichts von Heilern, die bisweilen das Leben ihrer Patienten aufs Spiel setzen, sollten wir dankbar dafür sein. Die Rechtsgrundlagen sind im christlichen Kontext ähnlich wie für andere alternative Heilmethoden wie etwa die Homöopathie. Relevant sind besonders die Gesetze, auf die ich im Folgenden eingehen werde.

Weil es in jedem Bereich Grauzonen gibt, habe ich ein Gutachten bei einer Anwaltskanzlei erstellen lassen, die auf Medizinrecht spezialisiert ist. Alle Zitate in diesem Kapitel stammen aus diesem Gutachten.

Heilmittelwerbegesetz (HWG)

Nach §3 des HWG darf die Werbung für eine Heilungsveranstaltung keine Heilungsgarantie (nach dem Motto „Jeder wird geheilt – egal wovon") beinhalten. Auch darf die Veranstaltung nicht damit beworben werden, dass der Erfolg wissenschaftlich erwiesen ist oder der Heiler eine besondere Qualifikation hat. Die Grenzen sind nicht immer scharf zu ziehen, aber eigentlich gebietet es schon die Ethik, keine Heilungsversprechungen zu geben. Auch ein berühmter Beter oder Pastor kann kein Wunder garantieren.

Dennoch kommt so etwas in der Praxis häufiger vor, als man vielleicht meint. Manche werben mit einem Diplom von einer Heilungsschule. Juristisch ändert das aber nichts, denn es handelt sich dabei um eine theologische Ausbildung, nicht um eine medizinische. Ebenso kann es vorkommen, dass man so sehr von Gottes Kraft überzeugt ist, dass man einfach voller Glauben ist, dass Gebet immer funktioniert. Diese persönliche Überzeugung stellt allerdings keine Heilungsgarantie im juristischen Sinne dar, sodass man sie besser nicht auf ein Plakat drucken sollte.

Im Gutachten heißt es zusammenfassend:

> *Es ist – ohne auf eine konkrete Werbemaßnahme abzustellen – schwer zu sagen, wo der Graubereich der verbotenen irreführenden Werbung beginnt. Am ehesten wird man die Abgrenzung bei der Werbung mit Erfolgsgarantie ziehen können.*
>
> *Ratsam ist es aber immer, in schriftlichen Werbematerialien einen Zusatz anzubringen, der einerseits getragen ist vom jeweils glaubensbasierten Heilungsverständnis und andererseits darauf hinweist, dass sich die Ursächlichkeit des Heilungsdienstes für eine gesundheitsfördernde Wirkung nicht naturwissenschaftlich nachweisen lässt. Empfehlenswert ist auch ein Hinweis, dass glaubensbasierter Heilungsdienst eine ärztliche Behandlung flankieren, aber nicht ersetzen will.*

Die §§ 6 und 11 des HWG enthalten noch einige Tücken, was die Veröffentlichung von Zeugnissen oder Bildern angeht (egal, ob vorher oder nachher). Das liegt nahe, da Zeugnisse gelegentlich den Eindruck vermitteln, dass jeder auf dieselbe Weise geheilt wird. So entsteht wieder der falsche Eindruck einer Erfolgsgarantie. Außerdem verbietet § 12 damit zu werben, dass Suchtkranke befreit werden. Auch wenn Befreiung von Süchten ein wichtiger Bestandteil des Evangeliums ist, sollte man darauf auf jeden Fall achten.

Heilpraktikergesetz (HeilPrG)

Das HeilPrG bestimmt, dass nur Ärzte die Heilkunde ausüben dürfen. Ausnahmen sind genehmigungspflichtig und werden als Heilpraktiker bezeichnet. Schwierig ist bereits § 1.2: „Ausübung der Heilkunde im Sinne dieses Gesetzes ist jede berufs- oder gewerbsmäßig vorgenommene Tätigkeit zur Feststellung, Heilung oder Linderung von Krankheiten, Leiden oder Körperschäden bei Menschen, auch wenn sie im Dienste von anderen ausgeübt wird."

„Dabei ist eine berufsmäßige Tätigkeit nach der Rechtsprechung des Bundesgerichtshofs bereits dann gegeben, wenn jemand in der Absicht handelt, die Tätigkeit in gleicher Art zu wiederholen und dadurch zu einer wiederkehrenden Beschäftigung zu machen (BGH vom 16.12.1954). Eine Gewinnerzielungsabsicht ist hierfür nicht erforderlich."

In einem Urteil vom 02.03.2004 entschied das Bundesverfassungsgericht, dass Handauflegung nicht unter die Heilkunde fällt, also auch nicht durch dieses Gesetz geregelt ist. Wichtig ist, dass Diagnose und Therapie einem Arzt vorbehalten sind. Beter dürfen keine Diagnosen stellen („Rückenschmerzen aufgrund eines verkürzten Beines") oder Therapien verschreiben bzw. absetzen („Nach der Heilung keine Tabletten mehr nehmen"). Das HeilPrG gilt für körperliche ebenso wie für seelische Krankheiten.

Das Gutachten schließt mit einem beruhigenden Satz: „Nach alledem ist – umso mehr bei Erteilung entsprechender prophylaktischer Hinweise, dass ärztliche Tätigkeit nicht ersetzt wird – die Gefahr einer strafrechtlichen Belangung wegen Körperverletzung aufgrund einer Vereitelung ärztlicher Behandlung infolge des Heilungsdienstes nicht gegeben."

Dass es überhaupt gesetzliche Regelungen gibt, weist darauf hin, dass kranke Menschen besonders anfällig für Betrügereien sind. Wie die blutflüssige Frau sind sie bereit, alles für ihre Heilung zu tun, auch wenn es sie in den Ruin treibt. Wenn Heilung ausbleibt, muss man lernen, mit Krankheit zu leben, ohne emotional zu zerbrechen und das ganze Lebensglück von der Heilung abhängig zu machen.

Natürlich ist es schwer, mit Krankheit umzugehen, umso mehr wenn es chronische oder sogar tödliche Krankheiten sind. Deshalb muss ein verantwortungsvoller Umgang mit Krankheit mehr zu bieten haben als Gebetsstrategien und Heilungsglauben. Sowohl Beter als auch Kranke können enttäuscht werden. Aus fortgesetzter Enttäuschung wird mit der Zeit Frustration. Ich meine daher, dass die Bemühung um Heilung auf drei Säulen ruhen sollte, von denen der Glaube nur eine ist.

10 Heilung – die Wichtigkeit einer ausgewogenen Theologie

Es klingt immer wieder an, dass mit dem Gebet für und der Erwartung von Heilung auch Gefahren verbunden sind. Alles, was auf ein großes Bedürfnis im Menschen trifft, hat auch das Potenzial zu verletzen. Beim vorliegenden Thema liegt eine Verletzungsgefahr auf beiden Seiten vor, sowohl beim Kranken als auch beim Beter. Deshalb ist es wichtig, Bausteine einer ausgewogenen Theologie zu entwickeln, die keinen Druck ausübt. Ich denke, dass eine solche Theologie auf drei Säulen ruhen sollte: dem Glauben, dem Reich Gottes und der Barmherzigkeit. Schnell kann es passieren, dass ein Aspekt überbetont wird, was in der Folge leider manchmal dazu geführt hat, dass Menschen das Gebet für Heilung ganz ablehnen. Im Folgenden gehe ich auf alle drei Säulen ein.

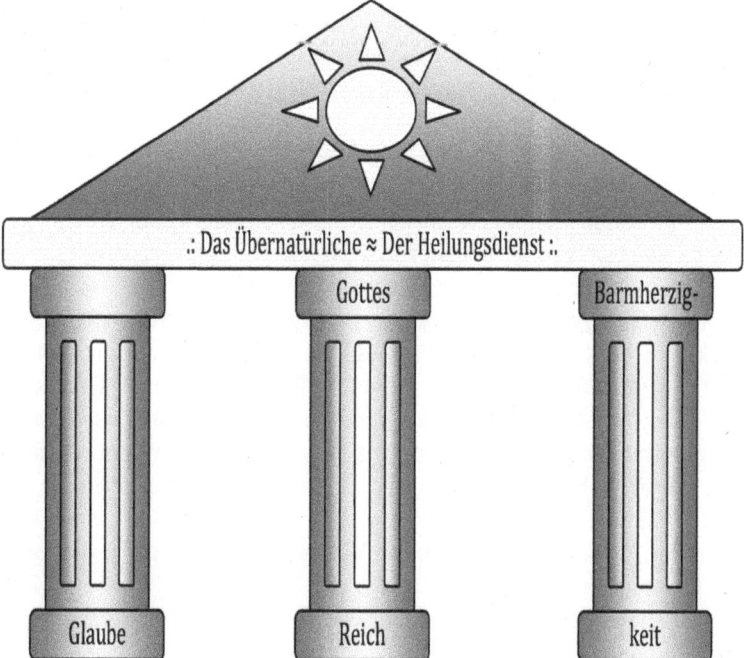

Glaube

Als das Thema Heilung mehr in den Mittelpunkt meines Interesses rückte, wusste ich nicht recht, wo ich anfangen sollte. Es gibt Unmengen Literatur dazu; sowohl die Bibel als auch die Kirchengeschichte sind voller Zeugnisse des Übernatürlichen. Im Zwanzigsten Jahrhundert nahm sich besonders die sogenannte „Glaubensbewegung" dieses Themas an. Sie breitete sich unter wechselnden Bezeichnungen zunächst in den USA aus, wobei ihre Wurzeln bis in das Europa des 19. Jahrhunderts reichen. Bedeutende Vertreter wie Kenneth Hagin oder Kenneth Copeland erleben zwar viele Heilungen in ihrem Dienst, sind aber theologisch sehr umstritten.

Schließlich begann ich, Bücher dieser umstrittenen Glaubensprediger zu lesen. Das erste war ein kleines Heftchen von Kenneth Hagin mit dem Titel *Gottes Medizin*[255]. Ich war begeistert. Alles klang sehr bodenständig, aber auch praktisch. Hier gab es Zeugnisse – die Theorie funktionierte also offenbar. Lange Zeit las ich alles, was ich in dieser Richtung finden konnte. Mein Bücherregal füllte sich mit E. W. Kenyon, Kenneth Hagin, Andrew Wommack und anderen. Ich hörte Predigten von Keith Moore, Wommack und Bill Johnson. Besonders Hagin und Wommack beeinflussten mich stark.

Im Kern geht es bei dieser Theologie darum, dass Jesus schon alles getan hat. Das Erlösungswerk liegt hinter uns, sodass wir im Glauben Zugriff auf alles haben, was Jesus erwirkt hat. Es ist viel die Rede von Befreiung, Heilung, Wohlstand und Erlösung. Mit manchem hatte (und habe) ich Probleme, aber insgesamt profitierte ich sehr von der Auseinandersetzung mit der Glaubensbewegung.

Gleichzeitig studierte ich die Bibel intensiv, weil ich für mich die Frage klären wollte, ob Heilung Teil des Evangeliums ist. Ist Jesus auch für Heilung gestorben oder steht sie uns als Teil der Herrschaft Gottes zu?

Wenn man Kranken durch Gebet dienen will, sollte das die erste Basis sein: Wir müssen wissen, was wir glauben. Deswegen empfehle ich jedem, sich mit diesen Fragen auseinanderzusetzen. Ich sehe den Kernpunkt der Glaubensbewegung nicht in den speziellen Lehren über Heilung, Versorgung oder Gebet. Vielmehr geht es darum, der Bibel als Gottes Wort zu vertrauen.

Bei allem Geistlichen spielt der Glaube eine große Rolle. Das trifft in besonderer Weise auch auf Heilung zu. In vielen Heilungsgeschichten Jesu wird direkt auf den Glauben Bezug genommen oder es wird aus dem Zusammenhang deutlich, dass die geheilte Person Glauben hatte. Es liegt also nahe, ein hohes Gewicht auf den Glauben zu legen.

Was ist Glaube?

Weil Glaube wichtig ist, wird er auch missverstanden. Manchmal wird er als Leistung gesehen, wie eine himmlische Währung, mit der Wunder „bezahlt" werden. Hat man genug Glaubenspunkte gesammelt, kann man auch ein großes Wunder „bezahlen".

In der Praxis führt das dazu, dass man versucht, alle Zweifel an der Erhörung eines Gebetes zu verdrängen. Meiner Ansicht nach ist das falsch. Glaube ist keine mentale Leistung, sondern das Produkt einer Offenbarung Gottes. Anders gesagt geht es nicht darum, sich etwas einzureden, sondern darum, etwas zu leben, was Gott uns gezeigt hat.

„Der Glaube aber ist eine Wirklichkeit dessen, was man hofft, ein Überführtsein von Dingen, die man nicht sieht" (Hebräer 11,1a). Das ist die prägnanteste Definition des Glaubens, die wir in der Bibel haben. An ihr sind besonders zwei Dinge wichtig: 1) Der Glaube ist eine Verwirklichung des Gehofften. 2) Er ist ein Überführtsein von Dingen, die man nicht sieht.

Glaube und Hoffnung sind also nicht dasselbe. Glaube verwirklicht, was die Hoffnung in die Zukunft verschiebt. Jeder Mensch hat Hoffnung. Ohne sie zu leben, bedeutet, der Lüge aufzusitzen, dass es etwas gibt, das sich nicht zum Guten ändern kann. Für Gläubige hieße das, Gott nicht zuzutrauen, eine Situation verändern zu können. Keine Hoffnung zu haben, bedeutet zu resignieren. Das ist jedoch keine christliche Tugend, sondern eine Katastrophe für das geistliche Leben. Das Problem an Hoffnung ist, dass sie göttliches Wirken in die Zukunft verschiebt. Wenn wir „glauben", dass Gott irgendwann einmal eingreifen wird, ist unser geistliches Leben besser mit „Hoffnung" zu beschreiben als mit „Glaube". Das ganze Alte Testament ist von der Hoffnung durchzogen, dass einmal der Messias kommen wird, um alles zu verändern. Im Neuen Testament ist das anders. Der fundamentalste Unterschied zwischen den Testamenten ist das Kreuz: Im Alten Testament lag es in der Zukunft, im Neuen liegt es hinter uns. Wir heute kommen von einer gewonnenen Schlacht, sodass wir in einer Erlösung leben können, die vor zwei Jahrtausenden erkauft

171

wurde. Dennoch sollte nicht Hoffnung der Grundton des christlichen Lebens sein, sondern Glaube. Ein Glaube, der jetzt – im Hier und Heute – das ergreift, was Gott für uns hat.

Man kann allerdings nur das ergreifen, was man kennt. Gott muss zeigen, was wir uns im Glauben aneignen können. Die Elberfelder Bibel übersetzt hier mit „Überführung" bzw. „Überführtsein" (griechisch *elenchos*). Überführung bedeutet, dass etwas Unsichtbares sichtbar gemacht wird. Wenn ein Verbrecher eines Verbrechens „überführt" wird, weist man ihm seine Tat nach. Man zeigt, dass er wirklich der Täter ist. Ebenso basiert der Glaube auf einer Überführung von Tatsachen, die sich nicht unmittelbar dem Denken oder der Beobachtung erschließen. Sie müssen uns von Gottes Geist gezeigt werden. Das Wort kann nicht „im Sinne der subjektiven Überzeugung, des Überzeugt-seins (…) verstanden werden, da dies dem Sprachgebrauch von elenchos nicht entspricht"[256]. Überführung ist keine Einbildung: Was Gott uns zeigt, ist absolut real. Überführung macht uns eine unsichtbare Realität bewusst. An diesem Punkt kann der Glaube beginnen.

Damit es nicht zu abstrakt klingt, will ich noch ein Beispiel anbringen. Früher konnte ich das Christentum nicht nachvollziehen. Viele Aspekte gehen einfach über den normalen Verstand: Eine Welt wird geschaffen, eine Jungfrau wird schwanger, ihr Sohn stirbt, wird aber auferweckt und erscheint am Ende der Zeit als Richter der Welt. Das ist schwer zu schlucken. Rein verstandesmäßig kann man das nicht begreifen. Ich hatte zwar alles gehört, aber es waren nur leere Worte ohne Substanz. Goethe drückte es treffend aus, als er schrieb: „Die Botschaft hör ich wohl, allein mir fehlt der Glaube."[257]

Dann sagte eines Abends eine Christin zu mir: „Du kommst einmal in die Hölle." In dem Moment passierte etwas Übernatürliches. Zum ersten Mal in meinem Leben hatte ich eine echte Gottesbegegnung: Auf einmal wusste ich, dass es stimmt. Es war ein Moment der Überführung, in dem ich blitzartig eine alte geistliche Wahrheit verstand. Am nächsten Morgen trafen wir uns zum Beten und ich begriff, dass Jesus mich retten kann. Es war wieder eine klare Überführung; was ich nie nachvollziehen konnte, war auf einmal real geworden.[258]

Gottes Gnade und Vergebung sind seit 2000 Jahren da. Jesus ist nicht in dem Moment für mich gestorben, als ich ihn angenommen habe. Aber ich musste überführt werden, um es glauben zu können.

Erst wenn man von diesem Unsichtbaren überzeugt ist, kann man es im Glauben annehmen und sein Leben darauf bauen. Deshalb ist Gottes Wort so wichtig. Der Heilige Geist zeigt uns durch die Bibel, was wir glauben können, denn der Glaube gründet sich auf das Wort (Römer 10,17).

Nicht alles, was aussieht wie Glaube, ist auch Glaube

Wenn die Grundlage des Glaubens eine Offenbarung Gottes ist, muss man damit rechnen, dass Glaube Resultate mit sich bringt. Auch das unterscheidet ihn vom positiven Denken. Weltliche Medien versuchen, den Glauben zu diskreditieren. Dazu stürzen sie sich unter anderem auf Fälle von Kranken, die ihren Glauben bekennen, obwohl sie offensichtlich nicht geheilt sind. Nach einer großen Heilungsveranstaltung werden gerade offensichtlich Kranke gerne interviewt, um den Zuschauern zu zeigen, wie dumm der Glaube eigentlich ist.

Nur weil jemand seinen Glauben bekennt, muss es nicht sein, dass er wirklich Glauben hat. Von außen betrachtet kann es sogar sein, dass es aussieht, als wäre echter Glaube vorhanden, aber die Ergebnisse sehen nicht nach Glauben aus. Es ist nie gut, sich etwas vorzumachen. Wenn zwei das Gleiche tun, muss es nicht dasselbe sein. Bei einem steht der Glaube auf dem Fundament einer Offenbarung, sodass passiert, was Gott zugesagt hat. Ein Anderer bekennt den Glauben aufgrund der Lehre eines Anderen und es geschieht nichts. Die Aufforderung: „Glaube!" ist oft genauso sinnlos wie die Aufforderung: „Liebe!". Schon in der Bibel gibt es Beispiele dafür, dass jemand etwas versucht, wozu man Glauben braucht, aber damit scheitert – manchmal mit fatalen Folgen: *„Durch Glauben gingen sie durch das Rote Meer wie über trockenes Land, während die Ägypter, als sie es versuchten, verschlungen wurden"* (Hebräer 11,29).

Traurig, aber wahr: Es gibt etwas, das genauso aussieht wie Glaube, aber keiner ist. Ein Mensch kann dasselbe beten und sich genauso verhalten wie jemand, der im Glauben handelt, aber dennoch andere Resultate erzielen. Es kommt nicht darauf an, etwas zu tun oder das Richtige zu beten oder zu sagen. Das Wichtigste ist, dem zu vertrauen, was Gott sagt. Der entscheidende Knackpunkt ist die Grundlage des Glaubens. Deshalb ist es nötig, sich noch eingehender damit zu beschäftigen, woher der Glaube kommt.

Glaube kommt aus der Predigt

Es ist möglich, Glauben für eine Sache zu haben, aber nicht für eine andere. Wenn man Glauben für Rettung hat, hat man nicht automatisch auch Glauben für Heilung. Um Glauben in einem bestimmten Bereich zu entwickeln ist es nötig, sich speziell damit auseinanderzusetzen. Um Heilungsglauben zu bekommen, sollte man sich daher besonders mit dem Thema Heilung in der Bibel beschäftigen; so kann es zum Überführtsein kommen. Dieses Prinzip beschreibt Paulus im Römerbrief: *„Also ist der Glaube aus der Verkündigung, die Verkündigung aber durch das Wort Christi"* (Römer 10,17).

Glaube kommt also aus dem Wort des Christus. Verschiedene Bibelübersetzungen geben die Stelle jeweils etwas unterschiedlich wieder. Statt „Verkündigung" kann es beispielsweise auch „Botschaft" oder „Predigt" heißen. Das Griechische weist einfach darauf hin, dass etwas (nämlich die Botschaft Jesu) gehört wird. Es ist egal, wie man Gottes Wort aufnimmt, es muss nicht durch eine Predigt sein, sondern kann auch direkt aus der Bibel kommen. Vielleicht spricht Paulus deshalb von der Predigt, weil die meisten Menschen zu seiner Zeit Analphabeten waren, die keinen Zugang zu geschriebenen Quellen hatten.

Auch wenn es mittlerweile viele gute Bücher zum Thema Heilung gibt, ist es wichtig, Gottes Wort selbst auf sich wirken zu lassen. Bibel zu lesen und über dem Text zu beten und zu meditieren, ist ein absolutes Muss. Es geht in erster Linie darum, Gott direkt zu uns sprechen zu lassen, damit der Glaube in unseren Herzen lebendig wird. Was andere sagen, stärkt nur in dem Maße den Glauben, in dem es uns zu Christus bringt. Gerade in einem so wichtigen Bereich wie Heilung sollte man sich nicht auf das verlassen, was ein Autor oder Prediger sagt. Man sollte es selbst von Gott hören.

Manche sagen: „Ich glaube nur, was ich sehe." Diese Redewendung geht am biblischen Glauben vorbei. Wenn man etwas sieht, ist es zu spät zu glauben. Glauben geht dem Schauen voran und kommt aus dem Hören, weswegen Paulus schreibt: *„Denn wir wandeln durch Glauben, nicht durch Schauen"* (2. Korinther 5,7).

In Johannes 20 wird die Geschichte von Thomas beschrieben, der als letzter Jünger dem auferstandenen Jesus begegnete. Er konnte den Berichten der anderen Jünger nicht glauben, die sie ihm von der Auferstehung erzählten. Die Geschichte illustriert, was Paulus über den Glauben sagt.

*Einer der Jünger, Thomas, der auch „Zwilling" genannt wur-
de, war nicht dabei gewesen, als Jesus kam. Sie erzählten ihm:
„Wir haben den Herrn gesehen!" Doch er erwiderte: „Das
glaube ich nicht, es sei denn, ich sehe die Wunden von den
Nägeln in seinen Händen, berühre sie mit meinen Fingern und
lege meine Hand in die Wunde an seiner Seite."*

*Acht Tage später waren die Jünger wieder beisammen,
und diesmal war auch Thomas bei ihnen. Die Türen waren
verschlossen; doch plötzlich stand Jesus, genau wie zuvor, in
ihrer Mitte. Er sprach: „Friede sei mit euch!" Dann sagte er
zu Thomas: „Lege deine Finger auf diese Stelle hier und sieh
dir meine Hände an. Lege deine Hand in die Wunde an meiner
Seite. Sei nicht mehr ungläubig, sondern glaube!"*

„Mein Herr und mein Gott!", rief Thomas aus.

*Da sagte Jesus zu ihm: „Du glaubst, weil du mich gesehen
hast. Gesegnet sind die, die mich nicht sehen und dennoch
glauben."* (Johannes 20,24-29; NLB).

Thomas ist ein Beispiel für einen Christen, der erst glaubt, als er
sieht. Die Pointe ist klar: *„Gesegnet sind die, die mich nicht sehen
und dennoch glauben."*

Dieser Glaube stellt unseren Verstand auf eine harte Probe. Wir sind
es nicht gewohnt, etwas als real zu akzeptieren, das wir nicht sehen.
Wir wollen Beweise, und eines der schwierigsten Dinge beim Leben
aus Glauben ist, auf etwas zu bauen, was man nicht sieht. Im Grunde
ist es sogar noch schlimmer, denn wir glauben meist nicht nur ohne
Evidenz, sondern *gegen* Evidenz. Abraham glaubte Gott, obwohl
alles in seinem Leben dagegensprach. So wurde er zum Vorbild des
Glaubens überhaupt. Glaube führt zu einem Widerspruch zwischen
dem, was wir sehen, und dem, von dem wir wissen, dass es wahr ist.
Es kommt zu schizophrenen Situationen, in denen man lernt, mehr
auf Gottes Wahrheit zu vertrauen als auf menschliche Wahrheit. Jedes
Mal, wenn Gottes Wort unserer Erfahrung widerspricht, müssen wir
uns entscheiden, Gott zu vertrauen.

Manchen Menschen fällt es sehr schwer anzunehmen, dass Gott
sie liebt. Obwohl sein Wort voll von seiner Liebe ist, können sie es
nicht glauben, weil sie sich selbst nicht liebenswert finden. Manchmal
stehen die Erfahrungen eines ganzen Lebens gegen Gottes Offenba-

rungen. Dennoch sollten wir uns dafür entscheiden, ihm mehr Glauben zu schenken als allem anderen.

Der Weg des Glaubens wird durch Beziehungen erschwert oder erleichtert. Wenn wir in zwei unterschiedlichen Realitäten leben – Gottes Reich und „der Welt" –, kann die Realität, in der unsere Freunde leben, den Ausschlag geben. Das ist ein starkes Votum für gläubige christliche Gemeinschaft. Ein Freundeskreis, in dem niemand an die Realität Gottes glaubt, wird immer davon abraten, den Weg weiterzugehen. Bei jedem Fehlschlag wird man deutlich machen, dass man immer schon gesagt hat, dass Heilung nicht funktioniert. Auf der anderen Seite wird ein Umfeld, das glaubt, dass Gott heilen will, immer wieder Mut zusprechen, den Weg zu Ende zu gehen.

Eine Geschichte aus den Evangelien illustriert sowohl die Bedeutung des Glaubens für Heilung als auch die Bedeutung der Predigt für den Glauben.

> *Jesus verließ diesen Teil des Landes und kehrte mit seinen Jüngern in seine Heimatstadt Nazareth zurück. Am folgenden Sabbat begann er in der Synagoge zu lehren. Viele der Zuhörer waren sehr erstaunt. Sie fragten: „Wo hat er nur diese Weisheit her und die Macht, solche Wunder zu tun? Er ist doch nur ein Zimmermann, der Sohn Marias und der Bruder von Jakobus, Josef, Judas und Simon. Auch seine Schwestern leben hier unter uns." Und sie ärgerten sich über ihn.*
>
> *Da sagte Jesus zu ihnen: „Ein Prophet wird überall verehrt, nur nicht in seiner eigenen Heimatstadt, von seinen Verwandten und von seiner eigenen Familie."*
>
> *Weil sie nicht an ihn glaubten, konnte er keine Wunder bei ihnen tun und er legte nur einigen Kranken die Hände auf und heilte sie. Und er wunderte sich über ihren Unglauben. Danach zog Jesus von Dorf zu Dorf und lehrte die Menschen* (Markus 6,1-6; NLB).

Selbst Jesus erlebte also, dass Unglaube seine Heilungskraft beeinträchtigen konnte. Für manche Anwesenden mag es so ausgesehen haben, als hätte Jesus tolle Wunder getan. Aus himmlischer Perspektive wurden nur ein paar Kranke geheilt. Das Problem war, dass Jesus in seiner Heimatstadt zu bekannt war. Seine Zuhörer hatten ihn aufwachsen sehen, sie kannten seine Geschwister. Wer kann schon an einen Messias glauben, mit dem er im Sandkasten gesessen hat?

Es waren keine schlechten Menschen, die Gottes Kraft in Nazareth behinderten. Es waren ganz normale Leute, die eine Geschichte mit Jesus hatten. Ihre Erfahrungen waren so stark, dass sie ihm nicht glauben konnten. Das muss für viele auch heute bekannt klingen. Wie oft erwarten wir nichts mehr vom Christentum, weil Vorurteile, Erfahrungen oder Zeitungsberichte uns gegen positive Erwartungen verschließen?

Als Prediger kann ich die Geschichte gut nachempfinden. Es gibt Gemeinden, in denen man sehr offen empfangen wird. Die Erwartungen sind hoch, die Stimmung super. In diesen Gemeinden ist es leicht zu predigen, denn alle lachen an den richtigen Stellen. Oft bin ich selber ermutigt durch solche Dienste und zehre davon, wenn es mal anders läuft. In anderen Gemeinden fragt man sich als Prediger, warum man überhaupt eingeladen wurde. Leute gehen während der Predigt nach Hause oder sitzen mit verschränkten Armen und kritischem Blick im Publikum. In solchen Gemeinden ist es schlicht nicht möglich, alles zu geben, was man hat.

Obwohl Gott immer bereit ist zu segnen, kann unsere innere Haltung seinen Segen begrenzen. Vermutlich verhält es sich mit jeder geistlichen Segnung so. Gottes Wirken hängt zu einem gewissen Teil vom Zusammenspiel zwischen Prediger und Zuhörern ab. Letztlich ist es noch immer unsere Entscheidung, was wir von Gott bekommen. Wir können verhindern, dass Gottes Kraft sich Bahn bricht.

Welche Kranken waren es wohl, die in Nazareth geheilt wurden? Vermutlich diejenigen, die Glauben hatten und ihn sich auch nicht von den umstehenden Ungläubigen kaputtreden ließen. Deshalb ist es so wichtig, am Glauben zu arbeiten. Er ist das Element, das wir aktiv beeinflussen können.

Nachdem Jesus in seiner Heimatstadt weniger wirken konnte, als er sich vorgenommen hatte, zog er umher und lehrte. Es ist dasselbe Prinzip, von dem der vorherige Absatz handelt. Glaube kommt aus der Predigt, diese aber aus dem Wort. Wenn der Glaube nach Römer 10,17 *„durch das Wort Christi"* kommt, ist es nur logisch, dass Jesus umherzog, um zu predigen.

Dabei wollte Jesus nicht einfach nur Fakten vermitteln, die man nicht beweisen kann. Um den Glauben zu verstehen, den er predigte, müssen wir uns ansehen, was „das Wort" in einem biblischen Sinne bedeutet.

Die deutsche Sprache verwendet Glauben meist als ein „Für-wahr-Halten". In diesem Sinne „glaubt" man etwas, das man nicht beweisen kann.[259] Das fällt mir besonders auf, wenn ich an meine Konfirmation denke: Nach zwei Jahren Unterricht saßen wir Konfirmanden in einem großen Saal und der Pfarrer fragte den Glauben ab. „Glaubst du, dass Jesus Christus Gottes Sohn ist?" Die richtige Antwort hatten wir vorher gelernt: „Ja, ich glaube." Ich kann mir kaum vorstellen, dass alle Konfirmanden wirklich gläubig waren. Ich jedenfalls hatte keine Beziehung zu Gott. Dennoch habe ich diesen „Glaubenstest" mit Leichtigkeit bestanden. Im biblischen Sinne hat Glaube allerdings mehr mit Beziehung zu tun, als das deutsche Wort vermuten lässt.

Es beginnt damit, etwas für wahr zu halten, geht dann aber weiter. Wollte man das griechische Wort *pistis* anders übersetzen, müsste man sich zwischen „Vertrauen" und „Treue" entscheiden. Das englische *faith* spiegelt diese beiden Bedeutungen besser wider als das deutsche Wort. Vor die Wahl gestellt, würde ich „Vertrauen" bevorzugen. Glaube bedeutet, dem zu vertrauen, was Gott sagt. Sein Vertrauen auf Jesus zu setzen, heißt, alle Versuche fahren zu lassen, Gott zu beeindrucken oder aus sich selbst heraus gerecht werden zu wollen.

Damit ist Glaube eine der schwierigsten Angelegenheiten überhaupt. Vertrauen in das Werk eines anderen zu haben, fällt keinem leicht. Es gibt ein ständiges Verlangen in uns, selber etwas zu tun.

Man kann dieses Vertrauen nicht haben, ohne vorher Überführung erlebt zu haben. Deshalb sagt Jesus zu Petrus: *„Glückselig bist du [...] denn Fleisch und Blut haben es dir nicht offenbart"* (Matthäus 16,17). Vertrauen kann man nicht erzwingen, man muss es geschenkt bekommen. Nicht umsonst spricht der Volksmund davon, dass man jemandem sein Vertrauen schenkt. Jeder Mensch hat grundsätzlich die Fähigkeit zu vertrauen, denn Gott hat jedem ein Maß des Glaubens in die Wiege gelegt (Römer 12,3). Es kommt allerdings darauf an, was man mit diesem Vertrauen macht und wem man es schenkt.

Gott zu glauben bedeutet, ihm sein Vertrauen zu schenken und den Aussagen der Bibel zuzustimmen, indem man sein Leben darauf baut.

Die zweite wörtliche Bedeutung von *pistis* ist „Treue". Es reicht nicht, einmal im Leben zu glauben. Glaube bedeutet auch, an etwas Erkanntem stetig und durch alle Höhen und Tiefen hindurch festzuhalten. Jeder hat Phasen, in denen der Glaube auf die Probe gestellt wird:

„Darin jubelt ihr, die ihr jetzt eine kleine Zeit, wenn es nötig ist, in mancherlei Versuchungen betrübt worden seid, damit die Bewährung eures Glaubens viel kostbarer befunden wird als die des vergänglichen Goldes, das durch Feuer erprobt wird, zu Lob und Herrlichkeit und Ehre in der Offenbarung Jesu Christi" (1.Petrus 1,6-7).

Anfechtungen und Schwierigkeiten sind kein Grund zur Verzweiflung. Im Gegenteil, wir sollten sie willkommen heißen als Gelegenheiten, in denen unser Glaube geläutert wird. Anfechtungen, egal, in welcher Form sie kommen, sind der Versuch, uns von dem abzubringen, was wir von Gott verstanden haben. Damit ist auch gesagt, wie der Glaube in diesen Zeiten wächst: indem wir an unserem Bekenntnis festhalten und nicht darin schwankend werden, egal, was um uns herum geschieht und wie es gerade aussieht.

Das Ergebnis ist, dass man sein Leben aus Glauben lebt. *„'Mein Gerechter aber wird aus Glauben leben'; und: ,Wenn er sich zurückzieht, wird meine Seele kein Wohlgefallen an ihm haben'"* (Hebräer 10,38).

Von daher reicht es nicht, einen Glauben nur zu bekennen; wir müssen das umsetzen, was wir glauben.

Glaube ist also in der Essenz das simple Gottvertrauen, das uns aufgeklärten Menschen so schwerfällt. Er bedeutet, das umzusetzen, was wir von Gott begriffen haben, ohne es zu hinterfragen oder auf Haken, Ösen und Ausnahmen zu untersuchen. Heilungsglaube bedeutet, Heilung vertrauensvoll aus der Hand des himmlischen Vaters zu empfangen.

Gottes Reich

Die zweite Säule, auf der die Heilungstheologie steht, ist Gottes Reich. Man kann nicht alles mit Glauben erklären. Selbst die größten Glaubenshelden werden einmal krank. In manchen Fällen brachte es Gläubige in Gewissensnöte, dass sie nicht verstanden, wie eines ihrer Vorbilder an einer Krankheit sterben konnte.[260] Dabei hat Jesus selbst darüber gesprochen.

Als Maria Magdalena ihn salbte (Johannes 12,1-9), entstand unter den Anwesenden eine Diskussion. Hätte man mit dem kostbaren Salböl nicht etwas Besseres anfangen können? Man hätte es doch auch verkaufen und das Geld den Armen spenden können. So groß war das moralische Dilemma nun allerdings nicht, denn die Frage wurde gerade von Judas, dem geldgierigen Kassenwart der Gruppe, vorgebracht. In diesem Zusammenhang sagte Jesus etwas, das sich ebenso gut auf Kranke anwenden lässt: *„Die Armen habt ihr allezeit bei euch, mich aber habt ihr nicht allezeit"* (Johannes 12,8). Vordergründig geht es darum, dass Maria ihn auf sein baldiges Begräbnis vorbereitet. Doch auch auf anderer Ebene ist die Aussage interessant. Der Messias brachte den Armen eine gute Botschaft (Lukas 4,18). Seine Jünger sollten es ebenso machen, gleichwohl würden sie immer Arme in ihrer Mitte haben. Nicht allen kann also geholfen werden. Im selben Sinne predigt die Kirche ein Evangelium der Heilung, trotzdem wird es immer Kranke in unserer Mitte geben. So viele Wunder auch passieren mögen, hier ist nicht der Himmel. Die Ergebnisse werden immer ausbaufähig bleiben.

Die theologische Erklärung dazu liegt in Gottes Herrschaft. Sein Reich bricht unter uns an, es zeigt sich in Zeichen und Wundern, bleibt aber in dieser Welt immer unvollendet.

Dieser Gedanke hat mich schon immer fasziniert. Zum ersten Mal hörte ich im Konfirmationsunterricht davon, dass Gottes Reich schon da und noch nicht da ist. Es ist gleichzeitig gegenwärtig und zukünftig. Manche vergleichen es mit einem Sonnenaufgang: Man sieht schon den roten Streifen am Horizont, aber die Sonne ist noch nicht ganz aufgegangen. Ich kann diesen Vergleich gut nachempfinden, denn ich schreibe gerade mit einem Laptop im Garten. Es ist noch zu kalt, um überall zu sitzen, deshalb ziehe ich alle paar Minuten mit meinem Stuhl um und gehe der Sonne hinterher. In einigen Stunden wird der ganze Garten sonnendurchflutet sein, sodass es vor Hitze kaum mehr einen Platz geben wird, an dem man es aushält.

Gottes Reich ist also im Wesentlichen ein zukünftiges Reich, das wir aber schon jetzt erleben können. Obwohl das Beste noch kommt, werden wir nicht auf das Jenseits vertröstet.[261] Diese Ansicht hat Einfluss auf unsere Heilungstheologie. Im Himmel gibt es keine Krankheit (Offenbarung 21,4), aber auf dieser Welt ist alles vorläufig.

Der amerikanische Theologe George Eldon Ladd beschreibt die theologische Komplexität des Reiches folgendermaßen:

(1) Einige Bibelstellen beziehen sich auf Gottes Reich als Gottes Herrschaft. (2) Einige Bibelstellen beziehen sich auf Gottes

Reich als einen Bereich, in den wir jetzt schon hineinkönnen
und in dem wir die Segnungen von Gottes Herrschaft erleben
können. (3) Noch andere Stellen reden von Gottes Reich als
von etwas Zukünftigem, in das wir erst hineinkönnen, wenn
Jesus wiedergekommen ist und seine Herrschaft vollständig
aufgerichtet hat. Somit hat Gottes Reich in verschiedenen
Bibelversen drei unterschiedliche Bedeutungsvarianten.[262]

Gottes Herrschaft war bereits im Alten Testament sichtbar. Durch den Tod und die Auferstehung Jesu brach es aber in besonderer Weise an, sodass es nun jeder erleben kann. Mit jeder Bekehrung, Heilung, Befreiung oder Berührung des Heiligen Geistes wird Gottes Reich sichtbar. Dennoch werden wir erst ganz in diesem Reich leben, nachdem Jesus wiedergekommen ist, um Gericht zu halten. Bis dahin bestimmt die Spannung zwischen „schon jetzt" und „noch nicht" ständig unser Leben als Christen in dieser Welt. Gottes Reich kommt jedes Mal, wenn ein Gebet erhört wird. Gleichzeitig werden wir daran erinnert, dass es noch nicht komplett durchgebrochen ist, wenn wir beten, ohne dass etwas passiert. Wir können bereits jetzt Heilungen erleben, aber erst im Himmel wird jeder Kranke geheilt sein.

Es gibt viele Gründe, warum ein Gebet nicht erhört oder ein Kranker nicht geheilt wird. Einer ist, dass die Welt immer noch eine gefallene Schöpfung ist, deren Erlösung noch aussteht (Römer 8,22). Das nimmt uns viel Druck. In vielen Fällen ist es einfach ein Geheimnis, warum jemand nicht geheilt wird. Auch wenn wir alles tun, was wir können, kann es vorkommen, dass es nicht klappt. Dann muss man keinen Verantwortlichen suchen, dem man die Schuld in die Schuhe schieben kann. Hier ist einfach nicht der Himmel.

Diese Spannung wird oft als „eschatologische Spannung" bezeichnet. Der Ausdruck kann in eine falsche Richtung weisen, denn „Eschatologie" ist in der Theologie die Lehre von den letzten Dingen. So kann der Eindruck entstehen, der Himmel sei ein „letztes Ding", das erst kommt, wenn alles andere vorbei ist oder wir tot sind. Das klingt, als könnten wir nur warten, bis es so weit ist. Es war aber nie unser Auftrag, auf den Himmel zu warten; wir sind hier, um Gottes Herrschaft aufzurichten.[263]

Jede Theologie, die dazu führt, dass wir die Welt als schlechten Ort akzeptieren, ohne mit Gottes Wirken zu rechnen, ist gefährlich. Die

Unterteilung in einen gegenwärtigen und einen zukünftigen Aspekt ist auch nicht ganz richtig. Es ist noch korrekter, sich Gottes Reich als etwas vorzustellen, das uns bereits jetzt zur Verfügung steht, weil es gewissermaßen parallel zu unserer Welt besteht. Es war immer schon da. In der Schöpfung scheinen beide Reiche miteinander verbunden zu sein: Es gab keine Sünde und Gott und die Menschen lebten bis zum Sündenfall zusammen. Nach dem Fall trennten sich beide Reiche und Satan wurde der Herr dieser Welt (2. Korinther 4,4).

Teil des Auftrages Jesu war es, Gottes Reich als konkurrierendes System zu dieser Welt vorzustellen. Sein Dienst und die Verkündigung des Reiches waren eine Kampfansage an das weltlich-satanische System. Durch seine Auferstehung und die Ausgießung des Heiligen Geistes steht uns dieses Reich nun zur Verfügung. Wir leben darin, auch wenn wir gleichzeitig noch in der Welt leben. Daher ist unser Auftrag derselbe, den Jesus hatte: Gottes Reich in diese Welt hineinzubringen. Die Spannung besteht zwischen dem, was wir schon jetzt umgesetzt haben, und dem, worauf wir noch warten. Prinzipiell ist das Potenzial vorhanden, Gottes Herrschaft in jedem Bereich aufzurichten. Da, wo es nicht gelingt, wird es in der Zukunft geschehen, möglicherweise erst nach dem Tod. Wir sollten niemals Gottes Reich allein auf die Ewigkeit verschieben.

Alles Gute erst im Himmel zu erwarten, degradiert dieses Leben zum großen Jammertal, durch das man auf dem Weg zum Himmel irgendwie durch muss. Hat man es einmal geschafft, wird alles gut. Ich habe großen Respekt vor Christen, die das Leben mit einer solchen Einstellung bis zum Ende durchgehalten haben. Bestimmt werden sie eine gewaltige Erlösung im Himmel erleben. Dennoch glaube ich nicht, dass es Gottes Plan ist, dass wir so leben. Der Vater hat sich in seiner Liebe etwas anderes für uns vorgestellt. Passivität gegenüber dem Bösen ist keine christliche Einstellung.

Das Prinzip gilt für jeden Bereich des Lebens, nicht nur für Heilung. Gottes Herrschaft äußert sich in sozialer Gerechtigkeit ebenso wie im fairen Umgang miteinander oder einer positiv-entwickelnden Haltung der Gesamtgesellschaft gegenüber.

Kennzeichen des Reiches

Verschiedene Zeichen zeigen Gottes Herrschaft an. Als Johannes der Täufer im Gefängnis eine schwere Glaubenskrise hatte, schickte er seine Jünger mit der Frage zu Jesus: „Bist du der, der kommen soll? Oder müssen wir auf einen anderen warten?"

Jesus antwortete und sprach zu ihnen: Geht hin und verkündet Johannes, was ihr gesehen und gehört habt: Blinde sehen wieder, Lahme gehen, Aussätzige werden gereinigt, Taube hören, Tote werden auferweckt, Armen wird gute Botschaft verkündigt! (Lukas 7,22).

Johannes wusste, dass der Messias sich übernatürlich ausweisen würde. Die Wunder, die Jesus tat, zeigten, wer er war. Es waren Zeichen dafür, dass Gottes Reich angebrochen war. Der König kommt nicht allein, er bringt sein Reich mit sich. Wo immer Jesus war, breitete sich Gottes Reich aus. Seine Gottesdienste waren stets außergewöhnlich: Menschen lernten Gott kennen, Dämonisierte wurden frei, Kranke wurden geheilt – überall, wo sich der Herr des Lebens zeigte, brach das Leben aus.

Gottes Reich ist das zentrale Thema der Predigten Jesu.[264] In Markus 1,15 begann er sein öffentliches Wirken mit der Verkündigung, dass Gottes Reich gekommen ist. Als er seine Jünger aussandte, sollten sie Gottes Reich predigen (Markus 10,7 und Lukas 10,1). Paulus verkündigte es (Apostelgeschichte 28,31) und auch in den Briefen und der Offenbarung ist es immer wieder Thema. Die Bedeutung dieses Reiches liegt in seiner Überlegenheit dieser Welt gegenüber begründet. John Wimber listet vier Bereiche auf, in denen Jesus die Überlegenheit von Gottes Reich über das Reich dieser Welt zeigte.[265]

- Dämonen: Dadurch, dass Jesus ständig Dämonen austrieb, wurde deutlich, dass Satan Gottes Reich nichts entgegenzusetzen hat.
- Krankheit: Ungefähr 15 Prozent der Verse in den Evangelien handeln von Heilung; damit hat Jesus die Realität eines Reiches ohne Krankheit gezeigt.
- Natur: Die Beschreibung des Paradieses im ersten Buch Mose zeigt, dass gefährliche Naturphänomene erst nach dem Sündenfall auftraten. Indem er den Sturm stillte, zeigte Jesus, dass es in Gottes ewigem Reich keine Naturkatastrophen mehr geben wird.
- Tod: Jesus holte Menschen vom Tod zurück und stand selbst wieder von den Toten auf. Gottes Reich ist stärker als der Tod.

Nach allem, was ich bisher geschrieben habe, ist deutlich geworden, dass es zwei Reiche gibt: die Welt und den Bereich, in dem Gott regiert. Die Frage ist, wie diese beiden Welten zueinander stehen, was die Bibel über sie sagt und in welchem Maße sie sich beeinflussen.

Die beiden Realitäten

Dass es eine unsichtbare Welt gibt, muss eigentlich jedem Gläubigen klar sein. Gott ist unsichtbar, dennoch existiert er. Dasselbe gilt für den Teufel, Engel und Dämonen. All das ist da, auch wenn wir es nicht sehen. Während ich diese Zeilen schreibe, ist der Intercity Express, in dem ich sitze, voll mit dem Heiligen Geist. Gott ist hier, ob ich das merke oder nicht. Vermutlich sind auch Engel hier, ebenso wie böse Geister, auch wenn ich beide Wesen nie gesehen habe. Überall sind Lichtwellen, Radiowellen und anderes, was ich mit meinen bloßen Sinnen nicht wahrnehmen kann. Würde ich ein Radio oder einen Fernseher einschalten und die entsprechenden Frequenzen einstellen, hätte ich einen Beweis für diese Wellen. Wenn ich das nicht tue, kann ich immerhin glauben, dass sie da sind. Mit der unsichtbaren Welt verhält es sich ebenso wie mit den Wellen – sie ist da, ob wir sie gerade wahrnehmen oder nicht.

Es gibt viele Bibelstellen, die uns die Existenz der unsichtbaren Welt zeigen. Die Welt, die wir mit unseren fünf Sinnen wahrnehmen, ist stark von der unsichtbaren Welt beeinflusst (z.B. Epheser 6,12). Vieles, was sich in der Schrift auf sie bezieht, ist chiffriert. Wir haben oft nur ein paar Begriffe, wenn wir darüber reden, aber die Bibel ist voll von Bildern, die sich auf diese Welt beziehen. Engel tauchen unter verschiedenen Bezeichnungen auf[266], sodass man leicht darüber hinwegliest. Aber wenn man einmal angefangen hat, das Thema zu studieren, findet man Hinweise auf die unsichtbare Welt an allen Ecken und Enden der Bibel.

Für Paulus war diese Welt die „wahre" Welt:

Denn das schnell vorübergehende Leichte unserer Bedrängnis bewirkt uns ein über die Maßen überreiches, ewiges Gewicht von Herrlichkeit, da wir nicht das Sichtbare anschauen, sondern das Unsichtbare; denn das Sichtbare ist zeitlich, das Unsichtbare aber ewig (2. Korinther 4,17-18).

Aus der Fülle des Materials möchte ich nur ein Beispiel aus dem Neuen Testament herausgreifen, um die Realität der unsichtbaren Welt zu zeigen.

Doch Stephanus, vom Heiligen Geist erfüllt, blickte unverwandt zum Himmel hinauf, wo er die Herrlichkeit Gottes sah, und er sah Jesus auf dem Ehrenplatz zur Rechten Gottes stehen. Er sagte zu ihnen: „Schaut doch, ich sehe den Himmel offen und den Menschensohn auf dem Ehrenplatz zur Rechten Gottes stehen!"

Da hielten sie sich die Ohren zu, schrien mit lauter Stimme und stürzten sich auf ihn. Sie schleppten ihn hinaus vor die Stadt und steinigten ihn (Apostelgeschichte 7,55-58; NLB).

Diese Stelle hat mich seit jeher fasziniert. Stephanus, der erste christliche Märtyrer, wurde gesteinigt. Noch sterbend war er ein Zeugnis für seinen Herrn. Die Männer, die ihn steinigten, mussten sich die Ohren zuhalten, um ihr böses Werk vollenden zu können. (Es ist auch recht amüsant, sich die Schwierigkeiten vorzustellen, in die Stephanus seine Henker brachte: Sich gleichzeitig die Ohren zuhalten und Steine zu werfen, ist ganz gewiss nicht einfach!)

Stellen wie diese zeigen, dass der Himmel eine Realität ist, die jetzt schon da ist. Wir können ihn sogar mit unseren fünf Sinnen wahrnehmen, wenn Gott uns den Schleier von den Augen nimmt.

Ich empfinde die Überlegenheit der unsichtbaren Welt gegenüber der sichtbaren als eine der grundlegendsten Lehren des Christentums. Gottes Welt hat größere Realität, sie ist stabiler und wahrer als alles, was wir sehen und anfassen können. Diese Erkenntnis ist auf kein theologisches System beschränkt, ich habe sie in sehr konservativen Gemeinden ebenso gehört wie in charismatischen. Unter dem Strich scheint es eine Aussage zu sein, die Christen aller Bekenntnisrichtungen unterschreiben können.

Über die Anwendung dieser Erkenntnis herrscht allerdings keine Einheit. Was dem einen als logische Konsequenz daraus erscheint, empfindet der andere als Ketzerei. Für mich ist klar, dass Gottes Realität immer über meiner Lebenswirklichkeit steht – mein Leben soll sich Gottes Wort und seinem Willen anpassen, nicht umgekehrt. In diesem Sinne kann ich sagen, dass ich als ein Kind des Himmels bereits geheilt bin, auch wenn es hier nicht sichtbar ist. Die Frage ist, worauf wir schauen und worüber wir uns definieren. Was Gott sagt, sollte wichtiger sein, als was wir sehen und anfassen können.

Es scheint widersprüchlich, dass Jesus den Sieg schon errungen hat, unsere Welt aber noch immer ist, wie sie ist. Wir singen in unseren Gottesdiensten von Jesu Sieg, erleben aber alle auch Niederlagen im Glauben. Wie kann ein Sieg gleichzeitig errungen und dennoch nicht vollendet sein?

> *In seinem Buch „Christus und die Zeit" vergleicht Oscar Cullmann unsere Situation mit der der Alliierten im Zweiten Weltkrieg nach der Landung in der Normandie. Am 6. Juni 1944 schlugen und gewannen die Alliierten die kriegsentscheidende Schlacht. Doch der Krieg ging weiter und endete erst am 8. Mai 1945, dem sogenannten „Tag des Sieges" – elf Monate später. Zwischen der Entscheidungsschlacht und dem Tag des Sieges starben mehr amerikanische Soldaten als zu jedem anderen Zeitpunkt des Krieges.*
>
> *Genauso verhält es sich mit Jesus. Unsere Entscheidungsschlacht fand am Ostermorgen statt, unser Tag des Sieges ist das zweite Kommen Christi. In der Zwischenzeit geht der Krieg weiter.*[267]

Wunder sind Zeichen der Gegenwart des Reiches. Sie zeigen, dass Gottes Reich nicht nur zukünftig ist, sondern bereits im Jetzt und Hier angebrochen ist. Die Spannung, in der wir leben, ist nicht nur eine zeitliche – sie hat alltägliche Auswirkungen: Wie viel erleben wir von Gottes jetzt schon vorhandener Realität in unserer Welt? Das Reich ist heute hier: Ganz und gar, es steht uns komplett „zur Verfügung"; wir müssen es nur in dieser Welt sichtbar werden lassen.

Manche sagen, dass Heilungen ein Zeichen für das kommende Reich sind, aber das stimmt nur halb. Zwar spricht Hebräer 6,5 von Kräften der zukünftigen Welt, Jesus sagte jedoch von seinem Befreiungsdienst: *„Wenn ich aber durch den Finger Gottes die Dämonen austreibe, so ist also das Reich Gottes zu euch gekommen"* (Lukas 11,20).

Das Reich ist also bereits hier, zeigt sich aber in Kräften der zukünftigen Welt. Das lässt sich ohne Probleme auf Heilungen und alles andere Übernatürliche beziehen: Alles, was durch die Kraft des Heiligen Geistes geschieht, ist Gottes Reich. Mit Gottes Kraft bricht die Wirklichkeit des Himmels in unsere Welt hinein. Paulus schrieb darüber: „*Denn das Reich Gottes besteht nicht im Wort, sondern in Kraft*" (1. Korinther 4,20).

Solange wir uns Gottes Reich nur als etwas Kommendes vorstellen, werden wir es nicht effektiv ausbreiten. Wir müssen wissen, dass wir Botschafter dieses Reiches sind und dass wir es jetzt bereits erleben können.

Das muss uns zu einer herausfordernden Frage bringen: „Ist Gottes Reich unter uns, wenn wir nur tröstende Worte für Kranke haben, aber keine Kraft?", und: „Wenn es nicht unter uns ist, was bauen wir stattdessen?" Kraftlosigkeit darf bei uns nicht zu theologischen Rechtfertigungen führen, sondern sollte Sehnsucht nach mehr von Gott auslösen. Die Welt, in der wir leben, braucht nichts dringender als Gottes Realität!

Es gibt verschiedene Möglichkeiten, mit einer Spannung umzugehen. Man kann sich radikal für die eine oder die andere Seite entscheiden oder sich bemühen, einen Mittelweg zu finden und dabei die Spannung auszuhalten. Wie sich diese Möglichkeiten auf Heilungstheologie auswirken, will ich jetzt beschreiben.

Spannungen

Biblische Lehre ist nicht eindimensional aufgebaut, sondern vollzieht sich oft in Gegensätzen. Wie bei einer Batterie sind Plus und Minus aufeinander bezogen. Für sich genommen sind beide harmlos, aber wenn sie zusammenkommen, fliegen die Funken. In der Theologie sind es besonders zwei Spannungen, die sich durch den ganzen Glauben ziehen: Wahrheitsspannungen und Wirklichkeitsspannungen. Beide haben einiges mit Heilung zu tun.

Wahrheitsspannungen

Manche Aussagen der Bibel scheinen sich zu widersprechen. Zum Beispiel die Spannung zwischen der Souveränität (Allmacht) Gottes und der Verantwortung des Menschen. Man kann hier lehrmäßig von beiden Seiten vom Pferd fallen. Es ist möglich, die Allmacht so ausgefeilt zu predigen, dass der Eindruck entsteht, der Mensch spiele keine Rolle im Bau des Gottesreiches (calvinistische Kreise tendieren in diese Richtung). Man kann aber auch die Verantwortung des Menschen so überbetonen, dass Leute darunter zusammenbrechen und ausbrennen (wie es bei stark evangelistischen Predigern vorkommt). Man kann Heilung so verstehen, dass sie ganz in Gottes Souveränität fällt, sodass der Mensch nichts beizutragen hat. Das führt zu einer passiven Haltung, die wenig Übernatürliches erwartet. Man kann aber auch das Gegenteil betonen, als läge alles am Menschen, der sich die Heilung aneignen muss. Das nimmt Gott völlig aus der Rechnung und führt nicht selten zu Druck, Glaubenskrisen und seelsorgerlichen Problemen.

Die Bibel wurde für Menschen geschrieben, die sich in den unterschiedlichsten Situationen befinden. Gott kann nicht jedem zu jedem Zeitpunkt dasselbe sagen. Deswegen stehen in der Bibel viele Aspekte derselben Wahrheit nebeneinander. In Bezug auf Heilung ist es dasselbe wie bei jedem anderen großen Bibelthema auch. Allgemeingültige Aussagen stehen neben Gedanken, die Gott in bestimmten Situationen betont. Manchmal scheint zwischen beiden ein Widerspruch zu bestehen.

Diese wahrgenommenen Widersprüchlichkeiten können irritierend wirken. Wenn dann auch noch etwas Prophetisches dazukommt, ist die Verwirrung komplett. Wie kann der eine von Gott hören, dass er geheilt ist, während der andere das genaue Gegenteil hört? Wie kann derselbe Gott mal dieses und dann wieder das ganz andere sagen? Ich möchte den Spieß umdrehen und fragen: „Wie kann er nicht?"

Wenn ich einen Abend im Kultshock (unserem Club) verbringe und du mich die ganze Zeit belauschst, dann wirst du vielleicht zwei unterschiedliche Gespräche mithören. Jemand fragt mich: „Ist es okay, wenn ich ein Bier trinke?" Ich antworte: „Nein, auf keinen Fall!" Minuten später hörst du, wie mich jemand anderes fragt: „Ist es okay, wenn ich ein Bier trinke?", und ich antworte: „Sicher, warum nicht?"

Wenn du das so mit anhören würdest, dann würdest du bestimmt sagen: „Was ist denn mit dem Storch los? Der war doch sonst immer recht vernünftig, aber mittlerweile widerspricht er sich maßlos." So fühlt sich mancher, wenn er die Bibel liest. Mal steht da: Abraham wurde aus Glauben gerecht (Römer 4,3); dann wieder, dass auch Werke dazu nötig waren (Jakobus 2,21-22). „Was denn nun?" fragen sich manche. Dieser Widerspruch ist leicht aufzulösen, wenn man weiß, dass Glaube immer Werke hervorbringt. Andere Aussagen sind da schon härtere Nüsse.

An dem Abend im Kultshock hättest du weniger Probleme gehabt, wenn du meine Gesprächspartner gekannt hättest. Dem trockenen Alkoholiker, der gerade vor einer Woche seine Therapie beendet hatte, riet ich deutlich vom Bier ab. Bei einem anderen Gast, der mit Alkohol umzugehen weiß, hatte ich keine Bedenken. Mit dem Lesen der Bibel ist es dasselbe. Es geht nicht nur darum, was da steht, sondern an wen es sich in welcher Situation richtet. Wir Menschen sind zu komplex, als dass Gott immer allen dasselbe sagen könnte.

Eines der größten Probleme, die Christen mit der Bibel haben, ist, dass sie Gottes Wort als Gesetzbuch sehen und nicht als Beziehungsbuch. Die Bibel wurde nicht geschrieben, damit wir mechanisch ihrem Buchstaben folgen; sie ist ein geistliches Buch (Johannes 6,63), das geistlich gelesen werden muss. Gottes Wort ergibt nur dann Sinn, wenn wir es mit dem Heiligen Geist zusammen lesen und er uns die Anwendung auf unsere momentane Situation erklärt. Mal redet er hart und mal entspannt mit uns. Mal bestätigt er uns in dem, was wir machen, dann wieder fordert er uns heraus – das eben ist Beziehung.

Es liegt kein Widerspruch darin, dass der allmächtige Gott mal sagt: „Entspann dich", und dann wieder: „Gib Gas!" Darin zeigt sich eine gesunde Beziehung, kein verwirrter Gott. Ebenso kann Gott einmal sagen, dass jemand ausruhen, ein anderes Mal, dass er um seine Heilung kämpfen soll. Beides steht nicht im Widerspruch zueinander.

Wirklichkeitsspannungen

Es gibt aber auch Themen, bei denen Ausgewogenheit nicht bedeuten kann, die eine und die andere Seite zu lehren, weil es nur eine Seite gibt. In diesen Fällen ist Ausgewogenheit das Predigen *gesunder Lehre* (2. Timotheus 4,3) – einer Lehre, die frei macht, nach Gottes Maßstäben zu leben. Man kann das Ideal sehen (so hat es sich der Schöpfer gedacht) oder die menschliche Lebenswirklichkeit. In diesem Zusammenhang nimmt man also keine Wahrheitsspannung, sondern eine Wirklichkeitsspannung wahr. Wir leben noch nicht in dem, was Gottes vollkommener Wille für uns geplant hat.

In solchen Fällen kann man einseitig Gottes Wirklichkeit lehren. Man kann aber auch die menschliche Seite mit ihren Erfahrungen und

Enttäuschungen betonen. Beide Seiten sind wahr, aber die meisten Menschen kennen die Seite der menschlichen Lebenswirklichkeit besser als die des göttlichen Planes. Deshalb halte ich es für pädagogisch sinnvoller, die Seite Gottes stärker vor Augen zu malen als die menschliche. Lehre kann in diesen Fällen als einseitig empfunden werden. Das muss aber nicht heißen, dass jeder, der so lehrt, einseitig denkt. Es kann einfach sinnvoll sein, nicht immer ausgewogen zu lehren, weil man sonst nicht den Punkt rüberbringt, um den es geht. Jüngerschaft ist ein Prozess, in dem wir lernen, unser Leben der Realität des Reiches anzupassen. Manchmal hilft es dabei, ein wenig zu provozieren, indem man Dinge klar und überspitzt darstellt, die man in anderem Umfeld anders sagen würde.

Man spricht von Gottes Realität und davon, dass „durch seine Wunden alle geheilt sind". Die andere Seite ist die, dass ein Mensch immer noch körperlich krank sein kann, obwohl es in Gottes Reich Heilung für ihn gibt. Darüber hat es schon viele Diskussionen gegeben: Darf man noch sagen, dass man krank ist, oder ist das Unglaube? Ist es auf der anderen Seite nicht Selbstbetrug, zu behaupten, dass man geheilt ist, wenn man noch im Rollstuhl sitzt? Ich halte diese Diskussion für nicht besonders fruchtbar, weil beide Ansichten stimmen. Es kommt darauf an, vom Heiligen Geist zu empfangen, was in der momentanen Situation geboten ist.

Manchmal ist es dran, einen Kranken auf die Erlösung zu verweisen. Manchmal ist es wichtig, ihn in seinem Leid zu trösten (siehe dazu auch Kapitel 11). Statt die Seiten gegeneinander auszuspielen, sollten wir beide als wichtig ansehen. Prinzipiell gibt es drei Möglichkeiten, mit einer Wirklichkeitsspannung umzugehen. Man kann liberal, ausgewogen oder fanatisch sein.

Liberale Theologie

Liberale Theologie entsteht, wenn die Seite der menschlichen Lebenswirklichkeit zur Richtschnur aller Erkenntnis erhoben wird. Dabei kommen leicht Willkürtheologien heraus. Man sieht, dass die einen geheilt werden, die anderen aber nicht, und schließt daraus, dass Heilung nicht immer Gottes Wille sein kann.

Bei Themen wie Heilung, Befreiung und Erlösung ist immer die Gefahr gegeben, dass jemand, der nicht geheilt wird, unter Druck kommt. Druck muss ausgeglichen werden, sonst explodiert etwas. Man kann den Druck, der aus dem Heilungswunsch abgeleitet wird, nur durch eine von drei Möglichkeiten ausgleichen: Entweder liegt es an Gott oder am Menschen oder es ist ein Geheimnis, das man nicht erklären kann.

Liberale Theologie gleicht den Druck auf Gottes Seite aus. Heilung ist unberechenbar, denn „der Geist weht, wo er will" (was übrigens nicht in der Bibel steht). Manche gehen sogar so weit, zu sagen, das Übernatürliche habe aufgehört oder nie existiert.

Die große Gefahr, die darin liegt, den Druck auf Gottes Seite auszugleichen, ist, die Persönlichkeit des Vaters zu diskreditieren. Es ist schwer, Vertrauen zu einem allmächtigen Gott zu fassen, der in nicht nachvollziehbarer Weise die einen heilt, die anderen aber nicht. Das macht weitere Fässer auf und führt in der Konsequenz zu Verwirrung und steigendem Misstrauen gegenüber Gott. Das Leben mit dem Heiligen Geist ist kein Russisches Roulette, in dem die einen Gutes bekommen und die anderen nicht. Gott ist nicht der große unberechenbare Faktor, zu dem ihn manche machen, sondern hat sich eindeutig im Wort offenbart.

Fanatische Theologie

Fanatische Theologie entsteht, wenn der Druckausgleich völlig auf der Seite des Menschen geschieht. Damit geht normalerweise monokausales Denken einher: Es kann nur eine *menschliche* Ursache dafür geben, dass jemand nicht geheilt wird. Je nach Schule unterscheiden sich die Ursachen etwas voneinander. Die einen sagen, dass es an versteckter Sünde liegt, für die anderen ist fehlender Glaube der Grund, oder Unvergebenheit.

Dass solche Theologien als unausgewogen und unentspannt wahrgenommen werden, glaube ich aufs Wort. Ich empfinde da genauso. Sie haben immerhin einen Vorteil: Der Charakter Gottes bleibt intakt und man kann ihm am Ende nichts Schlechtes unterstellen. Dafür sind sie pastoral katastrophal und hinterlassen eine wüste Spur menschlicher Kollateralschäden. Dadurch, dass der Glaube mit einem Hang zu Gesetzlichkeit und menschlicher Leistung gepredigt wird, entsteht eine Vorstellung, die eigentlich nicht biblisch ist. Auch in Bezug auf Heilung bringt dieses Denken nicht viel, da es Verkrampfungen nach sich zieht, die es wiederum erschweren, von Gott zu empfangen. Somit sind göttlicher Heilung in solchen Systemen oft Steine in den Weg gelegt.

Ausgewogene Theologie

Ausgewogene Theologie lässt den Druck da, wo er hingehört: im Geheimnis. In den meisten Fällen haben wir keine Ahnung, warum ein Mensch nicht geheilt wird. Mögliche Gründe gibt es wie Sand am Meer, aber das Einzige, was wir sicher wissen, ist: Es ist nicht Gottes Schuld. Gott will heilen und hat die Grundvoraussetzungen dafür geschaffen.

Wir sollten weder in der einen noch in der anderen Richtung Druck aufbauen. Auch in der Schulmedizin gibt es Krankheiten, die noch nicht heilbar sind, weil schlicht das nötige Wissen fehlt. Weder bei Schulmedizinern noch in der alternativen Medizin wird jeder geheilt.

Ausgewogene Theologie, gesunde Lehre, sieht beide Realitäten. So kann es in der Praxis sein, dass der eine geheilt wird und man mit dem anderen weint. Wir haben den Gott-Faktor immer auf dem Schirm, sind aber auch bereit, Leute einfach in ihrem Leiden zu tragen. An diesem Punkt der Praxis hört Theologie auf, zynisch zu sein. Es geht immer darum, Menschen mit der Liebe Gottes in Kontakt zu bringen. Der A-Plan ist Heilung; aber wenn der versagt, muss eben der B-Plan her: Trost und Begleitung.

Barmherzigkeit

Manchmal reißen alle Stricke. Wie man es auch betrachtet, was man auch tut, der Kranke bleibt krank. Bei vielen Krankheiten ist das nicht schlimm, weil sie sich von selbst erledigen. Aber manche sind langwierig, schmerzhaft, schränken das Leben ein oder sind sogar tödlich. In diesen Fällen ist es bedeutsam, den Menschen nicht als „Fall" zu sehen oder gar als „Heilungsopfer", an dem man seinen Glauben zeigen will. Gemeinden hören auf, das Evangelium zu leben, wenn sie keinen Platz mehr bieten für Kranke, Süchtige und Zerbrochene. Es kostet eine Menge Kraft, mit Kranken auf dem Weg zu bleiben, die sicher nicht jeder aufbringen kann. Aber eine Gemeinschaft sollte immer bemüht sein, denen einen Raum zu bieten, die Jesus am meisten nötig haben.

Vor einigen Jahren war ich eingeladen, in einem Heilungsgottesdienst einer großen Gemeinde in einer großen Stadt zu predigen. Es war nicht meine einzige Veranstaltung an dem Wochenende; vorher predigte ich noch bei einer mehrtägigen Evangelisation.

Es sollte eines dieser seltsamen Wochenenden werden, die man entweder am besten vergisst oder aus denen man etwas lernt. Am Abend, bevor wir aufbrachen, lag ich noch in der Badewanne und dachte darüber nach, was ich in den kommenden Tagen predigen wollte. Beim Gedanken an den Heilungsgottesdienst durchzuckte es mich: „Predige über Enttäuschung." Das gefiel mir nicht; ich hatte eigentlich eine herausfordernde, ermutigende Predigt im Sinn. Vor meinem inneren Auge sah ich schon einige Menschen, die von schweren Krankheiten geheilt wurden. Enttäuschung hatte da keinen Platz. Überhaupt passte sie nicht in mein theologisches Konzept, in dem nur Aufbruch und Glaubensmut Platz hatten. Dennoch spürte ich, dass Gott zu mir sprach, und ich wusste, dass ich dem Eindruck gehorchen musste. Es dauerte nicht lange und ich hatte die Bibelstelle. In der Predigt würde es um die Frau gehen, die zwölf Jahre von einem Geist der Schwäche gebeugt wurde, bevor Jesus sie heilte (Matthäus 9,20-22).

Dann kam das Wochenende. Die Evangelisation lief gut, aber es gab einen Haken: Ich hatte schreckliche Rückenschmerzen; so schlimm, dass ich mich zwischen den Predigten im Zimmer oder im Auto flach auf den Rücken legen musste. Besonders in der letzten Nacht war es schlimm, ich lag im Auto und wartete darauf, dass es losging. Während die Zeit verstrich, tat ich alles, was ich gelernt hatte: Ich proklamierte Bibelstellen, betete in Sprachen, sprach meine Heilung aus, bann den Teufel und was nicht sonst noch alles. Dabei dachte ich die ganze Zeit an den nächsten Tag. Wie peinlich, wenn der Heilungsprediger selbst krank ist.

Am nächsten Tag waren die Schmerzen besser, aber es ging mir nicht gut. Die Lobpreisband spielte den letzten Ton, der Pastor sagte mich an und ich predigte zum Erstaunen aller über Enttäuschung. Ich sprach über die Frau, die Jahr um Jahr auf den Boden geschaut hatte und der es immer schlechter gegangen war. Obwohl sie die Tochter eines heilenden Gottes war (2. Mose 15,26), dauerte es mehr als ein Jahrzehnt, bis sie Jesus begegnete, der sie heilte. Wie lebt man mit einer solchen Enttäuschung?

Der Aufruf, den ich im Anschluss machte, hatte mit Heilung von Enttäuschungen zu tun. Es gab zwei lange Schlangen und ohne das Gebetsteam der Gemeinde hätte ich es nicht geschafft, für jeden zu beten. Manche hatten eine Menge Enttäuschungen hinter sich. Eine Frau war bereits in den 80er-Jahren in einer Heilungsveranstaltung von John Wimber gewesen. Auch andere große Männer und Frauen Gottes hatten erfolglos für sie gebetet. Nun stand sie vor mir und sagte: „Ich kann es nicht mehr hören, dass ich in seinen Wunden geheilt bin und dann doch wieder krank nach Hause gehe." Ich konnte sie gut verstehen und betete, dass sie trotz des Frustes an Jesus festhalten konnte.

An diesem Wochenende wurde mir klar, dass der biblische Dienst an Kranken aus mehr bestehen muss als Heilung. Es ist wichtig zu glauben, dass Gott uns heilen kann und will, aber unsere Theologie muss robust genug sein, um Misserfolge ertragen zu können. Außerdem muss sie so barmherzig sein, dass wir einen Ausweg haben für Menschen, die nicht geheilt werden.

Jede Gemeinde muss lernen, mit Enttäuschungen umzugehen. Es gibt immer Situationen, in denen man Glauben investiert, aber am Ende nichts geschieht. Es gibt auch immer Kranke, für die schon so oft ohne (langfristigen) Erfolg gebetet wurde, dass sie einfach müde geworden sind, die Verheißungen zu hören.

An diesen Fällen zeigt sich, ob eine Gemeinde Liebe hat oder nur ein schnelles Wunder sehen will, damit das Ärgernis der Krankheit beseitigt wird. Es ist einfach, für Kranke zu beten, aber viel schwieriger, sie zu begleiten, wenn sie nicht geheilt werden.

Eine Gemeinde ist nicht jesusmäßig, wenn sie keinen Platz für Kranke hat, die nicht gesund werden. Wenn die Gemeinde so heilungsfixiert ist, dass Kranke sich unwillkommen und ausgegrenzt fühlen, stimmt etwas nicht. Wir müssen mehr für leidende Menschen haben als einen platten Spruch. Wie jeder, der an Heilung glaubt, habe ich selber beides erlebt – einige wurden geheilt, aber bei zweien habe ich auch die Grabrede gehalten. Solche Erfahrungen dürfen uns nicht an Gottes Güte zweifeln lassen.

Vor Jahren hatte ich einen Traum, in dem ich eine Versammlung sah, die mit erhobenen Händen betete. Das ganze Bild zeigte eine Gemeinde, die unbedingt wollte, dass ein kranker Bruder geheilt würde. Dennoch stimmte etwas nicht.

Dann schwenkte die Traumkamera, und ich sah den Kranken ganz allein in einem Zimmer sterben. Ich kann kaum sagen, wie falsch sich das anfühlte. Es war eine Katastrophe, dass die ganze Gemeinde betete, aber niemand bei dem Kranken war. So darf es bei uns nicht zugehen. Wir müssen beides haben: den Glauben an Heilung und die Liebe, die nötig ist, um Kranke zur Not bis zum Grab zu begleiten.

Ich kenne Gemeinden, die sehr fit im Bereich der Barmherzigkeit sind, und ich kenne welche mit viel Glauben für Heilung, aber keine, die beides hat. In manchen charismatischen Gemeinden, in denen für Heilung gebetet wird, gibt es nicht einmal Rollstuhlrampen. In anderen Gemeinden, die viel Sozialarbeit leisten, fehlt dafür das Übernatürliche. Ich wünsche mir sehr, dass sich das ändert und beide Aspekte gleichermaßen ausgelebt werden. Wenn das Übernatürliche und das Natürliche zusammenkommen, kann uns nichts mehr aufhalten!

In Seminaren stelle ich diesen Teil über die ausgewogene Theologie mit den drei Säulen oft voran, als erstes Thema, weil es wichtig ist, Heilung einen Rahmen zu geben. Alles ruht auf diesen drei Säulen. Der Glaube, dass Gott heilen kann und will ist nötig, um überhaupt Heilung zu erwarten. Hätten wir nur diesen Glauben, könnten wir jedoch nicht mit Fehlschlägen umgehen; entweder der Beter oder der Kranke hätten dann nicht genug Glauben. Um Spannungen entgegenzuwirken, ist es daher hilfreich zu wissen, dass Gottes Reich gegenwärtige und zukünftige Aspekte zugleich hat. Schließlich müssen Gemeinden einen barmherzigen Umgang mit Kranken finden, die weder übernatürlich noch durch ärztliche Kunst geheilt werden. Auf diesen drei Säulen steht alles.

11 Mit Krankheit leben

Das Thema Heilung wirft vielfältige Fragen auf, die sich nicht in einer theologischen Standortbestimmung erschöpfen. Es ist ein weites Feld, das Theologie, Geschichte, Praxis und Apologetik umfasst. Für Kranke wird besonders der seelsorgerliche Aspekt Bedeutung haben.

Jeder Geheilte wird irgendwann wieder krank und sogar sterben. Insofern ist das Thema immer aktuell, sogar brisant. Bei Weitem nicht jeder, für den gebetet wird, erlebt Heilung. Für diejenigen ist der Bereich mit mehr Frust besetzt, als es bei anderen Themen der Fall ist.[268]

Auch jeder, der in der Bibel geheilt wurde, starb später. Man darf annehmen, dass bei den meisten eine Krankheit im Spiel war oder dass sie als Märtyrer starben. Die Apostel gehen mit Tod und Schwäche offen um. Sie schreiben nicht nur über ihre Triumphe, sondern auch über Niederlagen. Paulus sagt, dass zwar unser innerer Mensch erneuert wird, der äußere jedoch aufgerieben (2. Korinther 4,16). Die Realität des Alterns und letztlich des Sterbens wird in der Bibel nicht verschwiegen. Sie kann daher auch nicht im Gegensatz zur Erfahrung eines heilenden Gottes stehen.

Gottes Reich in seiner Spannung zwischen dem Schon-jetzt und dem Noch-nicht wirft die Frage auf, wie jemand leben soll, der nicht geheilt wird. Frühere Kapitel haben bereits einzelne Schlaglichter auf diese Frage geworfen. Am Ende dieses Buches will ich versuchen, die Fäden zu verknüpfen.

Krankheit als Segen Gottes?

Es ist beeindruckend, wenn Christen leiden, ohne den Glauben zu verlieren. Manche kommen Gott dadurch sogar näher, als sie ihm in Gesundheit je waren. Für sie wird der Schmerz tatsächlich zu Gottes Megaphon, das sie zu ihm ruft. Das hat zu der Annahme geführt, dass Gott uns Leiden, speziell Krankheitsleiden gibt, um unseren Charakter zu verbessern. Manche Gläubige beten sogar dafür, krank zu werden, und sind Gott dankbar, wenn sie es werden.

Ein Beispiel ist der Mystiker Bruder Lorenz (1614-1691), der auch heute noch gern gelesen wird. Seine Übung der Gegenwart Gottes, für die er bekannt wurde, hat mich selbst nachhaltig beeindruckt. Umso erstaunlicher fand ich seine Einstellung zur Krankheit. Während seines ganzen Klosterlebens verrichtete er treu die niedrigsten Dienste, beständig auf Gottes Gegenwart ausgerichtet. Dabei litt er immer wieder unter seiner Gesundheit, denn für ihn bedeutete Krankheit, die Leiden Christi zu tragen.

Sein Biograf Gerhard Tersteegen schreibt über die Zeit kurz vor seinem Tod: „Das einzige Verlangen, das er noch hatte, bestand in dem Wunsch, um der Liebe Gottes willen noch etwas zu leiden. Das bewegte ihn dann auch, zu wiederholen, was er in seinem Leben oft gesagt hatte, dass er nämlich nur ein Leiden habe, das darin bestehe, dass er kein Leiden habe (...)."[269]

Bevor er sein Leben Gott gab, war Bruder Lorenz Soldat gewesen. Aus dieser Zeit hatte er eine alte Verletzung zurückbehalten. Er ließ sich so hinlegen, dass die alte Wunde am heftigsten schmerzte. In den Krankheitstagen vor seinem Tod fand er Trost in den Schmerzen, die er litt. Dennoch starb er sehr sanft. Es klingt paradox, dass er den meisten Segen nicht in seinem leichten Sterben, sondern in seinem Leiden entdeckte. Bruder Lorenz wusste sogar seinen Todestag im Voraus und ging ohne Furcht mit großer Freude zu seinem Herrn.

Da er selbst solch eine positive Einstellung zum Leiden hatte, ermutigte er auch andere, Krankheit als Leiden für Christus anzunehmen. In einem seiner wenigen erhaltenen Briefe schreibt er an eine Ordensschwester: „Ich bitte Gott nicht um die Befreiung von Ihren Schmerzen, sondern ich bitte ihn inständig darum, dass Er Ihnen Kräfte und Geduld gebe, sie so lange zu erleiden, wie es ihm gefallen wird."[270] Weiter schreibt er, dass Krankheit und Leid besondere Segnungen Gottes darstellen.

Es ist schwer, jemanden wie Bruder Lorenz zu kritisieren. In den meisten Punkten ist er ein Vorbild für jeden Gläubigen. Sein schlichter, kindlicher Glaube, seine Demut, seine Einfachheit inspirieren Tausende Christusnachfolger. Dennoch habe ich eine andere theologische Überzeugung. Wie ich bereits dargelegt habe, sehe ich Gott nicht als den Urheber des Bösen. Er macht seine Kinder nicht krank. Anders als Bruder Lorenz empfinde ich den Gedanken geradezu als skandalös. Wie kann ein liebender himmlischer Vater seine Kinder krank machen oder wollen, dass sie in Schmerzen dahinsiechen? Er kann es nicht.

Bruder Lorenz lebte ein abgeschiedenes, in allen Belangen hingegebenes Leben. Er nahm alles aus der Hand Gottes – Freude wie Leid. Die Frage: „Wieso lässt Gott das zu?", stellte er sich gar nicht. Er liebte Gott und glaubte, dass alles, was ihm widerfuhr, zu seinem Besten geschah.

Diese Erkenntnis ist selten. Zumindest dem modernen Menschen ist sie nicht in die Wiege gelegt. Die wenigsten Kranken leben so, dass Gott durch ihre Krankheit verherrlicht wird. Würde Krankheit zu mehr Intimität mit Gott führen, wären Krankenhäuser Orte der Anbetung.

Was Bruder Lorenz mehr zu Gott zog, war nicht die Krankheit, sondern seine Einstellung. Das ist der Schlüssel zu allem. Ob jemand Krankheit als Strafe, Segen oder Zufall versteht, wird von der inneren Einstellung bestimmt. Manche nehmen Leiden als gottgegeben an und es hilft ihnen, damit umzugehen. Andere lehnen sich dagegen auf oder resignieren. Das alles sind Reaktionen – sie bedeuten aber nicht, dass Gott hinter allem steckt.

Im Gegenteil. Jakobus 1,17 sagt, dass alles von Gott kommt, was gut und vollkommen ist – nicht das Schlechte. Es ist gut, Gott *in* allen Umständen zu danken, aber nicht *für* alle Umstände. Römer 8,28 sagt, dass Gott aus allen Umständen etwas Gutes machen kann. Das zu glauben ist gut, es bedeutet aber nicht, dass Gott schlechte Umstände oder gar Krankheit schafft, um den Charakter seiner Kinder zu bessern. Da es auf unsere innere Haltung ankommt, wäre das ein Glücksspiel, denn wir selbst bestimmen, ob eine Situation Stolperstein oder Treppenstufe wird.

Die Haltung des Bruder Lorenz kann zu zwei Missverständnissen führen, die chronisch Kranke in ihrem Umgang mit der Krankheit behindern.

1) Wenn Krankheit von Gott kommt, kann das in Passivität führen. Warum sollte ein gläubiger Mensch gegen etwas kämpfen, was Gott selbst verordnet hat? Im Extremfall kann eine solche Haltung dazu führen, dass man auch nicht mehr zum Arzt geht, um sein Leid geduldig zu tragen.

Die persönliche Dimension ist dabei noch das geringste Problem. Schlimmer wird es, wenn eine Kultur daraus wird, die Leiden bejaht, sodass Christen dem Bösen generell nichts mehr entgegensetzen. Leider gibt es genügend historische Beispiele für eine solche Haltung.

2) Die Annahme, dass Krankheit von Gott kommt, kann auch Auslöser eines negativen Gottesbildes sein. Wer kann schon einem Gott vertrauen, der einen krank macht? In einem solchen Fall kann sich parallel zur Krankheit noch ein Problem in der Gottesbeziehung entwickeln.

Krankheit und Vertrauen

Eine schicksalsergebene Haltung in Krankheitszeiten ist nicht gut. Besser ist eine Mischung aus Gottvertrauen und Kampf, gepaart mit der Erkenntnis, dass unser himmlischer Vater nicht an der Misere schuld ist.

Jeder Kranke sollte gegen seine Krankheit kämpfen. Mit ärztlicher Unterstützung und mit Gebet. Gerade der zweite Teil fällt oft schwer, wenn die Heilung sich lange nicht einstellt. Und wer über Jahre krank ist, wird einen Weg finden müssen, mit Krankheit zu leben. Auch ein kranker Mensch kann im Glauben leben und Gott vertrauen.

Ich kenne das auch aus eigener Erfahrung. Vor einigen Jahren stand ich mit einem anderen Pastor in der Küche. Wir unterhielten uns. Schließlich kamen wir auf das Thema Heilung. Nach ein paar Minuten, in denen wir unsere Erfahrungen austauschten, fragte er mich: „Warum ist dir der Bereich so wichtig? Oft spielen ja biografische Faktoren eine Rolle, wenn jemand ein Thema so sehr auf dem Herzen hat. Bist du krank?"

Ja. Im Alter von zwei Jahren wurde bei mir eine angeborene Muskelschwäche diagnostiziert. Niemand war sicher, ob ich überleben würde. Jahrelang gaben sich bei mir die Ärzte die Klinke in die Hand; teilweise war ich monatelang in Krankenhäusern. Ich nahm viele Medikamente, ging von einer unangenehmen Therapie zur nächsten und immer stand die Möglichkeit eines frühen Todes im Raum.

Vieles aus der Zeit habe ich vergessen, die Erinnerung kehrt erst jetzt langsam zurück. Ich konnte keinen Schulsport mitmachen, war nie in einem Sportverein oder auf einer Freizeit. Es gab viele andere Einschränkungen in meiner Kindheit, die mir zu schaffen machten. Ich weiß, wie schwierig es sein kann, eine chronische Krankheit zu haben.

Mittlerweile denkt niemand mehr bei mir ans Sterben, aber einige der Folgen der Krankheit sind nicht umkehrbar. So bin ich noch immer unsportlich und weniger belastbar als andere. Ein handwerklicher Beruf schied von vornherein aus. Als ich Christ wurde, habe ich natürlich dafür beten lassen. Es scheint Verbesserungen zu geben, zumindest schränkt mich die Krankheit im normalen Leben kaum ein, aber ganz geheilt wurde ich nie.

Trotzdem bete ich für Kranke und habe einige Heilungen erlebt. Es ist für mich nicht einmal ein besonderer Kampf, trotz eigener Schwäche für andere zu glauben. Ich leide nicht wirklich unter meinem Zustand. Das bedeutet, dass ich mich damit arrangiert habe. Heilung ist nicht das Wichtigste für mich persönlich, ich hänge nicht alles daran auf. Letztlich geht es um Gott selbst, den ich kennenlernen und dem ich nahe sein will. Alles andere ist das Tüpfelchen auf dem i.

In einem Buch über Heilung kann das Folgende missverständlich sein. Um mit eigener Krankheit leben zu können, muss man zu der Erkenntnis gelangen, dass Heilung nicht alles ist. Obwohl sie ein wichtiger Faktor ist, stellt sie doch nicht die Mitte des Evangeliums dar. Man erkennt Christen nicht daran, dass sie gesund sind. Es geht um Erlösung, Gott, das ewige Leben. Wenn sich alles um das Thema Gesundheit dreht, kann das Gefühl verloren gehen, bei Gott geborgen zu sein. Nachfolge ist mehr als Gesundheit.

In diesem Sinne ist es nachvollziehbar, wenn man ab einem gewissen Punkt nicht mehr für sich beten lässt, weil man die Krankheit nicht mehr als bestimmend versteht oder weil man keine zusätzliche Enttäuschung mehr ertragen kann. Am Ende sollte immer Gott im Mittelpunkt stehen, nicht die Krankheit.

Es ist auch falsch, sich über Krankheit zu definieren. Reduziert man das ganze Leben auf diesen Aspekt, steht der Teil für das Ganze. Das ist falsch, denn die Quelle unserer Identität sollte immer Christus sein, nie die Krankheit. Krankheit kann uns Kraft rauben, uns das Leben schwer machen oder eine Herausforderung darstellen, aber sie hat nicht das Recht, uns zu definieren. Dieser Punkt ist nicht nur philosophisch, er ist existenziell. Bei vielen chronisch Kranken dreht sich alles um die Krankheit. Sie lesen nur noch darüber, sprechen über nichts anderes, beschäftigen sich ausschließlich mit ihrer Krankheit, bis sie ihr ganzes Leben verformt.

Damit gibt man etwas abgrundtief Negativem zu viel Macht und Ehre. Es ist in jeder Situation möglich, Gott und das Leben zu genießen. Sicher nicht aus vollen Zügen, aber eingeschränkt ist besser als nichts. Es fällt uns Deutschen ohnehin sehr leicht, schlecht zu reden. Wir jammern auf hohem Niveau, aber wir jammern. Das ist nicht ungefährlich, denn Worte haben Macht. *„Leben und Tod liegen in der Gewalt der Zunge"*, sagt der Sprüchedichter (18,21). Wer immer schlecht spricht, wird bald in Dunkelheit leben und den Rest des Guten, den er noch hat, verpassen. Hier liegt eine große Gefahr.

Man kann körperlich krank sein, sich aber dennoch eine innere Gesundheit des Herzens erhalten. Es gibt Kranke, die so viel Mut und Hoffnung ausstrahlen, dass man gerne mit ihnen zusammen ist. Andere umgibt eine derartige Dunkelheit, dass es einem fast die Luft abschnürt. Das entscheidende Moment ist also nicht die Krankheit, sondern die innere Einstellung, mit der man an sie herangeht.

Zu allen Zeiten gab es Menschen, deren Glauben ihnen in Krankheit Aufschwung gab. In unserer Zeit sind zwei der bekanntesten Joni Eareckson und Nick Vujicic.

Joni brach sich 1976 einen Halswirbel, als sie einen Kopfsprung in zu flaches Wasser machte.[271] Kurz vorher hatte sie gebetet, dass Gott ihren Stolz brechen und sie vollkommen verändern möge. Daher ging sie davon aus, dass der Bruch sein Wille war. Wahrscheinlicher ist, dass es eine normale Folge ist, sich den Hals zu brechen, wenn man in zu flaches Wasser springt. Man braucht keine übernatürliche Ursache, um den Unfall zu erklären, aber vielleicht hilft es, mit den Folgen zu leben.

Der Sturz brachte die lebenslustige, sehr sportliche Joni für immer in den Rollstuhl. Bis heute kann sie zwar die Arme ein wenig rauf- und runterbewegen, hat aber kein Gefühl in den Gliedern. Ein so schrecklicher Unfall wäre ein guter Grund gewesen, an ihrem noch sehr jungen Glauben zu zweifeln. Stattdessen hat Joni das Beste daraus gemacht. Sie malt mit einem Pinsel im Mund, hat Bücher geschrieben und spricht international auf Konferenzen. Ihr Dienst richtet sich hauptsächlich an Menschen mit Behinderungen, denen sie das Evangelium predigt und hilft, im Leben klarzukommen, ohne den Mut zu verlieren.[272] Es ist leicht zu verstehen, dass Gott gerade Evangelisten, die selbst behindert sind, beruft, anderen Menschen mit ähnlichen Schwierigkeiten das Evangelium zu predigen.

Vielleicht noch tragischer ist die Geschichte von Nick Vujicic. Während Joni noch eine normale Kindheit und Jugendzeit haben durfte, die durch ihre große wohlhabende Familie sogar überdurchschnittlich verlief, wurde Nick ohne Arme und Beine geboren. Seine einzige Gliedmaße ist ein verkrüppelter Fuß.[273] Er selbst bezeichnet sich als den Traum eines jeden Rabauken, der auf dem Schulhof Schwächere schikaniert. Bereits mit zehn Jahren unternahm Nick einen Selbstmordversuch. Selbst wenn man prinzipiell gegen Selbstmord ist, kann man es in diesem Fall verstehen, dass Nick keine Hoffnung hatte. Was soll das Leben für einen Mann ohne Gliedmaßen bereithalten?

Als Nick Jesus kennenlernte, wurde zwar nicht sein Körper geheilt, aber seine Depressionen. Seitdem führt er ein Leben, das reicher ist als das vieler anderer. Er predigt, spricht als Motivationstrainer überall auf der Welt[274] und hat einen Film gedreht. Außerdem übt er verschiedene Sportarten aus, die man sich bei seiner Behinderung kaum vorstellen kann, darunter Surfen und Golf. Schließlich hat er ein gesundes Kind mit seiner Frau Kanae Miyahara.

Nicks exzellenter Film „Butterfly Circus" inspiriert und motiviert, über seine eigenen Grenzen zu gehen, im Leben nicht passiv zu sein, sondern seinen Stand einzunehmen. Menschen, die nicht an ihren Begrenzungen zerbrechen, sondern das Beste aus ihrem Leben machen, sind bewundernswert, inspirierend. Sowohl Joni als auch Nick begeistern viele und zeigen Gottes Kraft, die aus dem Schlimmsten noch etwas Gutes machen kann. Solche Menschen verkörpern die wichtigste Lektion, die man für den Umgang mit eigener Krankheit lernen kann:

Wir wissen aber, dass denen, die Gott lieben, alle Dinge zum Guten mitwirken, denen, die nach seinem Vorsatz berufen sind (Römer 8,28).

Nachwort

Über Heilung wird im Christentum viel gestritten. Entweder wird sie überbewertet oder unterbewertet. Wer sie überbewertet, meint, dass jeder Mensch Jesus kennenlernen wird, wenn er ihn erst einmal erlebt hat (z.B. durch eine Heilung). Leider ist das nicht der Fall, Wunder sind niemals eindeutig. Ob man in einem Ereignis Gott erlebt oder eine andere Ursache darin entdeckt, hängt wesentlich von der eigenen Interpretation ab. Eine zu starke Fixierung auf Gottes Eingreifen kann auch dazu führen, dass man den Glauben verliert, wenn das Leben einmal hart wird. Wie viele Christen denken, dass Gott in erster Linie dazu da ist, alles Unheil von ihnen fernzuhalten? Er ist es nicht. Das Leben bleibt das Leben, es geht durch Höhen und Tiefen und endet letztlich mit dem körperlichen Tod. Wir tun gut daran, uns auf dieses wichtige Ereignis vorzubereiten.

Andere vertreten nicht weniger vehement die Position, dass übernatürliche Heilung gar nicht mehr vorkommt. Entweder hat sie mit dem Tod des letzten Apostels aufgehört oder die Wunder des Neuen Testamentes sind gar keine Wunder, sondern Legenden. Die eine Seite dieses Extrems ist biblisch schlecht zu belegen; nirgendwo steht, dass es keine Wunder mehr gibt. Die andere Seite hat wenig mit gelebtem Christentum zu tun. Wenn es nichts Übernatürliches, Unerklärbares mehr gibt, wo bleibt dann Gott?

Es muss einen Weg zwischen den Extremen geben. Einen Weg, das Übernatürliche mit dem Natürlichen zusammenzubringen. Wunder sollten weder überhöht noch abgeschafft werden.

In den etwa zwanzig Jahren, in denen ich Christ bin, haben mich besonders drei Bewegungen geprägt. Zum Glauben gefunden habe ich, wie schon erzählt, durch die charismatische Bewegung. Als ich ganze Sache mit Gott machte, sprach man gerade vom „Torontosegen". Christen, die sich auf den Heiligen Geist ausrichteten, erlebten eine Spiritualität, wie man sie sonst eher mit mystischen Bewegungen in Verbindung bringt. Es wurde im „Geist gelacht", stundenlang Gott angebetet und nicht wenige fielen „unter der Kraft" zu Boden. Ich habe diese Phase voll mitgemacht und hatte hier meine ersten Heilungserlebnisse.

Bei allem Guten, was ich erleben durfte, war aber auch viel Irritierendes dabei. Heute habe ich das Gefühl, dass große Teile der charismatischen Bewegung um sich selbst rotieren. Man betet, kämpft mit dunklen Mächten, verändert aber nicht die Welt. Statt zu explodieren, implodiert die Bewegung.

Die nächste interessante Bewegung läuft unter dem Namen „emerging church", oder – was vielleicht richtiger ist – „emerging dialogue". Gewachsene Strukturen werden hinterfragt, alles auf den Prüfstein gestellt, was es an Leitung, Liturgie, Gemeindekonzepten oder Anbetungsformen gibt. Ein wichtiger Gedanke ist, dass Christus nicht in die Kirche gehört, sondern in die Welt. Statt sich in Gemeinden zu verschanzen, sollte es Christen um die Gesellschaft gehen. Sie sollten mit christlichen Werten, mithin mit Jesus selbst, die Gesellschaft prägen und soziale Ungerechtigkeit bekämpfen. Ich mag den Ansatz sehr, denn eins ist sicher: So wie bisher kann es nicht weitergehen. Deutschland wird nicht nur nicht „erreicht", das Christentum ist auf dem absteigenden Ast, möglicherweise vom Aussterben bedroht. Neue Wege zu suchen ist kein Luxus, sondern überlebenswichtig.

Beide Bewegungen haben etwas für sich. Die charismatische Bewegung, dass sie das Wirken des Heiligen Geistes sucht, die emerging-Welle, dass sie die Gesellschaft im Blick hat. Allerdings greifen beide zu kurz. Wir brauchen beides: Gottes Geist *und* kritisches Suchen nach neuen Wegen. Eine kommende geistliche Bewegung sollte eine Synthese zwischen beidem finden.

Die dritte Bewegung, die mich, gerade in den letzten Jahren, beeinflusst, ist die wissenschaftliche Theologie. In jungen Jahren hielt ich sie für gefährlich für den Glauben. Heute denke ich, dass es wichtig ist, unseren Glauben nicht auf unsere Vorstellungen, sondern echte biblische Exegese zu gründen. Unsere geistlichen Vorstellungen sind mehr von unserem Umfeld geprägt, als wir oft denken.

Es ist gut, die eigene Theologie hin und wieder aus der Distanz zu betrachten. Der Blick in die Kirchengeschichte hilft zu verstehen, wie man in der Antike die Bibel verstand. Viele Vorstellungen, die wir von der Anfangszeit des Christentums haben, sind stark idealisiert. Auch ein Blick in andere Disziplinen (beispielsweise die Medizin) ist interessant, weil man so vieles realistischer sehen kann. Kurz: Ein mutiger, rationaler Blick hilft uns, die Bodenhaftung nicht zu verlieren.

Wenn ich über die Zukunft des Christentums in Deutschland nachdenke, sehe ich eine gute Mischung aus allem drei: Christen, die in der Kraft des Heiligen Geistes prophezeien, lehren und heilen. Christen, die immer wieder die Strukturen ihrer Gemeinschaften auf Zweckmäßigkeit hin überprüfen, um der Gesellschaft zu dienen, statt sich um sich selbst zu drehen. Christen, die nicht rein aus ihrem Gefühl leben, sondern ihren Glauben im klaren Licht der Vernunft untersuchen und begründen können.

Sicherlich sind wir weit davon entfernt, aber vielleicht kann dieses Buch einen kleinen Beitrag dazu leisten, die Lager zu verlassen und aufeinander zuzugehen.

Eine letzte Ermutigung zum Schluss: Es geht nicht nur darum, etwas von oder über Gott zu wissen; es ist wichtiger, ihn zu erleben. In diesem Sinne hätte ich meine Absicht mit diesem Buch verfehlt, wenn es nicht auch Leser animiert, es einfach auszuprobieren und für Kranke zu beten. Auch wenn viele Unsicherheiten bestehen und Fragen unbeantwortet bleiben: „Probieren geht über Studieren." Alle theoretischen Diskussionen erschöpfen sich letztlich in einer simplen Aufforderung: „Tu's einfach!"

Dank

Meinen Eltern, die mit mir durch sehr intensive Phasen von Krankheit gegangen sind. Auch einigen Ärzten bin ich aus dieser Zeit zu besonderem Dank verpflichtet, unter denen besonders Dr. Edmund Michalis zu nennen ist. Die Erfahrungen dieser frühen Lebensphase haben mich vermutlich mehr geprägt, als mir klar ist.

Wolfgang und Anne Günther, Daniel und Steffi Jörgens, Birte Lotter, Ute Ziegler, Erich Lotz, Heribert Edelhoff, Reinhard Rehberg, Bill Johnson, Manfred und Steffi Lieske, Stephan Höning, der mir immer wieder Fragen über die katholische Sicht beantwortet hat. Thomas Zels für eine wichtige Frage. Peter Glöckl für noch mehr wichtige Fragen und einige Antworten. Allen Teilnehmern, mit denen ich bei Seminaren beten durfte, auch allen, die mitgebetet haben – ihr wisst, wer ihr seid.

Dörte Heinrich und das Team des Cafés Marienhöhe auf Norderney, in dem ich 2013 die Endredaktion des Buches unternommen habe.

Wie immer meiner Frau Alex, die es bei keinem Buch, das ich schreibe, besonders leicht hat.

Literatur

Aland, Kurt (1976): Synopsis Quattuor Evangeliorum. Ed. nona et recognita ad textum editionum Nestle-Aland et Greek New Testament aptata. Stuttgart: Württembergische Bibelanstalt.

Amorth, Gabriele (2003): Dämonische Mächte unserer Zeit. Exorzisten im Gespräch mit Psychiatern. Fremdingen: Unio-Verlag.

Aslan, Mehmet (1996): So stoppen Sie die Zeugen Jehovas an Ihrer Tür. 1. Aufl. Grenzach-Wyhlen: Aslan.

Augustinus (1955): Bekenntnisse. Unter Mitarbeit von Joseph Bernhart (Übersetzung). München: Kösel.

Augustinus (1978): Vom Gottesstaat 11-22. Unter Mitarbeit von Wilhelm Thimme und Carl Andresen. 2. vollständig überarbeitete Aufl. Zürich, München: Artemis Verlag.

Baker Eddy, Mary (1875): Science and Health, With Key to the Scriptures. Boston: Christian Science Pub. Co.

Barclay, William (1979): Apostelgeschichte. Wuppertal: Aussaat-Verlag. (Auslegung des Neuen Testaments / William Barclay).

Barclay, William (1979): Briefe an die Korinther. Wuppertal: Aussaat-Verlag. (Auslegung des Neuen Testaments / William Barclay).

Barclay, William (1986): Markusevangelium. 4. Aufl. Wuppertal: Aussaat-Verlag. (Auslegung des Neuen Testaments / William Barclay).

Barclay, William (1991): Johannesevangelium 1. Wuppertal: Aussaat-Verlag (Auslegung des Neuen Testaments / William Barclay).

Barrett, Stephen: Some Thoughts about Faith Healing. Online verfügbar unter http://www.quackwatch.com/01QuackeryRelatedTopics/faith.html zuletzt geprüft: 16.11.2012.

Bartsch, Matthias; Brandt, Andreas; Kaiser, Simone (2009): Totalitäre Methoden. In: Der Spiegel (24), S. 52–53.

Bauer, Walter; Aland, Kurt (1988): Griechisch-deutsches Wörterbuch zu den Schriften des Neuen Testaments und der frühchristlichen Literatur. 6. Aufl. Berlin: de Gruyter.

Baxter, J. Sidlow (1979): Divine Healing of the Body. Grand Rapids, Mich.: Zondervan.

Bellinger, W. H. (2001): Leviticus and Numbers. Peabody, Mass.; Carlisle, Cumbria U.K.: Hendrickson Publishers; Paternoster Press (New International Biblical Commentary / Old Testament Series, 3).

Bernières, Louis de (2002): Das Bibelprojekt – Das Buch Hiob. In: Diverse (Hg.): Das Bibelprojekt. 12 Bände im Schuber. Stuttgart: Fischer Taschenbuch Verlag.

Billerbeck, Paul; Strack, Hermann L. (1961): Das Evangelium nach Matthäus. Kommentar zum Neuen Testament aus Talmud und Midrasch. 7. Aufl. München: C.H. Beck.

Bittner, Wolfgang J. (2007): Heilung. Zeichen der Herrschaft Gottes. 4., erw. Aufl. Schwarzenfeld: Neufeld (Paráklesis, Bd. 18).

Blue, Ken (1991): Autorität und Heilung. 1. Aufl. Hamburg: Fliss.

Blumhardt, Johann Christoph (2005): Sieg über die Hölle. Die Krankheits- und Heilungsgeschichte der Gottliebin Dittus in Möttlingen. Bad Schwartau: WFB – edition Tempelbibliothek.

Blumhardt, Johann Christoph (2012): Die Heilung von Kranken durch Glaubensgebet. Haiterbach-Beihingen: Cap-books.

Boethius (2004): Trost der Philosophie. Consolatio philosophiae: lateinisch-deutsch. Unter Mitarbeit von Ernst Gegenschatz und Olof Gigon. Düsseldorf [u.a.]: Artemis & Winkler.

Boor, Werner de (1994): Die Apostelgeschichte. Wuppertal, Zürich: SCM R.Brockhaus (Wuppertaler Studienbibel, 6).

Boor, Werner de (1994): Der erste Brief des Paulus an die Korinther. Wuppertal, Zürich: SCM R.Brockhaus (Wuppertaler Studienbibel 8).

Bosworth, F. F. (2000): Christ the Healer. 9. Aufl. Grand Rapids, Mich.: Fleming H. Revell.

Brehmer, Arthur; Lübbert, Ernst (1988): Die Welt in hundert Jahren. Hildesheim [u.a.]: Olms.

Brown, Michael L. (1995): Israel's Divine Healer. Grand Rapids, Mich.: Zondervan.

Brox, Norbert (1979): Der erste Petrusbrief. Zürich, Einsiedeln, Köln, Neukirchener-Vluyn: Benziger Verlag; Neukirchener Verlag (EKK – Evangelisch-Katholischer Kommentar zum Neuen Testament, XXI).

Bruder Lorenz (1993): Allzeit in Gottes Gegenwart. Metzingen: Verlag Ernst Franz.

Buber, Martin (1996a): Hundert chassidische Geschichten. Zürich: Manesse-Verlag.

Buber, Martin (1996b): Der Weg des Menschen. Nach der chassidischen Lehre. Gerlingen: Schneider Bleicher.

Büchsel, Friedrich (1935): ἐλέγχω. In: Gerhard Kittel (Hg.): Theologisches Wörterbuch zum Neuen Testament. Band 1, Bd. 2. Stuttgart: W.Kohlhammer, S. 473f.

Bultmann, Rudolf (1948): Neues Testament und Mythologie. In: Hans Werner Bartsch (Hg.): Kerygma und Mythos. Ein theologisches Gespräch. Hamburg: Reich und Heidrich, S. 15–53.

Burgess, Stanley M. (1988): Dictionary of Pentecostal and Charismatic Movements. Grand Rapids, Mich.: Zondervan.

Busch, Eberhard (2008): Karl Barth – Einblicke in seine Theologie. Göttingen: Vandenhoeck & Ruprecht.

Byrd, Randolph C. (1988): Positive Therapeutic Effects of Intercessory Prayer in a Coronary Care Unit Population. In: Southern Medical Journal 7 (81), S. 826–829.

Calvin, Jean; Freudenberg, Matthias (2008): Unterricht in der christlichen Religion. Neukirchen-Vluyn, [Wuppertal]: Neukirchener; Foedus-Verlag.

Camus, Albert (2003): Die Pest. Reinbek bei Hamburg: Rowohlt-Taschenbuch-Verlag.

Casdorph, Herman Richard (1977): Diagnose göttliche Heilung. 1. Aufl. Schorndorf (Württ.): Fix.

CBC: Do you Believe in Miracles? Online verfügbar unter http://www.cbc.ca/fifth/miracles/, zuletzt geprüft: 23.11.2012.

Compton, R. Bruce (2004): 1 Corinthians 13,3-13 and the Cessation of Miraculous Gifts. In: Detroit Baptist Seminary Journal, S. 97–144.

Crocker, Ernest (2012): Wunder nach Mitternacht. Ein Arzt vertraut auf Gott. Holzgerlingen: SCM Hänssler.

Dedmon, Kevin (2009): Heritage of Healing Poster: Lineage of the Modern Day Healing Movement. Redding.

Dembowski, Hermann (2004): Barth Bultmann Bonhoeffer. Eine Einführung in ihr Lebenswerk und ihre Bedeutung für die gegenwärtige Theologie. Rheinbach: CMZ.

Dieterich, Michael (1996): Wörterbuch Psychologie & Seelsorge. Wuppertal: SCM R. Brockhaus.

Dörnemann, Michael (2003): Krankheit und Heilung in der Theologie der frühen Kirchenväter. Tübingen: Mohr Siebeck (Studien und Texte zu Antike und Christentum, 20).

Dowie, John Alexander (1903): Permission and Comission. In: A Voice from Zion (Vol. 1, Nr. 2), S. 3–34.

Eareckson, Joni (1981): Joni. Asslar: Schulte und Gerth.

Egger, Markus (2013): Hoffnung, die unter die Haut geht. Endlich frei von Neurodermitis. Holzgerlingen: SCM Hänssler.

Eusebius von Cäsarea (1997): Kirchengeschichte. Hg. v. Heinrich Kraft. Darmstadt: Wissenschaftliche Buchgesellschaft.

Evangelische Kirche Deutschlands: Gesangbuch. Gütersloh: Gütersloher Verlagshaus.

Foerster, Werner (1964): σῴζω. In: Gerhard Kittel (Hg.): Theologisches Wörterbuch zum Neuen Testament: Band 7. Stuttgart: W. Kohlhammer, S. 966–970.

Frodsham, Stanley H. (2000): Apostel des Glaubens. Smith Wigglesworth. 11. Aufl. Erzhausen: Leuchter Verlag eG.

Galton, Francis (1872): Statistical Inquiries into the Efficacy of Prayer. In: Fortnightly Review (12), S. 125–135.

Geerlings, Wilhelm (2005): Einleitung. In: Possidius (Hg.): Vita Augustini. Paderborn, München [u.a.]: Schöningh (Augustinus Opera-Werke).

Giese, Ernst (1988): Und flicken die Netze. Dokumente zur Erweckungsgeschichte des 20. Jahrhunderts. Metzingen (Württ.): Franz [u.a.].

Gnilka, Joachim (1979): Mk 8,27-16,20. 1. Aufl. Zürich [u.a.]: Benziger.

Goethe, Johann Wolfgang von (1966): Gesammelt in acht Bänden. Frankfurt am Main: Insel-Verlag.

Goodman, Felicitas D. (1980): Anneliese Michel und ihre Dämonen. Der Fall Klingenberg in wissenschaftlicher Sicht. Stein am Rhein: Christiana-Verlag.

Gregor von Nazianz (1928): Des heiligen Bischofs Gregor von Nazianz Reden. Aus dem Griechischen übers. und mit Einl. und

Anmerkungen versehen von Philipp Haeuser. Kempten, München: J.Kösel, F.Pustet (Bibliothek der Kirchenväter, 1. Reihe, 59).

Gregor von Nyssa (1927): Des heiligen Bischofs Gregor von Nyssa Schriften. Aus dem Griechischen übers. Kempten; München: J. Kösel : F. Pustet (Bibliothek der Kirchenväter, 1. Reihe, 56).

Grundmann, Walter (1984): Das Markusevangelium. 9. Aufl. Berlin: Evangelische Verlagsanstalt (Theologischer Handkommentar zum Neuen Testament, 2).

Guy, William A. (1852): On the Duration of Life as Affected by the Pursuits of Literature, Science, and Art: With a Summary View of the Duration of Life among the Upper and Middle Classes of Society. In: Journal of the Statistical Society of London (22), S. 337–361.

Hacking, W. (2005): Was war sein Geheimnis? Private Einblicke in das Leben eines Generals Gottes. Grasbrunn: Adullam.

Hagin, Kenneth (2004): Bible Healing Study Course, 3. Aufl. Tulsa: Kenneth Hagin Ministries.

Hagin, Kenneth (2004): God's Word on Divine Healing. 3. Aufl. Tulsa: Rhema.

Hagin, Kenneth (2010): Biblische Heilung. Ein Studienkurs. Unter Mitarbeit von Storch (Übersetzer). Solingen: Durchbruch.

Hagin, Kenneth: Gottes Medizin. München: Wort des Glaubens.

Hagin, Kenneth: My Testimony of Healing. Kassette.

Hagin, Kenneth (1987): Hear and Be Healed. 18. Aufl. Tulsa: Rhema.

Hagin, Kenneth (1983): Understanding the Anointing. 18. Aufl. Tulsa: Rhema.

Hagner, Donald A. (1995): Hebrews. Peabody, Mass.: Hendrickson Publishers (New International Biblical Commentary / New Testament Series, 14).

Hannes, Hendrik (2012): Wunder zum Selbermachen. Heilung aus der Quelle nach Bengstons Methode. In: Raum & Zeit 31 (181), S. 10–14.

Harnack, Adolf von (1892): Medicinisches aus der ältesten Kirchengeschichte. Leipzig: Hinrich.

Healing Rooms: Gezieltes Gebet bei bestimmten Krankheiten.

Herrmann, Andreas (2006): Die Salbung, nach der du dich sehnst. 1. Aufl. Solingen: Gottfried Bernard.

Heussi, Karl (1991): Kompendium der Kirchengeschichte. Tübingen: Mohr.

Hippolytus (1991): Didache. Traditio apostolica. Unter Mitarbeit von Wilhelm Geerlings und Georg Schöllgen. Freiburg i.Br, Basel [etc.]: Herder (Fontes Christiani).

Hoerster, Norbert (1988): Glaube und Vernunft. Texte zur Religionsphilosophie. Stuttgart: Reclam (Universal-Bibliothek, 80595).

Hunter, Charles and Frances (1987): Handbook for Healing. Kingwood, TX: Hunter Books.

Hunter, Charles and Frances (1987): Wie man Kranke heilt. Kingwood, TX: Hunter Books.

Hurtado, Larry W. (1995): Mark. Peabody, Mass.: Hendrickson [u.a.] (New International Biblical Commentary / New Testament Series, 2).

Hywel-Davies, Jack (1987): Baptised by Fire. The Story of Smith Wigglesworth. London: Hodder & Stoughton.

Jervis, L. Ann (2002): Galatians. Peabody, Mass.: Hendrickson [u.a.] (New International Biblical Commentary / New Testament Series, 9).

Johnson, Astrid (2011): Geheilt von AIDS. Bei Gott ist nichts unmöglich. Solingen: Gottfried Bernard.

Johnson, Bill (2005): The Supernatural Power of a Transformed Mind. Access to a Life of Miracles. Shippensburg, PA: Destiny Image Publishers.

Johnson, Bill (2007): Und der Himmel bricht herein. Wie man ein Leben voller Wunder führt; ein praktischer Leitfaden. Vaihingen/ Enz: grain press.

Jong, Theresia Maria de (2005): Glaube, Hoffnung, Heilung. In: Psychologie Heute (03), S. 21–23.

Josephus, Flavius; Clementz, Heinrich (2002): Des Flavius Josephus jüdische Altertümer. Wiesbaden: Fourier.

Justin der Märtyrer (1917): Justinus, Dialog; Pseudo-Justinus, Mahnrede. Aus dem Griechischen übersetzt von Philipp Hauser. In: Franz Xaver Reithmayr und Valentin Thalhofer (Hg.): Bibliothek der Kirchenväter, Reihe 1, Bd. 33. 80 Bände. Kempten und München: Kösel.

Kafka, Franz (1994): Beschreibung eines Kampfes. Und andere Schriften aus dem Nachlass. Frankfurt, M: Fischer-Taschenbuch-Verlag.

Keener, Craig S. (2011): Miracles. The Credibility of the New Testament Accounts. 2 Bände. Grand Rapids, Mich.: Baker Academic.

Kelsey, Morton (1995): Healing and Christianity. A Classic Study. Minneapolis: Augsburg.

Kenyon, E.W. (1998): Advanced Bible Course. Studies in the Deeper Life. Washington.

Kerényi, Karl (1989): Die Götter- und Menschheitsgeschichten. München: dtv (1345).

Klibengajtis, Thomas (2008): Spezielle Sakramentenlehre – 5. Krankensalbung. Das Sakrament der Heilung und Vergebung. München: GRIN.

Kongregation für Selig- und Heiligsprechungsprozesse (17.05.2007): Instruktion SANCTORUM MATER. Online verfügbar unter http://www.beatificationprocess.com/download/Sanctorum%20Mater_de.doc, zuletzt geprüft: 05.01.2013.

Kraft, Charles H. (1989): Christianity With Power. Your Worldview and Your Experience of the Supernatural. Eugene: Wipf and Stock.

Kraft, Charles H. (1992): Defeating Dark Angels. Breaking Demonic Oppression in the Believer's Life. Ventura, Calif.: Regal Books.

Krucoff, Mitchell W.; Crater, Suzanne W.; Gallup, Diane; Blankenship, James C.; Cuffe, Michael; Guarneri, Mimi et al. (2005): Music, Imagery, Touch, and Prayer as Adjuncts to Interventional Cardiac Care: The Monitoring and Actualisation of Noetic Trainings (MANTRA) II Randomised Study. In: The Lancet (366), S. 211–217.

Kuhlman, Kathryn (1996a): Bei Gott ist nichts unmöglich. Bern: ECT.

Kuhlman, Kathryn (1996b): Ich glaube an Wunder. Bern: ECT.

Kuhlman, Kathryn (2002): Er half mir. Lüdenscheid: Asaph.

Ladd, George Eldon (1959): The Gospel of the Kingdom. Scriptural Studies in the Kingdom of God. Grand Rapids, Mich.: Eerdmans.

Lake, John. G. (2007): In Gottes Abenteuern. Apostel der Heilung. 3. Aufl. Rinteln: ReformaZion.

Lembach, Frank Heinz Siegfried (1999): Die „Kriegsneurose" in deutschsprachigen Fachzeitschriften der Psychiatrie und Neurologie von 1889-1922. Dissertation (Kurzfassung). Mannheim: Medizinische Fakultät.

Lewis, C. S. (1998): The Problem of Pain. London: HarperCollins.

Liardon, Roberts (1998): Gottes Generäle. Warum sie erfolgreich waren und warum einige scheiterten. Grasbrunn: Adullam.

Linder, Tim (2000): Hermann Zaiss. Einblicke in sein Leben. Wuppertal: SCM R.Brockhaus.

Luther, Martin (2008): Martin Luther zum Krankengebet. In: Charisma – Come Holy Spirit (3), S. 28.

Luz, Ulrich (1990): Das Evangelium nach Matthäus 8-17. [Verschiedene Aufl.]. Zürich: Benziger (EKK – Evangelisch-Katholischer Kommentar zum Neuen Testament).

MacNutt, Francis (2000): Die Kraft zu heilen. Durch Gebet und Meditation. Graz, Wien, Köln: Verl. Styria (TOPOS-plus-Taschenbücher, Bd. 333).

Madden, Peter J. (2000): The Wigglesworth Standard. New Kensington, PA: Whitaker House.

Maier, Gerhard (1977): The End of the Historical-Critical Method. Eugene: Wipf and Stock.

Maier, Gerhard (2000a): Markusevangelium. In: Gerhard Maier und Fritz Grünzweig (Hg.): Edition C Bibelkommentar, Bd. 3. 2. Aufl. Holzgerlingen: SCM Hänssler

Maier, Gerhard (2000b): Johannes-Evangelium 1.Teil. In: Gerhard Maier und Fritz Grünzweig (Hg.): Edition C Bibelkommentar, Bd. 6. 2. Aufl. Holzgerlingen: SCM Hänssler.

Maier, Gerhard; Holland, Martin (2000c): Jakobusbrief, Judasbrief. In: Gerhard Maier und Fritz Grünzweig (Hg.): Edition C Bibelkommentar, Bd. 23. 2. Aufl. Holzgerlingen: SCM Hänssler.

McGrath, Alister E. (1997): Der Weg der christlichen Theologie. Eine Einführung. München: Beck.

McIntyre, Joe (1997): E.W. Kenyon and His Message of Faith. The True Story. Orlando, FL: Creation House.

Mesenhöller, Mathias (2013): Wunder(n) über Wunder. In: GEO (01), S. 52–66.

Mounce, Robert H. (1998): Matthew. Based on the New International Version. Peabody, Mass.: Hendrickson [u.a.] (New International Biblical Commentary / New Testament Series, 1).

Müller, Wolfgang; Drosdowski, Günther (1985): Duden. Bedeutungswörterbuch; hrsg. und bearb. von Wolfgang Müller. Mannheim: Dudenverlag. (Der Duden in 12 Bänden;das Standardwerk zur deutschen Sprache, 10).

Murdoch, Paul (2000): Philipperbrief. In: Gerhard Maier und Fritz Grünzweig (Hg.): Edition C Bibelkommentar, Bd. 15. 2. Aufl. Holzgerlingen: SCM Hänssler.

Nestvogel, Wolfgang (2007): Die Heilung des ganzen Menschen aus biblischer Sicht. In: Kelle und Schwert (1), S. 8–10.

Neudorfer, Heinz-Werner (2000): Apostelgeschichte 1. Teil. In: Gerhard Maier und Fritz Grünzweig (Hg.): Edition C Bibelkommentar, Bd. 8. 2. Aufl. Holzgerlingen: Hänssler.

Nissen, Henri (2004): Ein Gott, der Wunder tut. [ein Journalist untersucht die Heilungen im Dienst von Charles Ndifon]. 1. Aufl. Lüdenscheid: Asaph.

Nolen, William A. (1974): Healing: A Doctor in Search of a Miracle. 1. Aufl. New York: Random House.

Oepke, Albrecht (1964): ἰάομαί, ἴασις, ἴαμα, ἰατρός In: Gerhard Kittel (Hg.): Theologisches Wörterbuch zum Neuen Testament: Band 7. Stuttgart: W.Kohlhammer, S. 194–215.

Origenes (2011): Contra Celsum I. Gegen Celsus I. Unter Mitarbeit von Michael Fiedrowicz und Claudia Barthold. Freiburg: Herder.

Origenes (2012): Contra Celsum V. 5 Bände. Freiburg; Basel; Wien: Herder (Fontes Christiani, 5).

Ouweneel, Willem J. (2005): Heilt die Kranken! Über die biblische Lehre von Krankheit, Heilung und Befreiung. 1. Aufl. Lüdenscheid: Asaph.

Packer, J.I. (1993): Knowing God. London: Hodder & Stoughton Religious Division.

Peck, M. Scott (1983): People of the Lie. New York: Touchstone/ Simon and Schuster.

Possidius (Hg.) (2005): Vita Augustini. Paderborn, München [u.a.]: Schöningh (Augustinus Opera-Werke).

Prince, Derek (1999): Sie werden Dämonen austreiben. 2. Aufl. 1 Band. Trostberg: IBL.

Rad, Gerhard von (1970): Weisheit in Israel. 3. Aufl. Neukirchen-Vluyn: Neukirchener Verlag.

Richard, Matthias (2009): Wenn das Beten sich lohnen tät ... Wie wirksam ist das Fürbittegebet für Kranke? In: Psychotherapie und Seelsorge (01), S. 50–52.

Rienecker, Fritz (1994): Das Evangelium des Markus. Wuppertal, Zürich: SCM R.Brockhaus (Wuppertaler Studienbibel, 2).

Robinson, S. D. (1991): Commonwealth v. Twitchell: Who Owns the Child? In: The Journal of Contemporary Health Law and Policy (7), S. 413–432.

Roth, Manfred (2009): Das Neue Testament. Eine leicht erweiterte Übersetzung mit Erklärungen zum Text. Schaffhausen, Schweiz: edition epitage.

Russell, Eddie (2000): 12 Schritte zur göttlichen Heilung. Ravensburg: D&D Medien.

Schäfer, Gerhard (1981): Johann Christoph Blumhardt. Bausteine zu einer Biographie. In: Walther Günther und Johann Christoph Blumhardt (Hg.): Johann Christoph Blumhardt. Leuchtende Liebe zu den Menschen; Beiträge zu Leben und Werk. Stuttgart: Steinkopf, S. 18–46.

Scharfenberg, Roland (2005): Wenn Gott nicht heilt. Theologische Schlaglichter auf ein seelsorgerliches Problem. Nürnberg: VTR.

Schlatter, Adolf (1987): Die Korintherbriefe: Ausgelegt f. Bibelleser. Stuttgart: Calwer Verlag (Erläuterungen zum Neuen Testament / Adolf Schlatter).

Schneider, Peter (2008): Lahme tanzen unter der Kanzel. Zeichen und Wunder in den Gottesdiensten von Hermann Zaiss. Erzhausen: Leuchter Verlag eG.

Schneider, Theodor (Hg.) (2002): Handbuch der Dogmatik. 2. Aufl. 2 Bände. Düsseldorf: Patmos-Verlag.

Schrage, Wolfgang (1998): Der erste Brief an die Korinther Teil 3: Evangelisch-Katholischer Kommentar zum Neuen Testament (EKK). Zürich: Benziger.

Schwarz, Christian A.; Schalk, Christoph; Berief-Schwarz, Brigitte u. a. (2001): Der Gabentest: Wie jeder Christ seine geistlichen Gaben entdecken und entfalten kann. Emmelsbüll: C und P (Gemeinde natürlich entwickeln).

Scotland, Nigel (2001): Signs and Wonders in the Early Catholic Church 90-451 and their Implications for the Twenty-First Century. In: European Journal of Theology (10.2), S. 155–167.

Simpson, A.B (1890): The Gospel of Healing. 4. Aufl. New York: Christian Alliance Publishing Co.

Sloan, Richard P. (2008): Blind faith. The Unholy Alliance of Religion and Medicine. 1. Aufl. New York: St. Martin's Press.

Soards, Marion L. (1999): 1 Corinthians. Peabody, Mass.: Hendrickson (New International Biblical Commentary / New Testament Series).

Springhorn, Ralf (Regie) (2005): Geheilt! Dokumentation über Wunderheilungen. Weitere Beteiligte: Ulrike Kühnel. DVD. Heidelberg: Lifehouse. Online verfügbar unter www.lifehouse.org.

Stein, Robert H. (1994): The Method and Message of Jesus' Teachings. Louisville, Ky.: Westminster/John Knox Press.

Storch (2008): Markus. Neukirchen-Vluyn: Aussaat (alles klar?, 1).

Storch (2009): Das Wortbuch. Wie Gottes Wort uns verändert. Remscheid: Orkrist-Verlag.

Storch (2010): Jesus Christus – Ein Studienführer. Einführung in die Christologie. Remscheid: Orkrist-Verl.

Storch (2012): Hölle. Der Blick in den Abgrund. Witten: SCM R. Brockhaus.

Stormont, George (1989): Smith Wigglesworth. A Man Who Walked With God. Tulsa, Okla.: Harrison House.

Streib, Heinz (2008): Dämonen / Geister VI. Praktisch-theologisch. In: Religion in Geschichte und Gegenwart. Handwörterbuch für Theologie und Religionswissenschaft, Bd. 2. 4., vollst. neu bearb. 9 Bände. Tübingen: UTB, S. 539–540.

Sumrall, Lester Frank (1995): Pioneers of Faith. Tulsa, Okla.: Harrison House.

Tatian's, des Kirchenschriftstellers, Rede an die Griechen (1872) Übers. und mit Einl. vers. von Valentin Gröne. Kempten: Kösel (Bibliothek der Kirchenväter, 1 Serie, Band 28).

Tevis III, Robert E. (2012): Paul's Thorn in the Flesh – an Enigma. Liberty Baptist Theological Seminary, Bellefonte, PA. Online verfügbar unter http://de.scribd.com/doc/104577548/PaulsThornintheFlesh-Paper, zuletzt geprüft: 31.12.2012.

Vanderhoof, Don und Jill (2005): Aber Gott kann! Die einzigartige Geschichte einer Heilung. Wuppertal: SCM R.Brockhaus.

Vujicic, Nick (2011): Mein Leben ohne Limits. „Wenn kein Wunder passiert, sei selbst eins!". Gießen: Brunnen-Verlag.

Wagner, Thomas (2011): Texte und Urkunden. In: Kurt Erlemann und Karl Leo Noethlichs (Hg.): Neues Testament und antike Kultur, Bd. 5. 5 Bände. Neukirchen-Vluyn: Neukirchener Verl.

Watling, Marlin (2008): Natürlich übernatürlich. Die Geschichte der Vineyard-Bewegung. 1. Aufl. Witten: SCM R. Brockhaus (vineyard edition).

Wigglesworth, Smith (1996): The Complete Collection of His Life Teachings. Fort Lauderdale, FL: Wilmington.

Wigglesworth, Smith (2007): Faith That Prevails. Biblioteca di eVangelo. http://www.evangelo.org/biblioteca/Faith_That_Prevails.pdf, zuletzt geprüft: 11.6.2013.

Williams, David J. (1995): Acts. Peabody, Mass: Hendrickson Publishers (New International Biblical Commentary / New Testament Series, 5).

Wilson, Darren (2006): Finger of God. Deluxe Edition. USA: Wanderlust.

Wilson, John A. (1961): Ägypten. In: Golo Mann (Hg.): Propyläen Weltgeschichte. Band 1: Vorgeschichte. Frühe Hochkulturen, Bd. 1. 10 Bände. Frankfurt am Main: Ullstein, S. 323–523.

Wimber, John (1988): Einblicke ins Reich Gottes. Was die Bibel über die Herrschaft Gottes sagt. 2. Aufl. Wiesbaden: Projektion J.

Wimber, John; Springer, Kevin (2010): Heilung in der Kraft des Geistes. Überarb. Neuaufl. der ersten dt. Ausg. von 1987. Remscheid: Orkrist-Verlag.

Woodworth-Etter, Maria (1916): A Diary of Signs and Wonders. Kindle-Edition. Tulsa, Okla.: Harrison House.

Young, Robert (18--): Analytical Concordance to the Holy Bible. 7. Aufl. London: The Religious Tract Society.
Young, Robert (2004): Young's Literal Translation of the Bible. Lafayette: Greater Truth Publishers.

Zaiss, Hermann (1958): Gottes Imperativ: Sei gesund! Marburg a.d. Lahn: Verlagsbuchhandlung Hermann Rathmann.

Anmerkungen

1 Brehmer (1988), Seite 258.

2 http://www.zeit.de/wissen/gesundheit/2012-10/medizinnobelpreis-stammzellen-yamanaka-gurdon. Zuletzt geprüft: 26.10.2012.

3 Eine Metastudie erhebt nicht selbst Daten, sondern forscht in den Ergebnissen anderer Studien.

4 Mesenhöller (2012), Seite 55.

5 Hendrik (2012).

6 Bultmann (1964), Seiten 17f.

7 Aus: Über den Schmerz. Komplett: „Gott flüstert in unseren Freuden, er spricht in unserem Gewissen; in unseren Schmerzen aber ruft er laut. Sie sind sein Megaphon, eine taube Welt aufzuwecken." (Lewis (1998).

8 In diesem Vers ist ein wichtiger Teil der Christologie des Neuen Testamentes zusammengefasst. Letztlich ist es eine Kurzfassung und Vertiefung der Lehre, dass Jesus Gott ist. Vgl. a. Hagner (1995), Seiten 23f.

9 Johnson (2007), Seite 107.

10 Siehe exemplarisch Nestvogel (2007), der von einer dämonischen Heilungsbewegung ausgeht.

11 Gesangbuch der Evangelischen Kirche Deutschlands, Seite 1068.

12 Solche Gebete sind nicht auf den evangelischen Bereich beschränkt. Morton Kelsey (Kelsey (1995), Seite 12) zitiert in ähnlichem Zusammenhang das *Book of Common Prayer* der anglikanischen Kirche: „Hear us, Almighty and most merciful God and Saviour; extend thy accustomed goodness to this thy servant who is grieved with sickness ... Sanctify, we beseech thee, this fatherly correction to him; that the sense of his weakness may add strength to his faith, and seriousness to his repentance ..."

13 Mit dem Buch Hiob beschäftige ich mich weiter unten noch intensiver.

14 Darüber handelt weiter unten das Kapitel „Mit Krankheit leben".

15 Eusebius zitiert an dieser Stelle Flavius Josephus, Jüdische Altertümer 17,6,5.

16 Eusebius von Cäsarea I,8,5-8, nach Eusebius (1997).

17 Im Dienst Jesu geht die Geschichte mit dem Feigenbaum in eine ähnliche Richtung. Da sie aber nicht im Zusammenhang mit Heilung steht, lege ich sie hier nicht aus.

18 Besonders zwei Irrlehren beschäftigten die Gemeinden in der Zeit des Neuen Testamentes. Zum einen Gesetzlichkeit, die aus dem Judentum kam, und der philosophisch-theologische Einfluss der Gnosis. Es ist immerhin möglich, dass es in der Gemeinde in Thyatira einen gnostischen Einfluss gab, denn der ging nicht selten mit sexueller Unmoral einher.

19 Williams (1995), Seiten 97f., gibt einen kurzen Einblick in die Diskussion.

20 Boor (1994), Seite 111.

21 Neuendorfer (2000), Seite 112.

22 Barclay (1979), Seite 57.

23 Allerdings scheint es Johannes wichtig gewesen zu sein, dass seine Leser den Namen des Teiches erfahren. Betesda heißt „Haus der Barmherzigkeit", was darauf hinweisen könnte, dass es Barmherzigkeitsdienste an den Kranken gab. Vielleicht stellte es aber auch schon eine Barmherzigkeit dar, dass sie hier ein Bleiberecht hatten. Allerdings ist der Name unsicher, weil hier ein nicht geringes Chaos in den Handschriften herrscht. Barclay (1991), Seite 184, leitet „Haus der Oliven" als wahrscheinlichste Variante ab, womit er dem Nestle-Aland-Text folgt.

24 Matthäus bezeichnet sie als Griechin, Markus als Syro-Phönizierin. Im antiken Phönizien (dem heutigen Libanon) sprach man ab dem vierten Jahrhundert v.Chr., nach der Eroberung durch Alexander den Großen, Griechisch. So kommen beide Berichte zusammen. Vgl. Hurtado (1995), Seite 118.

25 Der Spiegel online am 29.08.2006. http://www.spiegel.de/panorama/gabun-geistlicher-will-uebers-wasser-laufen-und-ertrinkt-a-434184.html. Zuletzt geprüft: 08.02.2013.

26 Eine vollständige Auflistung findet sich im nächsten Kapitel unter dem Absatz über die Evangelien.

27 Luz (1990), Seite 521f.

28 Hunter (1987)

29 Healing Rooms, o.J., Seite 3.

30 Zitiert nach Wimber (2010), Seite 48.

31 Vgl. Förster (1964), die Erhaltung des inneren Wesens taucht im Neuen Testament nicht auf.

32 Hagin (2010), Seite 13.

33 Dörnemann (2003) schreibt in seiner breit angelegten Studie gar nichts über die Stelle. Auch bei anderen, die sich mit Heilung bei den Kirchenvätern beschäftigen, habe ich kein Zitat gefunden, in dem 1. Petrus 2,24 auf körperliche Heilung angewandt wird.

34 Simpson (1890), o.S. Online verfügbar unter http://hopefaithprayer. com/books/the-gospel-of-healing.pdf. Zuletzt geprüft: 05.02.2013. Eigene Übersetzung.

35 1. Petrus 2,18-24. Das Verb „unterordnen" leitet im 1. Petrusbrief mehrere Sinnabschnitte ein, sodass dieser Abschnitt durchaus mit anderen zusammengehört.

36 Zur Einordnung der Passage ist Brox (1979), Seiten 128ff. von Interesse.

37 Petrus hat einige Anpassungen vorgenommen, unter anderem hat er das Personalpronomen „uns" in „euch" geändert. Vgl. Brox (1979), Seite 134f.

38 Vgl. Brown (1995), Seiten 195ff.

39 Dazu: Luz (1990), Seite19f.

40 MacNutt (2000), Seite 108.

41 Bosworth (2000), 73-73. Eigene Übersetzung.

42 Bosworh (2000), Seite 71. Eigene Übersetzung.

43 § 323c StGB

44 Es ist nicht ganz sicher, ob es wirklich von Epikur stammt. Bei antiken Autoren ist die Verfasserfrage oft ein Problem.

45 Hörster (1988), Seite 94.

46 Für eine tiefgehende Diskussion der Bedeutung s. Brown (1995), Seiten 28ff.

47 Dieser Aspekt ist auch in medizinischen Studien nachgewiesen worden. Gottes Regeln sind nicht willkürlich, sondern dienen einem gesunden Umgang mit dem Körper und der Psychohygiene.

48 Mehr zum Verhältnis zwischen Medizin und Glaube im entsprechenden Kapitel.

49 Zum Sinn dieser Strafe s. Bellinger (2001), Seite 226.

50 Gerade die zweite Stelle ist hart, weil sie zeigt, dass Gott mit großer Strenge über den Bund wacht, den er mit Israel hat. Bricht sein Volk den Bund, hat es ihn selbst zum Gegner.

51 Young (18–), Seite VIII.

52 Seltsamerweise übersetzt Young in seiner Bibel (Young 2004) aber aktiv, also ohne seine eigene Interpretation zu beachten: „And mayest Thou not lead us to temptation, but deliver us from the evil, because Thine is the reign, and the power, and the glory -- to the ages. Amen."

53 Hagin (2004), Seite 37. Die deutsche Übersetzung ist etwas ungenau.

54 Dowie (1903), Seite 8.

55 Hagin bringt ein gutes Argument, indem er die Theologie auf Hiob anwendet. Nicht Gott machte Hiob krank, sondern der Teufel. Im Hiobprolog kommt allerdings klar heraus, dass Gott gestattet, was Hiob widerfährt. So zeigt Hiob deutlich, was Hagin unter Zulassung und Veranlassung versteht. Hagin (2004), God's Word, Seite 5.

56 Hagin (2010), Seite 4.

57 Maier (2000c), Seite 100.

58 Bernières (2002), Seite 17.

59 Die Reihenfolge entspricht den Perikopen von Aland (1976). Die einzige Ausnahme bilden die Summarien, die ich als eigene Gruppe aufgeführt habe, weil sie keine verwertbaren Details für unser Thema bieten.

60 Im Abschnitt „Der Glaube kommt aus der Predigt" gehe ich näher auf diese Geschichte ein.

61 Die Samaritaner hatten eine andere theologische Erkenntnis als die meisten Juden. Sie ließen nur die fünf Bücher Mose ohne die Propheten gelten und beteten nicht in Jerusalem an. Sie wurden deshalb von den Juden gemieden und verachtet.

62 In der Auflistung trenne ich die Geschichten mit einem senkrechten Strich und die Parallelstellen mit einem Semikolon. Matthäus 8,17f.; Markus 1,32f.; Lukas 4,40f.| Matthäus 4,23; Markus 1,39| Matthäus 9,35ff.| Matthäus 11,2ff.; Lukas 7,18ff.| Matthäus 12,15ff.; Markus 3,7ff.; Lukas 6,17ff.| Lukas 8,2| Matthäus 14,14; Lukas 9,11; Johannes 6,2| Matthäus 14,34f.; Markus 6,54f.| Lukas 13,31ff.| Matthäus 19,1f.| Lukas 22,49ff.

63 Es besteht Uneinigkeit darüber, ob der Galaterbrief an Gemeinden in Süd- oder Nordgalatien gerichtet war. Eine kurze Einführung in die Diskussion bietet z.B. Jervis (2002), Seiten 7ff. Die Auslegung in diesem Buch wird wahrscheinlicher, wenn man von der südgalatischen Hypothese ausgeht.

64 Interessanterweise beschreiben manche aufgrund dieser Auslegung eine Krankheit, die sie selber haben, als ihren „Stachel". Doch hatten sie ebensolche hohen Offenbarungen wie Paulus? Mein Freund HaSo hat in seinem Blog eine gute Frage zu dieser Stelle gestellt: „Wie kommt es, dass beim Lesen von 2. Korinther 12,1-10 neun von zehn Christen damit rechnen, durch irgendeinen ‚Stachel im Fleisch' geistlich fit gemacht zu werden, hingegen kaum einer von hundert Christen auf die Idee kommt, er könne schon zu Lebzeiten zu einem Ausflug in den ‚dritten Himmel' entrückt werden?"

65 Das Mülheimer Neue Testament hat immerhin eine Fußnote, die diese Möglichkeit aufzeigt. Außerdem weisen manche Wörterbücher und Kommentare darauf hin. Im Englischen übersetzen z.B. die King James, Weymouth, Rotherham und Young passiv.

66 Mehr dazu weiter unten (ganzheitliche Gesundheit).

67 Die Informationen über Paulus' dritte Missionsreise finden sich in Apostelgeschichte 18,23-21,16.

68 Roth (2009), Seite 396 und Fußnote 39.

69 313 gewährten der weströmische Kaiser Konstantin I und Licinius, der Kaiser des Oströmischen Reiches, allen Menschen (und besonders auch den Christen) die Religionsfreiheit. Für das Christentum bedeutete die Mailänder Vereinbarung das Ende der teilweise sehr blutigen Verfolgungen der Vergangenheit. Durch die Vereinbarung wurde ein Prozess ausgelöst, der im Jahr 380 schließlich dazu führte, dass das Christentum Staatsreligion wurde.

70 Vgl. besonders den Prolog (1,1-8,2) zu Justins Dialog mit dem Juden Tryphon. Justin der Märtyrer (1917). Online unter http://www.unifr.ch/bkv/buch43.htm. Zuletzt geprüft: 14.01.2013.

71 Vgl. Dörnemann (2003), Seiten 195ff.

72 Dörnemann (2003), Seite 199.

73 Dörnemann (2003), Seite 220.

74 Sehr ausführlich hat diesen Aspekt Dörnemann (2003) untersucht.

75 Hier liegt ein bemerkenswerter Unterschied zwischen der Westkirche und der Ostkirche. Bei uns wird hauptsächlich in juristischen Metaphern gesprochen: Rechtfertigung, Gericht, Strafe usw. Die orthodoxen Kirchen haben stärker die medizinischen Metaphern von Jesus als Arzt bewahrt.

76 Santayana war ein US-amerikanischer Schriftsteller und Philosoph. Im englischen Original lautet das Zitat: "Those who cannot remember

the past are condemned to repeat it." (The Life of Reason, Band 1, Reason in Common Sense, 1905, Kapitel 12, S. 115, Absatz 3).

77 Vgl. Heussi (1991), § 15.

78 Ouweneel (2005), Seite 35.

79 McGrath (1997), Seite 292.

80 Z.B. Scotland (2001), Seite 157.

81 Eusebius von Cäsarea (1997), Seite 256.

82 Gegen Praxeas, Über das Fasten, Über die Einehe, Über die Keusch-heit.

83 Gegen die Häresien II, 32.4. Online in der Bibliothek der Kirchen-väter: http://www.unifr.ch/bkv/kapitel644-3.htm. Zuletzt geprüft: 23.12.2012.

84 Über Celsus und sein Buch ist außerhalb dieser Schrift fast nichts be-kannt. Dass sein Buch populär war, zeigt aber die Tatsache, dass Am-brosius, ein Freund und Förderer des Origenes, diesen gedrängt hat, eine Entgegnung zu schreiben. Die Entgegnung ist mit acht Büchern recht opulent ausgefallen. Sie zitiert das Original an so vielen Stellen, dass sich auch Celus' Schrift recht genau daraus rekonstruieren lässt.

85 Contra Celsum I,2. Zitiert nach Origenes (2011). Im Original schreibt Origenes nicht Gott, sondern Logos. Der Logosbegriff bei Origenes ist allerdings komplex und sehr vielschichtig, weil er ihn mit und gegen die griechische Philosophie entwickelt. Deshalb habe ich vereinfa-chend Gott in Klammern gesetzt.

86 S. dazu die Geschichte im Kapitel über die Medizin.

87 8. Rede, 16-18. Nach Gregor von Nazianz (1928). Online in der Bi-bliothek der Kirchenväter: http://www.unifr.ch/bkv/kapitel3190-16. htm. Zuletzt geprüft: 31.12.2012.

88 8. Rede, 27-29. Nach Gregor von Nazianz (1928). Online in der Bi-bliothek der Kirchenväter: http://www.unifr.ch/bkv/kapitel3200-26. htm. Zuletzt geprüft: 31.12.2012.

89 Vita Macrinae 28. In Gregor von Nyssa (1927).

90 Vita Macrinae 34-35. In Gregor von Nyssa (1927).

91 Geerlings (2005), Seite 16.

92 Possidius, Vita Augustini IXXX,4. Zitiert nach Possidius (2005), Seite 87.

93 Bekenntnisse IX,5. Zitiert nach Augustinus (1955), Seite 200.

94 Vom Gottesstaat XXII,8. Zitiert nach Augustinus (1978), Seite 762.

95 Augustinus, A.a.O. Seite 765.

96 Augustinus, A.a.o. Seite 765.

97 Augustinus, A.a.o. Seite 774.

98 Camus (2003).

99 Olof Gigon schreibt in seiner Einleitung zu Boethius (2004), Seite 306: „Nächst den Konfessionen Augustins ist der ‚Trost der Philosophie' des Anicius Manlius Severinus Boethius zweifellos das berühmteste Werk der spätantiken lateinischen Literatur, wie jene als Erbauungsbuch im höchsten Sinne des Wortes immer wieder gelesen." Vermutlich erklärt sich so der Einfluss auf das christliche Mittelalter, denn es ist im eigentlichen Sinne kein christliches Buch. Der Titel ist wörtlich zu nehmen: Es ist die Philosophie, die den leidenden Boethius tröstet. Der Verfasser war zwar selbst Christ, aber seine Bücher sind philosophisch; im Trost der Philosophie kommen Jesus oder die Bibel nicht vor.

100 Traditio Apostoloica 5. Zitiert nach Hippolytus (1991), Seite 229. Schneider (2002), Band 2, Seite 339 zitiert diese Stelle so, dass sie sich auf das Öl bezieht, das im Heilungsdienst benutzt wird.

101 Vgl. Ouweneel (2005), Seite 35.

102 Schneider (2002), II,340.

103 DS 1324. Online: http://www.fordham.edu/halsall/source/ 1438sacraments.asp#armen. Zuletzt geprüft: 13.01.2013.

104 Scrosantum Cocilium 73. http://www.vatican.va/archive/hist_councils/ ii_vatican_council/documents/vat-ii_const_19631204_sacrosanctum-concilium_ge.html, zuletzt geprüft: 14.01.2013.

105 Martin Luther: Predigten über das Evangelium von St. Johannes. Nach Kelsey (1995), Seite 17.

106 Jean Calvin, Unterricht in der christlichen Religion IV,3,8.

107 Jean Calvin, Unterricht in der christlichen Religion IV, 19,18. Zitiert nach Calvin (2008), Seite 827.

108 Luther (2008). „Der ursprünglich in Latein verfasste Brief Martin Luthers findet sich in WA Briefwechsel, Bd. 11, Nr. 4120, Seite 111f. – die Übersetzung ist entnommen: Heinz Doebert, das Charisma der Krankenheilung (1959), Seite 88f."

109 Z.B. Baxter (1979), Seite 76.

110 Ouweneel (2005), Seite 41.

111 Klibengajtis (2008), Seite 47.

112 Das Thema Weltanschauung ist für den Heilungsdienst von großer Bedeutung. Wer sich die Welt als rein materialistisch vorstellt, wird

nirgendwo ein Wunder erkennen, geschweige denn eins erleben. Wer auf der anderen Seite Angst hat, dass die Quelle des Übernatürlichen nicht in Gott, sondern dem Teufel liegt, wird nicht für Heilung beten. Leider ist in diesem Buch nicht der Raum, um auf das Thema einzugehen, deshalb verweise ich auf Kraft (1989).

113 Nestvogel (2007).

114 Compton (2004) vertritt die These, dass es sich bei dem „Vollkommenen" um das Neue Testament handelt. Zugleich bietet er einen Einstieg in die Exegese des Verses.

115 Die ganze Berliner Erklärung im Internet: http://www.glaubensstimme.de/doku.php?id=autoren:z:zungenbewegung:zb-berliner_erklaerung. Zuletzt geprüft: 14.01.2013.

116 Hundert Jahre nach der Berliner Erklärung gab es zum Beispiel eine gemeinsame Erklärung des Mülheimer Verbandes und des Gnadauer Verbandes. Beide distanzierten sich von Pro- und Kontra-Erklärungen. Da heißt es: „Wir erkennen in der ‚Berliner Erklärung' wie auch in der Mülheimer Erwiderung ein ernsthaftes geistliches Ringen, in kritischer Zeit Schaden von der Gemeinde Jesu abzuwenden. Diese historischen Dokumente haben jedoch für das gegenwärtige Miteinander von Gnadauer und Mülheimer Verband keine Bedeutung. Wir wissen, dass in der jeweils anderen Bewegung der Geist Jesu Christi wirkt.", http://www.ead.de/nachrichten/nachrichten/einzelansicht/browse/1/article/gemeinsame-erklaerung-des-evangelischen-gnadauer-gemeinschaftsverbandes-und-des-muelheimer-verbandes.html?tx_ttnews%5BbackPid%5D=440&cHash=a61bbfcd2a. Zuletzt geprüft: 17.6.2013.

117 Ein sehr bemerkenswertes Gegenbeispiel ist der Doppelband Keener (2001), der sehr intellektuell die Wunder des Neuen Testamentes verteidigt.

118 Eine kritische Betrachtung bietet Maier (1977).

119 McGrath (1997), Seite 105.

120 Dembowski (2004), Seite 55.

121 Bultmann (1948), Seite 16.

122 Bultmann (1948), Seite 50.

123 Bultmann (1948), Seite 18.

124 Besonders populär ist Liardon (1998).

125 Zu Theologie und Praxis der Heilung im Pietismus und zeitgleichen katholischen Strömungen s. Bittner (2007), Seiten 66ff.

126 Vgl. Dedmon (2009).

127 Blumhardt (2005), Seite 62.

128 Auch andere beschreiben ähnliche Phänomene, wie etwa der römische Exorzist Gabriele Amorth. In seinem Büchlein *Dämonische Mächte unserer Zeit* beschreibt der Autor Poltergeistphänomene, spricht davon, dass „Besessene" schweben, und berichtet noch andere Phänomene. „Zum Beispiel Personen, die während der Exorzismen Nägel, Glasscherben, Haarlocken und die sonderbarsten Dinge herausspucken [...]. Der schwerste Fall, den ich verfolgte, ist der eines Mannes, dem der Dämon gesagt hatte, dass er ihn einen Radioapparat erbrechen lassen würde. In verschiedenen Anläufen hatte er fast schon zwei Kilo Material herausgewürgt." Amorth (2003), Seiten 27f.

129 Zur Entwicklung von Blumhardts Theologie und dem Einfluss seiner Biografie darauf, s. Schäfer (1991).

130 Blumhardt (2012), Seiten 54f.

131 Liardon (1998), Seiten 25f.

132 Die wahrscheinlich berühmteste Geschichte ist die seiner Frau Polly, die nach einer Predigt plötzlich starb. Madden (2000), Seiten 144ff, berichtet, wie Wigglesworth für sie betete, als sie bereits mehrere Stunden tot war. Sie kam noch einmal zurück, sagte, dass Gott sie brauche und Smith sie gehen lassen solle. Daraufhin verstarb sie endgültig. Insgesamt wird die Zahl der Auferweckungen unterschiedlich angegeben, aber einige Geschichten – wie die von Polly – werden immer wieder berichtet.

133 Sumrall (1995), Seite 159, schreibt allerdings, dass Wigglesworth christliche Zeitschriften las.

134 Wigglesworth (1996).

135 Stormont (1989), Seite 114. Eigene Übersetzung.

136 Nach Madden (2000), Seiten 16f.

137 Auf die Anfänge in der Zeit vor dem Ersten Weltkrieg geht Linder (2000) ziemlich detailliert ein. Generell ist aber über diese Zeit wenig bekannt.

138 Giese (1988), Seite 146.

139 Seit 1953 berichtete Zaiss in den „Fröhlichen Nachrichten" selbst über diese deutsche Erweckung. Viele Ausgaben gibt es als Scans auf meinem Blog: http://pastor-storch.de/?s=fröhliche++Nachrichten. Zuletzt geprüft: 23.01.2013.

140 Mittlerweile sind viele Predigten auf CDs bestellbar. http://www.ecclesia-solingen.de/hermann_zaiss/katalog_cd.html. Zuletzt geprüft: 19.01.2013.

141 Schneider (2008), Seiten 153ff.

142 Zaiss (1958).

143 Ein wichtiger früherer Vertreter war E.W. Kenyon. Auch andere Vertreter der Faith-Cure-Bewegung inspirierten Hagin.

144 Zahlen sind schwer zu bekommen, ich stütze mich daher auf die Angaben von Wikipedia: http://de.wikipedia.org/wiki/Kenneth_E._Hagin. Zuletzt geprüft: 21.01.2013.

145 Hagin: My Testimony of Healing.

146 Burgess (1998), Seite 345.

147 Ein Video darüber findet sich hier: http://onecanhappen.wordpress.com/2010/01/03/hell-testimony-%E2%80%94-kenneth-hagins-near-death-experience-in-1933/. Zuletzt geprüft: 05.02.2013.

148 Vgl. Haign, Gottes Medizin, Seiten 13ff.

149 Hagin (1987), Seite 3ff.

150 Hagin (1983), Seite 62.

151 Das ist allerdings eine vereinfachte und verkürzte Sichtweise, zu der man unterschiedlicher Ansicht sein kann. Der Ägyptologe Hermann Grapow urteilt: „[…] es ist deutlich, dass die ägyptische Medizin zum Zauberwesen absinkt, nicht umgekehrt aus Zauberei sich entwickelt hat." (zitiert nach Oepke (1964), Seite 195,40.

152 Contra Celsum 7,4. Origens (2012), Seite 1187.

153 Jüdische Altertümer VII,2,5. Nach Josephus (2002), Seite 475.

154 Vgl. Mounce (1998), Seite 113.

155 Woodworth-Etter (1919), Pos. 3427.

156 Eine sehr genaue Auslegung bietet Brown (1995), Seiten 47ff.

157 ebd. Eigene Übersetzung.

158 Vgl. Billerbeck und Strack (1961), Seite 520.

159 Barclay (1986), Seite 120.

160 Die griechische Mythologie ist kompliziert und uneinheitlich. Während Asklepios der Arzt der Menschen war, galt Apollon, wenn auch unter anderem Namen (Paieon), als Arzt der Götter. Eine Übersicht verschafft Kerényi (1989), Seiten 114f.

161 Wagner (2011), Seite 115.

162 Wie anders liest sich dagegen die Heilung des Wassersüchtigen in Lukas 14,1-6.

163 Wilson (1961), Seite 358.

164 Für eine genauere Analyse dieser Stellen vgl. Brown (1995), Seiten 44ff. Generell bietet Brown einen guten Überblick über Krankheit und Heilung im Alten Testament.

165 Vgl. die Beschlüsse des Konzils aus Apostelgeschichte 15, besonders die Verse 20.29 und 21,25.

166 Quellen, Entwicklungen und theologische Begründungen liefert Aslan (1996).

167 Renate Große starb mit dreizehn Jahren an Leukämie, weil sie bzw. ihre Eltern eine Bluttransfusion ablehnten. Der „Wachtturm" berichtete 1954 über den Fall. Online nachzulesen unter http://www.manfred-gebhard.de/19542Tod.htm. Zuletzt geprüft: 29.11.2012.

168 Aslan (1996), Seite 9, spricht von 450-1150 Menschen pro Jahr.

169 2009 beschäftigte z.B. der Fall Marina J. auch deutsche Gerichte. In einem Krankenhaus im hessischen Lich starben Mutter und Tochter während der Geburt wegen Ablehnung einer Bluttransfusion. U.a. widmete der Spiegel dem Fall zwei Seiten: Bartsch (2009).

170 Baker Eddy (1875). Das Buch erlebte bereits zu ihren Lebzeiten etwa 400 Revisionen.

171 Robinson (1991).

172 So auch der Titel der bekanntesten Wigglesworth-Biografie. Frodsham (2000).

173 Frodsham (2000), Seite 135. In seiner klassischen Wigglesworth-Biografie geht Frodsham auch sehr offen auf Wigglesworths eigene Krankheiten ein und zeigt, dass er keineswegs ein gesunder Mann war.

174 Hywels-Davies (1987), Seite 56. Eigene Übersetzung.

175 Zu Recht weist Joe MacIntyre auf den schlechten Zustand der Medizin im 19. Jahrhundert hin, der viele Heilungsprediger dazu veranlasste, nicht zu Ärzten zu gehen. „Der miserable Stand der Medizin war vermutlich auch ein Grund, warum einige Faith-Cure-Heiler gegen medizinische Behandlung waren. Der Aderlass – die Praxis, Blut ablaufen zu lassen, um den Patienten von seiner Krankheit zu ‚reinigen' – stand im späten 19. Jahrhundert in hohem Ansehen. Arsen, Opium und Morphium waren verbreitete Arzneien. Die Medizin war primitiv und barbarisch. Die Therapie mochte schlimmer sein als die Krankheit!" MacIntyre (1997), Seite 69. Eigene Übersetzung.

176 So auch der Titel seines Buches „Healing: A Doctor in Search of a Miracle." Nolen (1974).

177 Es ist etwas irritierend, dass es noch immer Menschen gibt, die sich geistig operieren lassen. Auf youtube gibt es eine Menge Videos zu „psychic surgery", sodass man meinen sollte, der Trick wäre hinlänglich bekannt. Offenbar verblendet die Verzweiflung auch Menschen, die ansonsten sehr vernünftig sind.

178 Kuhlman (1996a,b und 2002). Alle drei sind Zeugnisbücher, die von Heilungen berichten, die in Kuhlmans Dienst geschehen sind.

179 Wimber (2010), Seite 33.

180 Etwa das Time Magazine am 14.09.1970.

181 Nolen (1974), Seiten 67f. Eigene Übersetzung.

182 Die Überprüfung mit einigen Fallstudien findet sich bei Nolen (1974) im achten Kapitel, Seiten 72ff.

183 Galton (1872).

184 Guy (1825).

185 Galton, A.a.o. Eigene Übersetzung.

186 Jong (2005) spricht von mehr als 1200 Studien.

187 Byrd (1988).

188 Jong (2005), Seite 22.

189 Barrett (205).

190 Vgl. a. Richard (2009).

191 Krucoff et.al. (2005), Seite 1.

192 Sloan (2008), Seiten 176f. Eigene Übersetzung. Sloans Buch ist aus wissenschaftlicher Sicht das beste, das ich zu diesem Thema kenne. Er analysiert die entsprechenden Studien sehr genau und detailliert.

193 http://pastor-storch.de/2009/05/28/mantra-ii/ Zuletzt geprüft: 27.11.2012.

194 Die Frage, woher man weiß, welcher Gott der richtige ist, lasse ich hier außen vor, weil sie ein ganz anderes Thema eröffnen würde. Da dieses Buch offensichtlich von einem christlichen Standpunkt aus geschrieben wurde, setze ich voraus, dass der judäochristliche Gott real ist.

195 Wie weit medizinische Studien von dem entfernt sind, was ich selbst unter Glaubensheilung verstehe, zeigt ein Einwand von Richard P. Sloan. „Theologische Kritiker dieser Art von Forschung haben sich schon seit Jahren dagegen ausgesprochen, Gott auf diese Art zu untersuchen. In einer Welt, die zerrissen ist durch religiösen Funda-

mentalismus, wäre es nicht nur beleidigend, sondern sogar gefährlich die Überlegenheit eines Gebetes über das andere zeigen zu wollen" (Sloan (2008), Seite 168). (Eigene Übersetzung.) Es geht in Studien also um Gebet in beliebiger Form, nicht um Gebet zu unserem Gott. In einer so bekannten Studie wie MANTRA II waren entsprechend Christen, Moslems, Juden und Buddhisten im Gebetsteam, Krucoff et al. (2005), Seite 212.

196 Vgl. Lake (2007), Seiten 24ff.

197 Vanderhoof (2005) zeigt die faszinierende Geschichte einer Heilung von Creutzfeldt-Jakob. Das Buch ist insbesondere wegen der ärztlichen Bestätigungen am Ende beachtenswert.

198 Die drei Clarkeschen Gesetze wurden von dem Science-Fiction-Autor Stanley Clarke entwickelt.

199 Barrett (2009), Seite 4. Eigene Übersetzung.

200 Crocker (2012) berichtet von unerklärlichen Erfahrungen eines Arztes.

201 Z.B. http://www.worldmag.com/2009/05/heal_or_heel. Zuletzt geprüft: 08.01.2013. Da Todd Bentley während der Hochphase des Lakeland Revivals weltweite Berühmtheit erlangte, gibt es sehr viele kritische Medienberichte über ihn.

202 CBC (o.J.).

203 Springhorn (2005).

204 Wilson (2006).

205 S. z.B. den kurzen Artikel in der Kathpedia: http://www.kathpedia. com/index.php?title=Kongregation_f%C3%BCr_die_Selig-_und_ Heiligsprechungsprozesse. Zuletzt geprüft: 04.01.2013.

206 http://www.beatificationprocess.com/de/lecause_de.shtml. Zuletzt geprüft: 11.06.2013.

207 Kongregation für Selig- und Heiligsprechungsprozesse (2007), Artikel 60, §1.

208 http://www.swr.de/contra/-/id=7612/nid=7612/did=7970654/4e7xka/. Zuletzt geprüft: 05.01.2013.

209 http://www.essortment.com/kathryn-kuhlman-37019.html. Zuletzt überprüft: 01.12.2012.

210 Casdorph (1977).

211 Nissen (2004).

212 Jong (2005), Seite 22.

213 Vgl. Maier (2000), Seite 413.

214 S. das Kapitel über Heilungen in den Evangelien.

215 Vgl. Luz (1990), Seiten 281ff.

216 S. z.B. Prince (1999), Seite 129.

217 Manche meinen, das wäre bei allen Arten von Krankheiten der Fall. Psychologen sagen, dass jeder, der an einer psychischen Krankheit leidet, einen Nutzen davon hat. Die Krankheit nimmt eine Rolle in seinem Leben ein, die nicht nur negativ für ihn ist.

218 Hagin (2009), Seite 5. Man kann die Antwort als zu einfach ansehen. Gab es nicht bereits Naturkatastrophen, bevor es Menschen gab? Hier kommt man schnell in ein Fahrwasser, das von einem Buch über Heilung wegführt. Für unser Thema liefert der Schöpfungsbericht eine theologische Erklärung dafür, wie das Böse in eine Welt kommen konnte, die ein guter Gott geschaffen hat. Der biblische Bericht sagt mehr über Gott aus als über die Welt. Der Fokus liegt für das vorliegende Thema auf der Verantwortlichkeit des Menschen und der Welt als gefallener Schöpfung.

219 Johnson (2011).

220 Vgl. Dieterich (1996) im Artikel über Psychosomatik.

221 Blue (1991), S. 123.

222 Lembach (1999).

223 Kraft (1992), Seiten 108-109.

224 Luz (1990), Seite 281.

225 J. Weiß nach Luz A.a.o. Fußnote 71.

226 Den Einfluss der Weltanschauung auf das Erleben Gottes und des Übernatürlichen hat Charles Kraft in *Christianity with Power* sehr gründlich aufgezeigt: Kraft (1989). Er analysiert nicht nur das westliche Weltbild, sondern auch Weltbilder, die von anderen Voraussetzungen ausgehen, nicht zuletzt das des Neuen Testamentes.

227 Vgl. Streib (2008), Seite 540.

228 Bezeichnenderweise gibt es eine ICD-Klassifikation für „Trance und Besessenheitszustände": F44.3. Das Thema nimmt also einen hinreichend breiten Raum ein, dass es auch medizinisch untersucht wird. http://www.dissoc.de/issd20.html. Zuletzt geprüft: 12.03.2013.

229 Prince (1990).

230 S. Kraft (1992).

231 Peck (1983).

232 Felicitas D. Goodman, die Michels Fall später als Buch herausbrachte, zweifelt die Todesursache allerdings an. Seit Langem schon

stand Anneliese Michel unter dem Einfluss von Medikamenten, die sowohl einige ihrer Symptome erklärten als auch, dass der Exorzismus nicht wirkte. An dem Befund des Verhungerns gab es ohnehin Grund zum Zweifel. Goodman kommt zu dem Schluss, dass Michel an einer Medikamentenvergiftung starb und die Ärzte, nicht die Priester, an ihrem Tod schuld waren. Vgl. Goodman (1980), Seiten 294f.

233 Storch (2008), Seite 20.

234 Preamble to the Constitution of the World Health Organization as adopted by the International Health Conference, New York, 19-22 June, 1946; signed on 22 July 1946 by the representatives of 61 States (Official Records of the World Health Organization, no. 2, p. 100) and entered into force on 7 April 1948.

235 Liardon (1998).

236 Vgl. Storch (2009).

237 Murdoch (2000), Seite 76.

238 Packer (1993), Seiten 65ff.

239 Johannes spricht im Zusammenhang der Geschichte ausdrücklich vom ersten Zeichen. Insgesamt ist es allerdings schwierig, die Biografie Jesu, die in den vier Evangelien überliefert wird, chronologisch zu sortieren. Die wichtigen Synopsen (z.B. Aland (1976)) zeigen die zeitliche Abfolge aber so, dass übernatürliche Wirkungen erst nach der Taufe geschahen.

240 Schrage (1998), Seite 141. „(...) es ist vielmehr von einer weitgehenden Synonymität der Begriffe auszugehen".

241 Das sollte aber nicht so verstanden werden, dass man sich in der Gabe nicht üben kann. Es bedeutet auch nicht, dass man keinen Anspruch auf Heilung aus der Bibel ableiten kann. Man kann ihn nur nicht mit den vorliegenden Stellen begründen.

242 Schrage (1998) in Fußnote 210 auf Seite 151.

243 *„Und er heilte jede Krankheit und jedes Gebrechen im Volk."* – Matthäus betont das „jede" sehr.

244 In diesem Sinne legt auch Soards aus: „The plural („gifts") indicates manifestations of grace that work, from time to time and from place to place, through certain members of the church." Dabei sieht sie den Fokus allerdings auf denen, die mit einem derartigen Dienst begabt sind. Sie scheint also davon auszugehen, dass es Christen gibt, die diese Gabe haben (Soards (1999), Seite 259).

In etwas anderer Richtung schreibt de Boor: „Heilungsgaben und Wunderwirkungen stehen im Plural. Das wird darauf hinweisen, dass Paulus nicht an die dauernde Ausrüstung einzelner mit Heilungskraft oder Wundermacht denkt. Immer wieder wird es Christen geschenkt, im Heiligen Geist Kranke zu heilen und in besonderen Notlagen Wunder zu tun. Also nicht ‚Krankenheiler‘ und ‚Wundertäter‘ schenkt der Geist, sondern ‚Heilungsgaben‘ und ‚Wunderwirkungen‘ (de Boor (1994), Seite 203).

Auch Schlatter versteht es so: „Paulus redet nicht von einer Heil- oder Wunderkraft, die bleibend einem Christen eingepflanzt wäre und nun bei jeder Gelegenheit sich gleichmäßig äußerte, sondern nennt jede Heilung und jedes Zeichen für sich eine Gabe, die der Geist denen verleiht, die er zu solchen Diensten braucht." (Schlatter (1987), Seite 152).

245 Schwarz (2001), Seite 15.

246 Es gilt als sehr gesichert, dass Markus ursprünglich mit 16,8 endete. Ausnahmen entstammen gewöhnlich Gruppen, deren Ziel es ist, die Irrtumslosigkeit der Schrift zu beweisen (Vgl. etwa Rienecker (1994); Seiten 27ff). Die ältesten Textzeugen des Neuen Testamentes kennen einen längeren Schluss ebenso wenig wie die frühen Kirchenväter. Darüber hinaus unterscheiden sich der kurze und der lange Schluss im Griechischen so stark, „dass er unmöglich von ein und derselben Person stammen kann" (Barclay (1986), Seite 15). Da der kurze Schluss viele Leser unbefriedigt ließ, entwickelten sich früh erweiterte Schlusssequenzen. Die ersten stammen vermutlich schon aus dem zweiten Jahrhundert. Darunter auch die heute bekannten Verse 9-20. Über den eigentlichen Schluss kann man nur spekulieren, besonders auch darüber, was mit ihm geschehen ist. Es wäre sogar möglich, dass Markus sein Evangelium absichtlich mit Vers 8 enden ließ (dazu Grundmann (1984), Seite 451). Das erweiterte Ende muss allerdings sehr früh entstanden sein, weil Eirenaios von Lyon (gest. ca. 202) es bereits gekannt hat (vgl. Gnilka (1979), Seiten 353f). Mit seinen griffigen Fassungen des Heilungsauftrages und den übernatürlichen Bestätigungen der Apostelpredigten ist der längere Markusschluss eine der wichtigsten Quellen für den Heilungsdienst. Er fehlt in kaum einem der einschlägigen Bücher. Während Matthäus sagt, *was* getan werden soll, zeigt Markus, *wie* es getan werden soll. Mit dem Wissen, dass diese Verse vermutlich nicht zum ursprüng-

lichen Text des Evangeliums gehörten, muss sich jeder Ausleger jedoch fragen, ob es legitim ist, sie dennoch zu verwenden. Für Illegitimität spricht, dass sie später eingefügt wurden. Für die Legitimität spricht ihre lange Tradition, die den christlichen Glauben seit etlichen Jahrhunderten prägt.

Das schlagende Argument dafür, die Verse zu verwenden, ist, dass sie letztlich nichts Neues bieten. Der Redakteur hat eine sorgfältige Collage anderer Evangelienenden und einiger Stellen aus der Apostelgeschichte angefertigt, um dem Evangelium ein rundes Ende zu geben (vgl. Hurtado (1995), Seiten 287-290). Jede Aussage (mit Ausnahme des Gifttrinkens, wo der längere Markusschluss vielleicht auf einen anderen Traditionstext zurückgreift, den wir nicht kennen) hat eine Parallele im Neuen Testament (sehr ausführlich: Gnilka (1979), Seiten 352ff). Das Markusende führt also einiges zusammen, was sonst im Neuen Testament textkritisch gesichert ist. Da nichts Neues hinzukommt, ist inhaltlich alles gesichert.

247 Kenneth Hagin (2010), Seite 41.

248 Johnson (2005), Seiten 86f. Eigene Übersetzung.

249 Wimber (2010), Seite 60.

250 Hermann (2006), Hagin (1983).

251 Hagin (2010).

252 Russell (2000).

253 Wimber (2010), Kapitel 11 und 12. Was hier auf kleinem Raum zusammengefasst ist, hat Wimber in seinem Buch ausführlich erläutert.

254 Watling (2008), Seiten 81ff.

255 Hagin (ohne Jahr)

256 Büchsel (1936), Seite 473.

257 Goethe (1966), Band 3, Seite 28.

258 Ich erzähle in *Hölle* (2012) die ganze Geschichte, und was daraus geworden ist.

259 S. Duden Bedeutungswörterbuch, Müller (1985).

260 Am 17.12.1958 starb der amerikanische Heilungsprediger Jack Coe an Bulbärparalyse, einer Polio-Erkrankung. Da Coe sich durch Großveranstaltungen einen beachtlichen Ruf erarbeitet hatte, beunruhigte sein Fall viele Gläubige. Die Zeitschrift „The Voice of Healing" brachte in ihrer Februarausgabe 1957 gleich mehrere Artikel, die sich mit den Fragen Gläubiger beschäftigten. Es hat den Anschein, dass kaum jemand damit rechnete, dass so etwas überhaupt möglich war.

Entsprechend groß waren die Mühen, die darauf verwandt wurden, den Schaden für die Bewegung gering zu halten.

261 Eine komplette Theologie des Reiches Gottes würde hier zu weit führen. Deshalb verweise ich auf die hervorragenden Arbeiten des amerikanischen Theologen George Eldon Ladd zu diesem Thema. Speziell *The Gospel of the Kingdom. Scriptural Studies in the Kingdom of God* hat mir geholfen, dieses komplexe Thema mehr zu verstehen. Jedem, der sich mit Heilung im Speziellen und Gottes Reich im Besonderen beschäftigt, ist dieses Buch zu empfehlen.

262 Ladd (1959), Seite 22. Eigene Übersetzung.

263 Speziell in der amerikanischen Theologie werden die letzten Dinge gern auf das Tausendjährige Reich verschoben. In der deutschen Theologie spielt diese Endzeitsicht eine vergleichsweise kleine Rolle. Aber auch uns lädt der Ausdruck „Eschatologie" – die Lehre von den letzten Dingen – dazu ein, zumindest nicht zu unserer Zeit damit zu rechnen, dass Gottes Herrlichkeit völlig durchbricht.

264 Vgl. a. Stein (1994), Seiten 60ff.

265 Wimber (1988), Seiten 22ff.

266 Z.B. als „Wächter" im Buch Daniel, „Gottessöhne" bei Hiob, „Männer" im ersten Buch Mose.

267 Wimber (1988), Seiten 25f.

268 Es würde den Rahmen dieses Buches sprengen, theologisch detailliert darauf einzugehen, warum nicht jeder geheilt wird. Letztlich lässt sich die Antwort auf die Frage immer nur im jeweiligen theologischen System geben. Mit der theologischen Seite hat sich Roland Scharfenberg (2005) in einer bemerkenswerten Doktorarbeit auseinandergesetzt.

269 Bruder Lorenz (1984), Seite 46.

270 Bruder Lorenz (1984), Seite 71.

271 Ihre Geschichte wurde in Eareckson (1981) veröffentlicht.

272 Ihre Website zeigt viel von Jonis Engagement in diesem Bereich: http://www.joniandfriends.org. Zuletzt geprüft: 14.04.2013.

273 Seine Geschichte ist in Vujicic (2011) veröffentlicht.

274 http://www.lifewithoutlimbs.org. Zuletzt geprüft: 11.06.2013.

Carsten „Storch" Schmelzer
Hölle
Der Blick in den Abgrund

Gibt es eine Hölle? Oder kommen letztlich doch alle Menschen in den Himmel? Kann ein liebender Gott wirklich wollen oder zulassen, dass Menschen
verloren gehen?
Carsten Schmelzer gelingt es, tiefgründige Fragen eingängig zu behandeln.
Er liefert eine biblisch-theologische Gesamtschau ab, die kniffligen Fragen
nicht ausweicht und mit den Antwortversuchen prägender Denker der Geschichte im Gespräch ist.

Gebunden, 13,5 x 20,5 cm, 256 S.
Nr. 226.492

SCM R.Brockhaus

Ulrich Eggers

Ehrlich glauben

Warum Christen so leicht lügen

Mal ehrlich: Auch Christen lügen! Manchmal bewusst, meistens unbewusst und intuitiv. Ulrich Eggers, der Chefredakteur des Magazins AUFATMEN, analysiert, warum das so ist. Wie können wir unsere frommen Fassaden einreißen? Seine These: Christen müssen aus der Unfreiheit eines Doppellebens mit Heiligenschein herausfinden. In 50 sehr persönlichen Impulsen, jeweils mit Fragen zum Weiterdenken, wird deutlich, wie echte Freiheit in Christus aussehen kann.

**Gebunden, 13,5 x 20,5 cm,
224 S., mit Schutzumschlag
Nr. 226.551**

SCM R.Brockhaus